『文教時報』解説・総目次・索引

不二出版

目次

I　解説　11
占領下の沖縄における文教担当部局、その組織と広報
　―一九四五－一九七二年　藤澤健一　12
はじめに　12
一　組織　16
1　機構　16
2　人的構成―部局長、次長・部長　21
3　人的構成―課長　28
二　書誌　33
1　類別　33
（1）通牒版　（2）通常版　（3）号外　（4）別冊と特別号
2　発行と配布　42
（1）定期性　（2）発行部数　（3）配布実態
3　終刊とその後　46
三　内容　47
1　学校と教科書　48
2　教員　49
3　学力と環境　51
4　文部省と沖縄教職員会　53

5　新生活運動　56
おわりに　59
［文献一覧］　61

Ⅱ　附表　75
附表Ⅰ　書誌的事項一覧　77
附表Ⅱ　発行時期一覧　87
附表Ⅲ　誌名・発行元、および表紙意匠　88

Ⅲ　文教担当部局文献一覧　95

Ⅳ　補論・コラム　111
補論　訪問教師　藤澤 健一　112
コラム　『文教時報』の執筆者たち　近藤 健一郎　118

Ⅴ　総目次　123
総目次　126

Ⅵ　索引　(1) 306
執筆者索引　(3)

『文教時報』原本と復刻版・対照表

復刻版巻数	号	書誌名称	発行年月日	原本頁数	原本判型	注記
第1巻 A4判(横) 計152頁	通牒版1		1946/2/26	10	【右開き】 A4横大	縦書き
	通牒版2		1946/11/20	18	A4横大	
	通牒版3		1947/4/22	24	A4横大／附録A4横小	附録「合衆国遣日教育使節団報告書抜粋」
	通牒版4		1947/6/17	22	A4横小	
	通牒版5		1947/9/1	20	A4横小	
	通牒版6		1947/11/5	30	A4横小	
	通牒版7		1947/12	14	A4横小	
	通牒版8		1950/2	14	A4横小	
第2巻 B5判 計562頁	1	文教時報	1952/6/30	26	【右開き】 B5判	縦書き
	2	文教時報	1952/8/20	28	B5判	
	3	琉球文教時報	不詳	58	B5判	
	4	琉球文教時報	不詳	84	B5判	
	5	琉球文教時報	1953/6/30	58	B5判	
	6	琉球文教時報	1953/8/31	82	B5判	
	7	沖縄文教時報	1954/2/15	52	B5判	
	8	沖縄文教時報	1954/3/15	74	B5判	
	9	沖縄文教時報	1954/6/15	100	B5判	
第3巻 B5判 計502頁	10	沖縄文教時報	1954/9/13	52	B5判	
	11	琉球文教時報	1954/12/20	44	B5判	
	12	琉球文教時報	1955/1/31	60	B5判	
	13	琉球文教時報	1955/3/7	74	B5判	
	14	琉球文教時報	1955/4/15	68	B5判	
	15	琉球文教時報	1955/6/24	74	B5判	
	16	琉球文教時報	1955/8/30	62	B5判	
	17	琉球文教時報	1955/9/30	68	B5判	

第4巻 B5判 計502頁	18	琉球文教時報	1955/10/31	56	B5判	
	19	琉球文教時報	1955/12/10	56	B5判	
	20	琉球文教時報	1956/1/14	56	B5判	
	21	琉球文教時報	1956/2/13	56	B5判	
	22	琉球文教時報	1956/3/15	66	B5判	
	23	琉球文教時報	1956/4/23	66	B5判	
	24	琉球文教時報	1956/5/31	52	B5判	
	25	琉球文教時報	1956/6/30	42	B5判	
	26	文教時報	1956/9/28	52	B5判	
第5巻 B5判 計536頁	27	文教時報	1956/12/23	56	B5判	
	28	文教時報	1957/1/15	60	B5判	
	29	文教時報	1957/2/28	70	B5判	
	30	文教時報	1957/4/30	64	B5判	
	31	文教時報	1957/5/10	60	B5判	
	32	文教時報	1957/6/15	58	B5判	
	33	文教時報	1957/6/25	54	B5判	
	34	文教時報	1957/8/20	58	B5判	
	35	文教時報	1957/10/28	56	B5判	
第6巻 B5判 計564頁	36	文教時報	1957/11/10	108	B5判	
	37	文教時報	1958/1/30	62	B5判	
	38	文教時報	1958/2/19	78	B5判	
	39	文教時報	1958/3/30	58	B5判	
	40	文教時報 特集号	1958/4/19	142	【左開き】 B5判 巻末	「社会科・理科　学力調査のまとめ」
	41	文教時報	1958/4/30	58	B5判	
	42	文教時報	1958/6/10	58	B5判	
第7巻 B5判 計508頁	43	文教時報	1958/7/8	82	B5判	
	44	文教時報	1958/7/15	50	B5判	
	45	文教時報	1958/9/20	58	B5判	
	46	文教時報	1958/9/30	36	B5判	
	47	文教時報	1958/10/29	52	B5判	
	48	文教時報	1958/11/24	56	B5判	
	49	文教時報	1958/12/24	62	B5判	
	50	文教時報	1959/1/12	54	B5判	
	51	文教時報	1959/2/5	58	B5判	

第8巻 B5判 計556頁	52	文教時報	1959/3/5	58	B5判	
	53	文教時報	1959/4/6	66	B5判	
	54	文教時報	1959/4/15	60	B5判	
	55	現行教育法令特集号	1959/6	372	菊判	
第9巻 B5判 計568頁	56	文教時報	1959/6/10	62	B5判	
	57	文教時報	1959/8/19	70	B5判	
	58	文教時報	1959/9/14	40	B5判	
	59	文教時報	1959/10/10	62	B5判	
	60	文教時報	1959/11/14	46	B5判	
	61	文教時報	1959/12/12	48	B5判	
	62	文教時報	1959/12/26	64	B5判	
	63	文教時報	1960/1/26	52	B5判	
	64	文教時報	1960/2/27	70	B5判	
	65	文教時報	1960/3/15	54	B5判	
第10巻 B5判 計524頁	66	文教時報	1960/4/26	58	B5判	
	67	文教時報	1960/6/11	70	B5判	
	68	文教時報	1960/8/11	64	B5判	
	号外2		1960/8/18	4(折)	タブロイド	
	69	文教時報	1960/9/10	56	B5判	
	70	文教時報	1960/10/15	78	B5判	
	71	文教時報	1960/12/7	68	B5判	
	72	文教時報	1961/1/11	66	B5判	
	73	文教時報	1961/2/7	64	B5判	
第11巻 B5判 計536頁	74	文教時報	1961/3/15	110	【左開き】 B5判 巻末①	
	75	文教時報	1961/6/15	82	B5判	
	76	文教時報	1961/8/21	88	B5判	
	77	文教時報	1961/11/20	56	B5判	
	号外4		1962/1/22	8(折)	B5判	
	78	文教時報	1962/1/29	60	B5判	
	79	文教時報 特集号	1962/6/27	132	【左開き】 B5判 巻末②	「学力調査のまとめ」

第12巻 A5判 計494頁	80	文教時報	1962/9/5	48	【右開き】 A5判	判型が変更 (小型化)
	号外5		1962/9/18	4(折)	タブロイド	
	81	文教時報	1962/9/29	80	【右開き】 A5判	
	号外7		1963/2/2	4(折)	タブロイド	
	号外8		1963/2/15	4(折)	タブロイド	
	82	文教時報	1963/11/25	58	【左開き】 A5判 巻末	【横書きに変更】
	83	文教時報	1964/1/25	48	A5判	
	84	文教時報	1964/4/4	62	A5判	
	85	文教時報	1964/4/11	62	A5判	
	86	文教時報	1964/5/15	64	A5判	
	87	文教時報	1964/6/15	72	A5判	
第13巻 A5判 計504頁	88	文教時報	1964/6/25	62	A5判	【以降各巻左開き】
	89	文教時報	1964/9/3	40	A5判	
	90	文教時報	1964/10/31	52	A5判	
	91	文教時報	1964/11/16	48	A5判	
	92	文教時報	1964/1/25	72	A5判	
	93	文教時報	1965/2/1	72	A5判	
	号外10		1965/5/10	4(折)	タブロイド	
	94	文教時報	1965/5/15	66	A5判	
	95	文教時報	1965/6/10	90	A5判	
第14巻 A5判 計474頁	96	文教時報	1965/9/27	56	A5判	
	97	文教時報	1965/10/4	50	A5判	
	98	文教時報	1965/12/30	52	A5判	
	99	文教時報	1966/2/20	88	A5判	
	100	文教時報	1966/4/30	96	A5判	
	101	文教時報	1966/5/30	96	A5判	
	号外11	教公二法の立法はなぜ必要か	1966/7/10	36	B5判	

第15巻 A5判 計532頁	102	文教時報	1966/8/30	84	A5判	
	103	文教時報	1966/10/31	58	A5判	
	104	文教時報	1966/12/25	62	A5判	
	105	文教時報	1967/3/1	64	A5判	
	106	文教時報	1967/4/1	56	A5判	
	107	文教時報	1967/6/25	58	A5判	
	号外12	本土と沖縄の教育の一体化について	1967/8/15	40	B5判	
	号外13	教育関係予算の解説　1968年度	1967/9/20	110	B6判	
第16巻 A5判 計534頁	108	文教時報	1967/10/10	56	A5判	
	109	文教時報	1967/12/10	52	A5判	
	110	文教時報	1967/12/30	44	A5判	
	号外14		1968/2/21	4(折)	タブロイド	
	111	文教時報	1968/3/1	56	A5判	
	112	文教時報	1968/6/15	38	A5判	
	号外15	教育関係予算の解説　1969年度	1968	136	B6判	
	号外16		1968/11/1	8(折)	タブロイド	
	113	文教時報	1968/11/8	50	A5判	
	114	文教時報	1968/12/17	58	A5判	
	115	文教時報	1969/3/18	44	A5判	
第17巻 A5判 計558頁	116	文教時報	1969/10/15	48	A5判	
	号外17	教育関係予算の解説　1970年度	1969/10/30	132	B6判	
	117	文教時報	1969/12/7	50	A5判	
	118	文教時報	1970/1/25	52	A5判	
	119	文教時報	1970/6/10	72	A5判	
	120	文教時報	1970/10/26	48	A5判	
	号外18	教育関係予算の解説　1971年度	1970/11/1	156	B6判	

第18巻 A5判 計564頁	121	文教時報	1971/2/4	60	A5判	
	122	文教時報	1971/3/30	62	A5判	
	123	文教時報	1971/5/8	56	A5判	
	124	文教時報	1971/6/30	64	A5判	
	125	文教時報	1971/10/30	48	A5判	
	号外19号	教育関係予算の解説　1972年度	1971/10/30	174	B6判	
	126	文教時報	1972/1/15	52	A5判	
	127	文教時報	1972/4/20	48	A5判	
付録1 A5判 計564頁	琉球の教育	「教育要覧附録」と表紙に記載	1957(推定)	12(折)	折りたたみ(20×12cm、6面×両面)	リーフレット1枚：20×72センチ
	琉球の教育		1959	14(折)	折りたたみ(20×12cm、7面×両面)	リーフレット1枚：20×84センチ
	別冊1	沖縄教育の概観	1962/6/9	76	菊判	
	別冊2	沖縄教育の概観	不詳	80	菊判	
	別冊3	沖縄教育の概観	不詳	76	A5判	
	別冊4	沖縄教育の概観	不詳	48	A5判	
	別冊5	沖縄教育の概観	不詳	54	A5判	
	別冊6	沖縄教育の概観	1969/12/30	76	B6判	
	別冊7	沖縄教育の概観	1971/3/15	78	B6判	
	別冊8	沖縄教育の概観	1972/4/30	76	B6判小	
別冊	解説・総目次・索引					

※本別冊では『文教時報』からの引用などに際し、復刻版巻数を付記する。

I 解説

占領下の沖縄における文教担当部局、その組織と広報 ―一九四五‐一九七二年

藤澤　健一

はじめに

『文教時報』は、米軍政府および琉球列島米国民政府（USCAR United States Civil Administration of the Ryukyu Islands　以下、米国民政府）によって占領・統治されていた時期（一九四五‐一九七二年）の沖縄・宮古・八重山（表題をふくめ、以下、便宜的に沖縄と総称。一時期、これらに奄美群島がくわわる）において文教担当部局によって刊行された。その特徴は、所轄部局による指導書であり、文教行政にかかわる関係者への情報提供の機能を併せ持つ媒体として集約できる。こうした特徴に照らし、本稿では同誌を仮に教育広報誌として性格付けておきたい。同誌は一貫して非売品として取り扱われており、書店などを通じて一般にひろく流通していたわけではない。しかし、二五年以上におよぶ発行期間の際立つ長さと継続性から、占領下の沖縄教育史を分析するうえでもっとも基礎的な史料と目される。時期および後述する類別により、その内容は単純ではない。あえて概括すれば、学校教育にかかわる示達事項、教育についての調査、論説のほか、文教担当部局、各地区教育委員会の機構や人事、調査報告・統計、および実践記録、また、文芸などの一般的記事、公民館を中心とした社会教育関連記事などから構成される。

ここまで筆者は『文教時報』として表現してきた。しかし、その書誌体系はかならずしも自明ではない。一般的な理解では、琉球政府文教局によって一九五二年六月三〇日に創刊され一九七二年四月二〇日刊行の一二七

表1 『文教時報』の書誌体系

<table>
<tr><th>類別</th><th colspan="2">誌名</th><th>刊行時期</th><th>発行元</th></tr>
<tr><td rowspan="2">通牒版</td><td colspan="2">『文教時報』</td><td>1946年2月－</td><td>沖縄諮詢会沖縄文教部
沖縄民政府文教部
学務課</td></tr>
<tr><td>3号附録</td><td>『合衆国遣日教育使節団報告書抜粋』</td><td>1947年5月</td><td>文教部</td></tr>
<tr><td rowspan="7">通常版</td><td colspan="2">『文教時報』</td><td>1952年6月－
1972年4月</td><td rowspan="6">琉球政府文教局</td></tr>
<tr><td rowspan="2">号外</td><td>『文教時報 号外』</td><td></td></tr>
<tr><td>『教育関係予算の解説』</td><td></td></tr>
<tr><td rowspan="3">別冊</td><td>『琉球の教育』『沖縄の教育』</td><td>1956年9月－</td></tr>
<tr><td>現行教育法令特集号</td><td>1959年6月</td></tr>
<tr><td>『沖縄教育の概観』</td><td>1962年6月－</td></tr>
<tr><td>特別号</td><td>『一九五五会計年度教育財政調査報告書』</td><td>1956年10月</td><td></td></tr>
</table>

（注記）創刊や終刊時期などが特定できない、あるいは不詳の場合、空欄とした。

号まで継続的に刊行された広報誌をさす。この理解に依拠して、本復刻では同誌を「通常版」と称する（ただし、後述する通牒版との混線を避けるために引用などに際しては、とくに「通常版」とは記さない）。一方、広義においては、これらにくわえ同政府設立以前の群島別統治期、沖縄群島において一九四六年二月二六日付で各学校長宛に「通牒」として発送されはじめた『文教時報』を包含する。おなじく本復刻では「通牒版」として仮に総称する。(1) 発行元をはじめ機構のちがいから両版が単純に同類化できないことを前提としながらも、通牒版を通常版におけるいわば書誌的な前史と位置づけ、本復刻は『文教時報』を広義において捉えた。さらに両者に付随して刊行された附録、および号外や別冊などをふくめ本復刻の対象とした。以下で説明する理由にもとづき復刻対象からは除外したものがあるものの、本復刻はもっともひろい意味での『文教時報』をその裾野までをふくめて捕捉した。その際、現時点での書誌的調査の成果を反映させることで、当該期の基礎史料として後世に伝えることを意図した。上掲の表1では『文教時報』について、その書誌を体系として一覧化した。

本復刻では、通牒版から通常版、また、号外や特集号について、各類別にかかわらず、すべてを発行時期の時系列にもとづき巻を配した（全一八巻）。また、付録1として、別冊に類別される『沖縄教育の概観』を収載した。なお、表1のうち本復刻では復刻の対象からはずしたものが二種類ある。ひとつは、特別号として刊行された『一九五五会計年度教育財政調査報告書』である。[2] 琉球政府文教局研究調査課編になる同報告書の内容は、集計表がほとんどを占めること、また、その判型は大判であり、縮小して収載した場合には復刻版としての利用に耐えない可能性がある。同報告書は沖縄県公文書館などに所蔵される。もうひとつは、別冊に類別される『琉球の教育』『沖縄の教育』である。その内容は教育にかかわる一般的な統計表である。いずれも片面あるいは両面のカラー刷り印刷からなる、折りたたみ式であるため、個別の復刻には適さない。以上の理由から、これら二種類について、一部を付録1の巻頭に掲出したほかは復刻対象とはしなかった。したがって、本復刻は『文教時報』をあますことなく、対象とするものではない。この点について、あらかじめお断りする。

つぎに『文教時報』にかかわる従前の調査研究について集約する。書誌調査のひとつの到達点と位置づけられるのは、那覇市役所企画部市史編集室『沖縄の戦後資料（1945-1972）』一集、一九七六年に収載された総目次である。ひろく知られた同総目次は、通牒版をふくめ『文教時報』をはじめて総覧した点において画期を成した。[3] しかし、①通牒版については同時期の書誌調査に制約され、現時、刊行が確認できる八号分のうち四号の掲出にとどまる。これに対し本復刻では、八号分にくわえ当該附録をも対象とした。②同総目次では、表1に示した号外をはじめ同誌についての体系的な把握において十全な視野をおよぼすことができていない。③くわえて各号冒頭の目次を引き写したことから、原文にふくまれる記事に多くの取りこぼしがある。すくなくともこれら三点の理由により、現時点での成果を反映させた、あらたな書誌調査が必需である。

戦後沖縄教育史が分析される場合、同誌の記事内容に依拠して分析が展開される事例は多い。半面、同誌を主題として設定した本格的な研究はこれまでにない。わずかに、先述した通牒版が行政上の「通達的性格」にすぎなかったものの、通常版では教育実践にかかわる多種におよぶ記事が掲載されるように変化した点において、単なる広報誌の枠を超えた資料的な価値をもつとした解説があるにとどまる。(4) したがって、同誌についての学術的な分析は、現時点においても、ほぼ未発という水準にある。ところで従前、同誌にかかわる書誌調査および研究が本格的な進展をみなかったのは、なぜなのか。私見では、比較的、一般的な史料でありながら、その全体像が把握されてこなかったことが起因している。現在でも通牒版をふくめ『文教時報』を網羅した機関は存在せず、いくつかの機関に分蔵されていることがその背景にある(このため同誌の所蔵状況について各号単位で一覧化することはいたずらな煩瑣をもたらすため、これをひかえた)。本復刻の意義のひとつは、こうした史料状況を刷新し、同誌の全体像を俯瞰できる研究環境を整備することにある。

本稿は『文教時報』を理解するための見取り図として読者に供される。以下、どのような組織によって同誌が編集発刊されていたのかにかかわり、機構と人的構成に着目して説明する。そのうえで、その書誌と内容的な特徴について分析をくわえる。

なお、あらかじめ留意していただきたい点について、以下で五点にわたり列記する。①通常版に局限せず、通牒版などをふくめ広義において『文教時報』を取り扱うが、内容にかかわる分析をはじめ、本稿の比重を相対的には通常版に置いた。②関連する史料や法制度、また、先行研究などへの言及は補論ほかをふくめ限定的にとどめた。当該事項については、いずれも解説末尾にかかげた文献一覧を参照していただきたい。③通常版では一〇二号(一九六六年八月)以降、最終号にいたるまで通号と巻号が併記されるが、本稿では通号のみを記載した。ただし、附表はこのかぎりではない。④引用文については、読みやすさを優先し、不自然な表記などは訂正した。適宜、句読点をくわえた。原文の改行部位は示さなかった。⑤解説につづき『文教時報』の書誌事項などを集約した附表I~III、ならびに琉球政府をはじめとする文教担当部局による刊行物一覧を提示した。いずれも本稿を理解していただくうえで、あわせて参照していただきたい。

一　組織

1　機構

『文教時報』の編集にたずさわった機構は、通牒版と通常版において大きく二分される。当該機構の変容過程について、両者に区分のうえ説明する。

通牒版の編集を担った沖縄諮詢会文教部、ならびに沖縄民政府文教部についてみる。沖縄戦終結後の教育復興を担う組織として沖縄諮詢会に教育部が設置されたのは一九四五年八月であった。同部は各地区初等学校の教材の準備と印刷・発送、学校教育の再建など教育行政機構の復興を任務とした。仮諮詢委員会構成員でもあった、山城篤男が部長に任命された。(5) 同部は一九四六年一月二日に米国海軍々政府通牒にもとづき沖縄文教部として改組された(米国海軍軍政府本部指令八六号)。この改組は「最終的決定権を留保する軍政府職員」(6)による監督の下、沖縄島とその周辺諸島におけるすべての学校を管理するための中央機構の発足を意味した。すなわち、軍政府は「監督指導ノ任ニ当ルト供ニ、校舎、校具、学用品ノ供給」を担い、「学校教育ノ実際上ノ運営、人事ノ任免等ハ悉ク文教部長ガ其ノ最高責任者」とされた。(7) 沖縄文教部長には山城がひきつづき任命された。「沖縄人教育家ヲ以テ組織」された同部は学校の設置と認可、学校に対する訓令や通牒などの公布、教員の任免などの権限をもち、視学課、庶務課、編修課から編成された。(8) 発足まもなく一月二九日に沖縄文教部は第一回初等学校長代表者会を開催し、軍政による教育方針や沖縄文教部の組織機構などを指示事項として伝達した。そのうえで同年二月二六日付にて各学校長宛に『文教時報』一号を通牒として発送した。

沖縄文教部の機構は、沖縄諮詢会が改組し一九四六年四月に発足した沖縄民政府に移行したのち、庶務課、学

表2　文教担当部局の変遷（1945年-1972年）

群島	沖縄	宮古	八重山	奄美
民政機構（存続期間）文教担当部局名	沖縄諮詢会（1945年8月-1946年4月）教育部 ↓ ＊沖縄文教部	宮古支庁（1945年12月-1947年3月）教学課 ↓ 文教課	八重山支庁・八重山仮支庁（1945年12月-1947年3月）文化部	大島支庁（1946年2月-1946年10月）兵事教学課
	沖縄民政府（1946年4月-1950年11月）＊文教部	宮古民政府（1947年3月-1950年11月）文教厚生部 ↓ 文教部	八重山民政府（1947年3月-1950年11月）教育厚生部 ↓ 文教部	臨時北部南西諸島政庁（1946年10月-1950年11月）文教部
	沖縄群島政府（1950年11月-1952年3月）文教部	宮古群島政府（1950年11月-1952年3月）文教部	八重山群島政府（1950年11月-1952年3月）文教部	奄美群島政府（1950年11月-1952年3月）文教部
	琉球臨時中央政府（1951年4月-1952年3月）文教局			
	琉球政府（宮古地方庁・八重山地方庁・奄美地方庁）（1952年4月-1972年5月）奄美地方庁のみ1953年12月まで			

（出典）琉球政府行政主席官房情報課・計画局広報課『行政記録』『宮古・八重山行政記録』各年版、臨時北部南西諸島政庁『公報』、琉球政府内務局『行政機構図（1962年6月）』1962年ほか。
（注記）琉球政府期をのぞき『文教時報』の編集・発刊を分掌したことが確認できる部局に＊を付した。一部を簡略に表記した。

務課、編修課、成人教育課に変更された（一九四八年四月一日付）[9]。視学課が廃止のうえ、その機能が学務課に吸収されたことなどが従前のとのちがいである。後述のように、現在、確認できる範囲では同類の通牒版は沖縄民政府によって一九五〇年二月刊行の八号まで継続的に発刊された（いずれも原本は謄写印刷）。ただし、機構にかかわる以上の事実経過は、沖縄島およびその周辺諸島に限定される。知られるように、沖縄戦終結から琉球政府が設立される一九五二年までのあいだ、米軍政府は沖縄、宮古、八重山、奄美の四群島を分割のうえ占領統治した。ここで読者の便宜に供するため、当該期の各群島における民政機構とその文教担当部局の変遷を俯瞰する（表2）。

いずれも今後の調査課題としてのこされるが、表2にかかわりつぎの二点を指摘したい。ひとつは現時点において通牒版は沖縄群島においてのみ発行されたことが確認できることである。その刊行時期は沖縄諮詢会および沖縄民政府期以前にかぎられ、沖縄群島政府文教部期については、刊行された形跡を見出せない。[10] もうひとつは八重山群島において類似の刊行物が確認できることである。具体的には八重山民政府文教部『旬刊文教』、八重山連合区教育委員会『八重山教育広報』である。いずれも現物は確認されていない。[11] このほかの各群島文教担当部局でも同種の刊行物があった可能性があるものの、体系的な所蔵調査はこれまでに進展していない。

以上をいわば前史とし、琉球臨時中央政府の設立を経て、一九五二年四月、各群島政府を統合する琉球政府が設立された。一連の背景には、中華人民共和国の成立、朝鮮戦争を契機に米国軍政府が琉球諸島の長期にわたる占領を政策化したことがあった。これを受け、米国民政府が設立され、米国による占領は形態のうえで「軍政」から「民政」へと移管された(米極東軍総司令官「琉球列島米国民政府に関する指令」一九五〇年一二月五日)。

通常版として継続的に刊行されるのは琉球政府設立以後のことである。編集は同政府文教局が担った。その機構をつぎにみるが、この場合にふまえるべきは同政府が司法、行政、立法の三機関から構成され、琉球における全権を担う機構であるとともに、その権能は「米国民政府の布告、布令および指令に従う」かぎりでの留保付きであったことである(米国民政府布告一三号「琉球政府の設立」一九五二年二月二九日)。同政府は、統治機構としての自立的権限を大きく制約されたうえで、米国民政府の統制のもと、いわば機能の遂行のみを制限的に許された。[12] このことは文教局の所轄事項にもおよぶ。

文教局は行政主席を首長とする琉球政府行政府のひとつを構成し、教育に関する行政事務を担うために設置された。当初、その機構は中央教育委員会、文教局長、事務職員のほか、中央教育委員会の定める行政官によって構成された。この場合において中央教育委員会は文教局の一機関として位置づけられており、じじつ、当該委員は立法院の認証を得て行政主席が任命した(以上、琉球政府章典第三章第八条、琉球教育法第二章第一条、第四条、第三章第一条)。知られるように、同時点では行政主席自体が民政副長官による任命制にもとづいて選出されていた(住民による行政主席の直接公選制が実現するのは一九六八年以後のことである)。米国民政府は、上位法とされた布令にもとづき、教育行政の一般行政からの分離や地方分権を唱導し、市町村に公選制の教育委員会制度、ならびに画期的ともいえる教育税制度を導入した。その一方で中央教育委員会における住民自治権の拡大は、占領統治の根幹をゆるがしかねない。それは米国民政府にとって促進されるものではなく、あくまで選択的に抑制すべき対象であった。民立法のひとつとされた教育委員会法(一九五八年一月一〇日、立法第二号)は、こうした布令教育行政を改編しようとするものであった。すなわち、同法にもとづき中央教育委員会は当該委員を公選制により選出するとともに、行政主席の指揮監督を受けない独立委員会として、その職務権限を遂行することとされた。[13] こうして文教局長は、教育行政を担当し行政主席を補佐する事務部局の長であると同時に、中央教育委員会の文教施策を実現するための執行者であり幹事であるという機構上の二重性を託された(教育委員会法第一二四条)。ここに戦後沖縄の教育行政が強いられてきた、従属と自治という両義性を典型的に見出すことができる。

こうした機構上の特質を前提として、ここでは文教局の内部分課とその変容過程に焦点化して概説する。文教局はつぎの五つの事務を所掌することとして設立された。「中央教育委員会に関すること」「学校、地方教育委員会その他教育に関する機関に対し助言を与えること」「教育に関する調査研究に関すること」「社会教育に関すること」「その他法令により定められた事項」(行政事務部局組織法、一九五三年四月一日)。その内部分課については、中央教育委員会が決定権限をもつとされ(琉球教育法第三章第一九条)、一九五三年四月に学務課、庶務課、指導課、研究調査課、施設課、社会教育課の六課により組織された(中央教育委員会規則六号)。[14] 従前の琉球臨時中央政府文教局では、庶務課、学校教育課、社会教育課の三課体制と定められており、その機構は拡張した(琉球臨時中央政府文教局設置法第六条)。次頁の表3において、一九五一年から一九七二年にいたる文教局の内部分課の変容過程を総覧した。

表3にもとづき、文教局における機構上の変容にかかわり、以下の三点が確認できる。①一九五七年九月一一

表3　文教局内部分課の変遷（1951年-1972年）

<table>
<tr><td>西暦</td><td>1951</td><td>1952</td><td>1953</td><td>1954</td><td>1955</td><td>1956</td><td>1957</td><td>1958</td><td>1959</td><td>1960</td><td>1961</td><td>1962</td><td>1963</td><td>1964</td><td>1965</td><td>1966</td><td>1967</td><td>1968</td><td>1969</td><td>1970</td><td>1971</td><td>1972</td></tr>
<tr><td>機構</td><td>琉球臨時中央政府文教局</td><td colspan="21">琉球政府文教局</td></tr>
<tr><td rowspan="13">分課および内部部局</td><td>庶務課</td><td colspan="13">庶務課</td><td rowspan="4">総務部</td><td colspan="7">総務課</td></tr>
<tr><td colspan="14"></td><td colspan="7">経理課</td></tr>
<tr><td colspan="11"></td><td>＊調査広報室（62.2設置）</td><td colspan="2">＊調査広報課</td><td colspan="7">＊調査計画課</td></tr>
<tr><td colspan="14"></td><td colspan="2"></td><td colspan="5">福利課（68.10設置）</td></tr>
<tr><td>学校教育課</td><td colspan="5">学務課</td><td colspan="5">学校教育課</td><td colspan="11"></td></tr>
<tr><td colspan="11" rowspan="2"></td><td colspan="3">義務教育課（62.2設置）</td><td rowspan="3">管理部</td><td colspan="7">義務教育課</td></tr>
<tr><td colspan="3">高校教育課（62.2設置）</td><td colspan="7">高校教育課</td></tr>
<tr><td></td><td colspan="13">施設課</td><td colspan="7">施設課</td></tr>
<tr><td></td><td colspan="6">指導課（57.9廃止）</td><td colspan="4"></td><td colspan="3">指導課（62.2設置）</td><td rowspan="4">指導部</td><td colspan="7">指導課</td></tr>
<tr><td></td><td colspan="2">健康教育課（53.4廃止）</td><td colspan="3"></td><td colspan="8">保健体育課（57.9設置）</td><td colspan="7">保健体育課</td></tr>
<tr><td>社会教育課</td><td colspan="13">社会教育課</td><td colspan="7">社会教育課</td></tr>
<tr><td></td><td colspan="10">＊研究調査課</td><td colspan="3">教育研究課（改称）</td><td colspan="7">教育研究課（68.3廃止）</td></tr>
<tr><td></td><td colspan="2">職業教育課（53.4廃止）</td><td colspan="3"></td><td colspan="5">職業教育課（57.9設置）</td><td colspan="11"></td></tr>
</table>

（出典）「行政事務部局組織法」（1953年4月1日、立法9号）、「文教局組織規則」（1955年4月8日、中央教育委員会規則3号）、「文教局組織規則」（1957年9月11日、中央教育委員会規則48号）、「文教局組織規則の一部を改正する規則」（1962年1月30日、中央教育委員会規則1号）、「文教局組織規則」（1965年9月6日、中央教育委員会規則16号）、「文教局組織規則の一部を改正する規則」（1967年10月3日、中央教育委員会規則10号）、琉球政府行政主席官房文書課『行政機構関係法令集』1958年、琉球政府内務局『行政機構図』1958・61・62・63・66・68・69・70・71年、沖縄県公文書館『琉球政府行政機構変遷図　1952.4.1～1972.5.14』ほか。

（注記）次長、および大学連絡調整官、教育課程管理官などは省略した。『文教時報』誌の編集を所掌した部署に＊を付した。

日付で学務課は学校教育課に改編され、おなじく指導課が廃止されるとともに、職業教育課、保健体育課が設置されたことである（中央教育委員会規則四八号）。②一九六二年一月三〇日付で従前のふたつの課が分課したことである。ひとつは学校教育課が義務教育課と高校教育課に細分化し、もうひとつは研究調査課（『文教時報』の編集体制として後述）が教育研究課と調査広報室に細分化された。くわえて、従前、廃止された指導課が再設置された（中央教育委員会規則一号）。これら内部分課の改編と細分化は、教育規模の拡張にともなう行財政制度の整備、および同局の所掌する事務領域の多元化に照応したものと位置づけられる。[15]③一九六五年九月六日付で部長制が導入されたことである。当該部長制については、一九六五年七月六日開催の中央教育委員会定例会議において、それまでの次長制をあらため、文教部の内部部局として総務部、管理部、指導部を設置することとされた。総務部は総務課、経理課、調査計画課の三課、また、管理部は義務教育課、高校教育課、施設課の三課、指導部は指導課、保健体育課、社会教育課、教育研究課の四課からそれぞれ構成され、全三部一〇課として再編された（中央教育委員会規則一六号）。[16]この三部体制は、若干の改編を経るものの、一九七二年の施政権返還まで継続することになる。

ところで各機構と内部分課には、どのような人物が配置されていたのであろうか。つぎに各部局長、次長および部長、つづいて課長に着目し、それぞれの生年、学歴、職歴に着目することで、人的構成上の特徴をみる。

2　人的構成―部局長、次長・部長

次頁からの表4‐表7は、一九四五年から一九五〇年代はじめまでの分割統治期の各群島について、つづく表8では琉球政府期について、それぞれの文教担当部局長の生年、学歴、経歴を一覧化した。経歴については判明するかぎりで、当該職位の前職および後職を記した（以下、おなじ。名称のちがいから、表5の宮古支庁、表7の大島支庁については当該機構における課長職を部局長とみなした）。ここでは本稿の主旨に焦点化させ、通常版を刊行した琉球政

表4　沖縄群島における文教担当部局長（1945年-1952年）

機構		沖縄諮詢会		沖縄民政府		沖縄群島政府
役職		教育部長	（沖縄）文教部長	文教部長	社会部長	文教部長
着任		1945年8月	1946年1月	1946年4月	1949年12月	1950年11月
氏名 （生年） （就任時年齢）		山城篤男 （1888） （57）				屋良朝苗 （1902） （48）
学歴 （卒業年）		沖縄師範学校本科（1907） 広島高等師範学校（1912）				広島高等師範学校（1930）
経歴	前職	沖縄県立第二・第三中学校長				沖縄県立第二中学校教諭 台南第二中学校教諭 田井等高等学校教官
	後職	沖縄群島政府副知事、興南高等学校長				沖縄教職員会長 琉球政府行政主席

（出典）平川源宝編『沖縄名鑑』沖縄名鑑発行所、1954年、崎原久編『沖縄人事録』1961年、沖縄タイムス社『現代沖縄人物三千人―人事録』沖縄タイムス社、1966年ほか。

（注記）「就任時年齢」は年を単位とした概算により算出（以下、おなじ）。

表5　宮古群島における文教担当部局長（1945年-1952年）

機構		宮古支庁			宮古民政府		宮古群島政府
役職		教学課長	文教課長	文教厚生部長	文教厚生部長	文教部長	文教部長
着任		1946年1月	1946年12月	1947年1月	1947年3月	1947年7月	1950年11月
氏名 （生年） （就任時年齢）		垣花恵昌 （1908） （38）	砂川恵敷 （1898） （48）				垣花恵昌
学歴 （卒業年）		沖縄師範学校本科二部・専攻科 （1926・27）	沖縄師範学校本科一部 （1919）				同前
経歴	前職	城辺国民学校長 沖縄県視学 宮古高等学校長	平良第二小学校長 宮古教員組合委員長				同前
	後職	琉球大学教授 琉球政府立法院議員	宮古地方庁長 琉球政府立法院議員				同前

（出典）崎原久編『琉球人事録（再刊）』沖縄出版社、1953年、平良好児編『宮古人事興信録』1956年、砂川恵敷伝刊行会『うやまい　したいて　砂川恵敷伝』1985年ほか。

表6　八重山群島における文教担当部局長（1945年-1952年）

<table>
<tr><td colspan="2">機構</td><td colspan="3">八重山支庁</td><td>八重山仮支庁</td><td colspan="2">八重山民政府</td><td>八重山群島政府</td></tr>
<tr><td colspan="2">役職</td><td colspan="3">文化部長</td><td colspan="2">教育厚生部長</td><td>文教部長</td><td>文教部長</td></tr>
<tr><td colspan="2">着任時期</td><td>1945年12月</td><td>1946年4月</td><td>1946年10月</td><td>1947年1月</td><td>1948年4月</td><td>1948年10月</td><td>1950年11月</td></tr>
<tr><td colspan="2">氏名
（生年）
（就任時年齢）</td><td>安里栄繁
（1901）
（44）</td><td>糸数用著
（1901）
（45）</td><td colspan="2">崎山用喬
（1896）
（50）</td><td>富川盛正</td><td>高宮広雄
（1903）
（45）</td><td>宮城信勇
（1920）
（30）</td></tr>
<tr><td colspan="2">学歴
（卒業年）</td><td>広島高等師範学校
（1925）</td><td>沖縄師範学校本科一部
（1922）</td><td colspan="2">沖縄県立第二中学校、広島高等師範学校
（1922）</td><td>沖縄師範学校本科一部
（1921）</td><td>沖縄師範学校本科一部
（1923）</td><td>九州帝国大学
（1943）</td></tr>
<tr><td rowspan="2">経歴</td><td>前職</td><td>沖縄県第二中学校教諭、沖縄県立八重山中学校長</td><td>城辺尋常高等小学校訓導、小浜国民学校長</td><td colspan="2">山口県立防府中学校教諭、基隆高等女学校教諭</td><td>沖縄師範学校附属小学校訓導、沖縄県視学</td><td>沖縄女子師範学校附属小学校訓導、沖縄県視学</td><td>沖縄県立八重山中学校教諭</td></tr>
<tr><td>後職</td><td>首里高等学校長</td><td>石垣中学校長、八重山教員訓練学校長</td><td colspan="2">八重山高等学校長</td><td>南西新報社</td><td>琉球大学助教授</td><td>琉球文教図書八重山支店長、琉球政府企画局長</td></tr>
</table>

（出典）伊波南哲・古藤実冨編『八重山人事興信録』八重山人事興信録編集所、1951年、崎原久編『琉球人事録（再刊）』沖縄出版社、1953年、戦後八重山教育のあゆみ編集委員会『戦後八重山教育のあゆみ』1982年ほか。

表7　奄美群島における文教担当部局長（1945年-1953年）

機構		大島支庁		臨時北部南西諸島政庁		奄美群島政府文教部	
役職		兵事教学課長	教学課長	文教部長		文教部長	
着任時期		1946年3月	1946年6月	1947年5月	1949年6月	1950年11月	1951年6月
氏名（生年）（就任時年齢）		大重（重）栄寛			奥田愛正（1903）（46）		西山清良（1895）（56）
学歴（卒業年）		鹿児島県師範学校本科一部（1918）			大島中学校（1923）、東京高等師範学校併設教員養成所（1925）		鹿児島県師範学校本科一部（1919）、同第二師範学校専攻科
経歴	前職	東天城村立青年学校助教長、笠利村立青年学校助教長、湾国民学校長			三重県立志摩水産学校教諭、鹿児島県立大島中学校長		母間国民学校長、亀津国民学校長、亀津町成人教育主事
	後職	奄美博物館長、喜界高等学校長			琉球政府文教局長		奄美博物館長

（出典）鶴嶺会『鶴嶺会員名簿』1942・1957年、大日本教育会鹿児島県支部『鹿児島県学事関係職員録』1944年、「行政分離期間中の大島支庁の機構変遷の経過」鹿児島県大島支庁『行政分離後の経過』（鹿児島県大島支庁所蔵）、笠利山人「教育者の断想（一）」『南日本新聞　大島版特報』1946年5月15日、『奄美』24号、奄美社、1947年2月15日、奄美群島政府『郡政のしおり』1号、1951年7月21日、大重栄寛「奄美博物館の性格」奄美大島連合教職員組合『教育と文化』5巻7号、1951年7月（3巻）、『奄美人名選　全国及郷土篇』1952年、奄美大島連合教職員組合『奄美大島在住鶴嶺会員名簿』1952年、西山清良『たわごと人生記』1985年ほか。

（注記）不詳の場合、当該事項を記載していない。

表8　琉球政府文教局長（1952年-1972年）

在任時期		1952年4月－1952年11月	1953年4月－1958年4月	1958年4月－1961年11月	1961年11月－1965年9月	1965年9月－1968年4月	1968年4月－1969年1月	1969年2月－1972年5月
期間		8月	5年	3年8月	3年11月	2年8月	10月	2年4月
氏名（生年）（就任時年齢）		奥田愛正（1903）（49）	真栄田義見（1902）（51）	小波蔵政光（1911）（47）	阿波根朝次（1904）（57）	赤嶺義信（1921）（44）	小嶺（渡慶次）憲達（1910）（58）	中山興真（1904）（65）
学歴（卒業年）		鹿児島県立大島中学校（1923）、東京高等師範学校教員養成所（1925）	文部省教員検定試験国語科（1925）、同漢文科（1927）	沖縄県立第一中学校（1930）、広島高等師範学校（1934）	広島高等師範学校（1929）	沖縄県立第二中学校（1941）	沖縄師範学校本科一部（1930）	沖縄師範学校本科一部・専攻科（1926・27）
経歴	前職	大島中学校教諭、奄美群島政府文教部長	国頭高等女学校教諭、沖縄県教学課、那覇高等学校長	沖縄県立宮古中学校教諭、琉球政府文教局次長	沖縄師範学校教諭、琉球政府文教局次長	沖縄民政府総務部行政課	国頭尋常高等小学校訓導、琉球政府文教局総務部長	宜野座尋常小学校訓導、沖縄県教学課、沖縄民政府文教部視学官、琉球政府文教局指導課長
	後職	鹿児島県議会議員	琉球育英会理事長、沖縄大学長	琉球政府行政副主席	琉球育英会理事長	琉球大学教授、琉球政府行政副主席	公立学校職員共済会理事長	琉球育英会理事

（出典）『沖縄人名事典』1957年、大宜味朝徳編『琉球紳士録』沖縄興信所、1962・65年、『奄美人名録』南海日日新聞社、1976年、宜野座村『宜野座村名誉村民中山興真先生を讃える』1988年ほか。

（注記）「期間」は月を単位とし概算により算出。

府期の文教局長に限定して、その人的構成上の特徴を分析する。したがって、表4－表7については今後の課題とし、あくまで参考資料として供したい。

琉球政府文教局長は、中央教育委員会の推薦または勧告にもとづいて行政主席が任命する。その職位は他局長とおなじく特別職である（以上、琉球教育法第三章第七条、教育委員会法第一一一条五、琉球政府公務員法第二条ほか）。前頁の表8にみるように、文教局長には七名が在任した。在任期間は一年未満の二名をのぞき、[17]二年から三年が半数を占める。最長は五年におよんだ真栄田義見である。文教局長に就任した時点での年齢は、最高齢が六五歳、最年少は四四歳であり、平均すればおよそ五三歳であった。学歴は中等学校および高等師範学校およびそれらと同程度が五名におよび過半を占める。他の二名は沖縄師範学校[18]である。また、経歴上の傾向として指摘すべきはつぎの二点である。ひとつは教員経験である。四名は戦前期に中等学校あるいは師範学校での教員経験を有し、二名は小学校における教員経験を有する（前者に奥田、真栄田、小波蔵、阿波根、後者に小嶺、中山）。[19]もうひとつは教育者としての経歴に限定されない戦前期までの職歴である。七名のうち二名（真栄田、中山）は旧沖縄県庁教学課に勤務した経験をもつ[20]（他方、参考資料とした表4－表7をみれば、いずれも沖縄県視学を歴任した、垣花（表5）、富川と高宮（表6）が同類として挙げられる）。以上より、琉球政府文教局長は、主に中等学校あるいは師範学校の教員経験者のほか、旧沖縄県庁における管理的業務の経験を有する者によって担われた点で特徴的であったとみなせる。いずれにおいても戦前期の教育指導者層が連続的に就任していたといえる。

ところでこの傾向は、機構上、文教局長と各課長とのあいだに配置された次長および部長についてどこまで適用されるであろうか。つぎの表9では、以下で各課長における人的構成をみるための前提として、部局長と同一の枠組みにおいて、いわば中間管理職と位置づけられる、次長・部長における人的構成を示した。

表9では当該両職位を経て部局長に昇任した以下の三名をあらかじめのぞいている。次長は小波蔵政光、阿波根朝次の二名、部長は小嶺憲達の一名である。このかぎりで次長は一名、部長は七名がそれぞれ歴任したことが

表9　琉球政府文教局　次長と部長（1952年-1972年）

職位		次長	総務部長	管理部長	管理部長	管理部長・指導部長	指導部長	指導部長	指導部長
氏名（生年）（就任時年齢）		金城英浩（1906）（55）	津嘉山朝吉（1915）（53）	笠井（島袋）善徳（1912）（53）	石垣長三（1921）（46）	仲宗根繁（1918）（50）	知念繁（1913）（52）	金城順一（1914）（54）	池村恵興（1916）（53）
在任時期		1961年11月－1965年7月	1968年4月－1972年5月	1965年9月－1967年8月	1967年9月－1968年9月	1968年10月－1972年5月	1965年9月－1968年3月	1968年4月－1969年9月	1969年10月－1972年3月
学歴（卒業年）		沖縄師範学校本科二部（1925）	沖縄師範学校本科二部（1935）	沖縄師範学校本科二部（1934）、日本大学高等師範部（1941）	宮崎高等農林学校（1943）	朝鮮咸興師範学校（1939）	沖縄師範学校本科二部（1934）	沖縄師範学校本科一部、専攻科（1933・35）	沖縄県立宮古中学校（1934）、東京物理学校高師科（1941）
経歴	前職	伊良部国民学校長、沖縄県視学、琉球政府文教局社会教育課長	与那原国民学校訓導、佐敷中学校長	西原尋常高等小学校訓導、高校教育課長	台湾畜産株式会社	胡差教員訓練学校教諭	小禄第一国民学校訓導、南洋庁サイパン国民学校訓導、座間味中学校長	那覇国民学校訓導、沖縄県立第三中学校教諭	宮古中学校教諭、宮古民政府文教部教学課長、宮古高等学校長
	後職	宮古地方庁長、立法院議員、沖縄県議会議員	沖縄県教育長	首里高等学校長、琉球育英会理事長	八重山農林高等学校教諭	沖縄県教育長	琉球政府立教育研修センター所長	琉球政府立理科教育センター長	那覇高等学校長、沖縄県教育長

（出典）沖縄県教育会『沖縄県学事関係職員録』1935年、胡差教員訓練学校『学校要覧』1952（R00162660B）、『宮古人事興信録』1956年、『現代沖縄人物三千人』沖縄タイムス社、1966年、『沖縄県市町村役所機構議会議員一覧』沖縄教育図書刊行会、1974年、『沖縄人物一万人2』オキナワ・アドタイムス、1978年ほか。

（注記）次長は小波蔵政光（1953年4月—1958年4月）、阿波根朝次（1958年4月—1961年11月）がのちに文教局長に就任。おなじく総務部長は小嶺憲達（1965年9月—1968年4月）、管理部長および指導部長は該当者がいない。

確認できる（合計八名）。表9から判読できる傾向は、文教局長との異同に留意して整理すれば以下の三点である。第一、当該職に就任時の年齢は、最高齢が五五歳、最年少は四六歳であり、平均は五二歳程度であった。最高齢が低いことをのぞき文教局長とほぼおなじ傾向といえる。他方、第二に学歴として沖縄師範学校卒業者が目立つ点で特徴的である。同校卒業後の上級学校進学者および他地域の師範学校卒業者をふくめた場合、八名のうち六名におよぶ。このことはつぎの経歴面での傾向を規定する。すなわち、第三として、沖縄県視学、ならびに旧制中学校での教員経験者（前者に金城英浩、後者に金城順一と池村恵興）は確認できるものの、小学校での教員経験者が主流を占める。あらかじめ除外した、のちの部局長三名を加味した場合、この傾向は相殺されることになるが、そのうえでも次長・部長における人的構成は文教局長の人的構成と同様とはいえない。じつはこの傾向は偶然にもたらされたものではない。というのは、文教局職員のうち、次長にくわえ、つぎに取り上げる課長職のうち、（当該期の内部分課に照応した）庶務課長、学務課長などは教育職員免許状の保有者を充てることと指定されていたためである（「文教局職員にして教育職員免許状を有する者を以て補充する職」一九五四年、第一八回中央教育委員会議決）[21]。したがって、文教局における次長・部長の人的構成には、部局長のそれと傾向を共有する面とそうではない面の双方を確認することができる。

3　人的構成―課長

つぎにこれまでとおなじ枠組みを準用し、課長の人的構成をみる（次頁の表10）。ただし、史料的な制約を受け、一九四五年から一九五〇年代はじめまでの分割統治期の各群島については、これまでと同程度の水準において各内部分課にいたるまでの復元が困難である。このため、以下では琉球政府期に限定した分析を示した。従前におなじく、表10では課長職を経て部局長および次長・部長に昇任した以下の五名をあらかじめのぞいて

表10　琉球政府期における課長一覧

初就任時の年令	教員経験	氏名	職名	生年	学歴（卒業年）	経歴	
						前職	後職
46	○	園田親儀	庶務課長（1952-53）	1906	鹿児島第二師範学校（1927）	臨時北部南西諸島政庁文教部庶務課長、奄美群島政府文教部庶務課長	田検中学校長
56	○	比嘉博	研究調査課長（1952-53） 学務課長（1953-56）	1896	沖縄師範学校本科二部（1916）、日本大学高等師範部（1928）	仲西尋常高等小学校訓導、沖縄県視学、糸満国民学校長、沖縄文教学校教官、コザ地区教育長	野嵩高等学校長、普天間高等学校長、琉球国際短期大学教授
53	○	祖慶剛	職業教育課長（1952-53）	1899	沖縄師範学校本科一部（1918）	首里高等学校教頭、浦添中学校長	宜野座高等学校長、沖縄工業高等学校長
49	○	照屋実太郎	健康教育課長（1952-53）	1903	沖縄県立第一中学校、沖縄師範学校本科二部（1924）、日本体育会体操学校（1928）	沖縄県立第三中学校教諭、那覇高等学校定時制教諭	辺土名高等学校長
49	○	山川宗英	施設課長（1952-53） 庶務課長（1953-56） 学務課長（1956-57） 社会教育課長（1957-61）	1903	沖縄師範学校専攻科（1930）	糸満中学校長、沖縄民政府文教部学務課視学	琉球政府厚生局長
47	○	栄忠哉	研究調査課長（1953-54）	1906	鹿児島第一師範学校本科二部（1927）	喜界第一中学校長、喜界高等学校長	喜界町教育長
49	○	喜久山添采	施設課長（1953-57） 研究調査課長（1957-61）	1904	沖縄県立第二中学校（1923）、沖縄師範学校本科二部（1925）	松山国民学校教頭、石川地区教育会主事、那覇地区社会教育主事	那覇連合区教育委員会教育次長、沖縄民芸協会副会長
41	○	比嘉信光	研究調査課長（1954-57） 職業教育課長（1957-62） 指導課長（1962-64）	1913	沖縄師範学校本科一部（1933）、東京物理学校師範科（1945）	北部農林高等学校教諭	沖縄瓦斯株式会社常務取締役

49	○	佐久本嗣善	社会教育課長 (1956-57) 保健体育課長 (1957-58) 施設課長 (1957-62) 庶務課長 (1962-63)	1907	沖縄県立第一中学校 (1925)、沖縄師範学校本科二部 (1927)	佐敷国民学校教頭、知念中学校長	琉球政府郵政庁長
46	○	喜屋武真栄	保健体育課長 (1958-60)	1912	沖縄師範学校本科一部 (1932)、同専攻科 (1933)	沖縄女子師範附属大道小学校訓導、沖縄群島政府文教部指導主事	沖縄教職員会事務局長、沖縄教職員会長、参議院議員
51	○	大城真太郎	学校教育課長 (1959-62)	1908	沖縄師範学校本科一部 (1929)	辺土名初等学校長	那覇中学校長、上山中学校長
54	○	浜比嘉宗正	研究調査課長 (1961-62) 施設課長 (1965-66)	1907	沖縄師範学校本科二部 (1927)	屋良国民学校教頭、城北小学校長	
51	○	親泊輝昌	教育研究課長 (1962-66)	1911	沖縄県立第一中学校 (1928)、沖縄師範学校本科二部 (1930)、同専攻科 (1931)	普天間国民学校訓導、沖縄民政府成人教育課主事、琉球政府社会教育課主事	仲西小学校長
47	○	安谷屋玄信	調査広報課長 (1963-66)	1916	沖縄師範学校本科二部 (1938)、同専攻科 (1939)	沖縄県立宮古中学校教諭、多良間中学校長、琉球政府文教局指導主事	琉球政府企画局参事官
53	○	中村義永	保健体育課長 (1965-66)	1912	沖縄県立第一中学校 (1931)、日本体育専門学校高等科 (1933)	沖縄県視学、南風原中学校長	知念高等学校長、沖縄県私学教育振興会理事長
55	○	大宜味朝恒	社会教育課長 (1965-66)	1910	沖縄師範学校本科一部 (1931)	浦添尋常高等小学校訓導、知念初等学校校長、沖縄群島政府文教局社会教育主事	琉球政府中央図書館長
55	○	石垣孫可	総務課長 (1965-67)	1910	沖縄師範学校本科一部 (1931)、同専攻科 (1933)	登野城国民学校訓導、八重山農林高等学校教頭	
50	○	伊是名甚徳	高校教育課長 (1965-68) 大学連絡調整官 (1968-71)	1915	沖縄県立第三中学校、日本大学工学部 (1941)	満洲鉱山KK、沖縄水産高等学校教頭	語学センター長

49	○	下門龍栄	指導課長（1965-69）	1916	沖縄師範学校本科一部（1936）、同専攻科（1940）	謝花国民学校訓導、北山高等学校教頭、琉球政府文教局指導主事	石川高等学校長、那覇高等学校長
47		富山正憲	経理課長（1965-69）	1918	沖縄県立第二中学校（1938）	陸軍軍属ジャワ軍政監部	
46	○	福里文夫	調査計画課長（1966-67） 総務課長（1967-68）	1920	東洋大学（1942）	宮古女子高等学校教諭、沖縄工業高等学校教諭、那覇商業高等学校教頭	
48	○	安里盛市	教育研究課長（1966-68）	1918	沖縄師範学校本科一部（1938）	松山国民学校訓導	久茂地小学校長
49	○	武村朝伸（朝延）	施設課長（1966-69）	1917	沖縄師範学校（1937）	楚辺国民学校訓導、識名小学校長	
58	○	比嘉松吉	社会教育課長（1966-70）	1908	沖縄師範学校本科一部（1929）	渡名喜初等中等学校長、知念中学校長	東風平小学校長
48	○	翁長維行	保健体育課長（1966-72）	1918	日本体育会体操学校（1940）	前原高等学校教諭、宜野座高等学校長	
42	○	前田功	調査計画課長（1967-68） 義務教育課長（1968-72） 高校教育課長（1972）	1925	沖縄県立第二中学校（1942）、研数専門学校（1944）	コザ高等学校教諭、琉球政府文教局指導主事	沖縄県教育庁学校管理課長、沖縄県教育長
	○	黒島信彦	教育課程管理官（1967-72）		沖縄師範学校本科一部（1943）、岡山大学（1957）	祖納初等学校教官	
45	○	世嘉良栄	高校教育課長（1968-70）	1923	教員検定（1941）	コザ高等学校教頭、中部商業高等学校教頭	
		宮里毅	調査計画課長（1968-69）		名古屋商工（1943）		
51	○	島袋栄徳	総務課長（1968-72） 復帰対策室長（1970-72）	1917	沖縄師範学校本科一部（1938）	伊波国民学校訓導、沖縄文教学校附属初等学校教官、学務課主事	沖縄県教育庁那覇教育事務所長

49	○	仲本賢弘	福利課長（1968-72） 調査計画課長（1972）	1919	沖縄師範学校本科二部（1939）	石垣国民学校訓導、東江小学校教諭	仲西中学校長、沖縄県立那覇養護学校長
51	○	新城紀秀	指導課長（1969-72）	1918	沖縄師範学校本科二部（1937）	兼次小学校訓導、謝花青年学校教諭、石川高等学校教頭	沖縄県教育庁学校指導課長
35		高良清敏	経理課長（1969-72）	1934	日本大学経済学部（1957）	琉球政府内政局・厚生局	沖縄県教育庁福利課長
49	○	松田州弘	調査計画課長（1969-72）	1920	沖縄県立第二中学校、台中師範学校演習科（1940）	台南州公学校訓導、平安座初等学校教官、与那城村議会議員、前原教員訓練学校教諭	西原中学校長
43	○	城間勇吉	施設課長（1970-72）	1927	陸軍士官学校中退、東京工業大学（1956）	沖縄工業高等学校教頭	沖縄県教育庁総務課長、沖縄県土木建築部長
57	○	宮良長広	高校教育課長（1970-72）	1913	沖縄師範学校本科一部（1933）、立正大学専門部（1947）	登野城尋常高等小学校訓導、八重山高等学校教頭、久米島高等学校長	沖縄県高等学校PTA連絡協議会常任理事
54	○	与那覇修	社会教育課長（1970-72）	1916	沖縄師範学校本科二部（1936）、同専攻科（1942）	本部尋常高等小学校訓導	那覇中学校長
52	○	屋部和則	保健体育課長（1972）	1920	日本体育専門学校（1942）	名護高等学校教諭、読谷高等学校教頭	沖縄県立北部工業高等学校長

（出典）崎原久編『琉球人事興信録』1950年、文教局『職員録』（R00094466B）、『教員訓練学校、英語学校、特殊学校　一九五二年　学校要覧』（R00162660B）、沖縄教職員会『沖縄教育関係職員録』各年版、奄美大島教職員組合『昭和二十九年三月　行政分離前よりの奉職者』（鹿児島県教職員組合奄美地区支部所蔵）、「局内人事異動」『文教時報』8号、1954年3月（2巻）、『地方自治七周年記念誌』1955年、平良好児編『宮古人事興信録』1956年、世嘉良栄「想い出」『文教時報』32号、1957年6月（5巻）、『現代沖縄人物三千人』1966年、『新奄美名鑑』奄美社、1967年、南風原村『南風原村史』1971年、沖縄文化協会『沖縄の伝統文化』1975年、沖縄県教育委員会『教育沖縄』24号、1977年、『沖縄教育界のあゆみ』1979年、鹿児島県第二師範学校吹上会『第二師範記』1980年、沖縄県師範学校昭和十三年卒同期生会『龍飛　卒業五十年記念誌』1988年、前田功『いつかは、誰かが—行政側から見た沖縄の主任制闘争』ボーダーインク、2005年ほか。

（注記）不詳あるいは当該職位をもって退職した場合には、いずれも空欄とした。

いる（括弧内は当該職名。ただし、すべてを記さない場合がある）。小波蔵政光（部局長・次長・学務課長）、小嶺（渡慶次）憲達（部局長・部長・庶務課長）、中山興真（部局長・指導課長）、金城英浩（次長・庶務課長）、笠井善徳（部長・高校教育課長）である。以上を前提に三八名を捕捉した表10から課長職の人的構成の特徴として、以下の三点を指摘できる。第一、最初に課長として就任した時点の年齢は不明の二名をのぞき、最高齢が五八歳、最年少が三五歳であり、平均でおよそ四九歳であった。三〇代での就任があるなど、部局長、次長・部長より、やや若い時点での就任という傾向がある。第二、学歴で特徴的なのは、上級学校への進学者をふくめた師範学校卒業者が、全体の七割以上となる二七名を占めることである。うち沖縄師範学校卒業者は二四名におよぶ。これはさきにみた次長・部長の傾向と軌を一にする。このことは、やはり経歴の傾向に直結する。すなわち、第三として、不明の三名をのぞき、すくなくとも三五名が小中学校、および高等学校での教員経験をもつ（後職をふくむ）。このことの制度的な背景は前述のとおりである。以上から、課長職の人的構成は、次長・部長と類似する傾向を見出すことができる。

二　書誌

1　類別

あらためて13頁の表1を参照しつつ、『文教時報』の書誌事項を類別に説明する。以下、いずれにおいても個別の書誌情報については各附表をあわせてご覧いただきたい。

(1) 通牒版

附録をふくめ現時点で通牒版は九点が確認される。既述のように、その創刊は一九四六年二月二六日であり、一九五〇年二月発行の八号までおよそ四年間にわたりつづく。この間、創刊号は沖縄諮詢会沖縄文教部が発行し、二号からは沖縄民政府（沖縄）文教部が、八号は同学務課が発行した。現存する原本にみるかぎり、最大でも三〇頁程度に満たない分量であり、多くの号は一〇頁程度にすぎない。また、三号附録として発行された、文教部『合衆国遣日教育使節団報告書抜粋』（一九四七年五月二〇日）をのぞき、いずれも謄写印刷である。[22] その内容は指示訓令などの示達事項のほか、法制度の解説、教育方針や内容などとして概括できる。八号をもって通牒版の終刊とすることができるかはあきらかではない。通常版の創刊（一九五二年六月三〇日）とのあいだには二年以上の期間があり、九号以降にもひきつづき発行されていた可能性はある。

通牒版の書誌事項にかかわり以下の三点を補足する。①創刊の当初、通牒版は沖縄文教部から「沖縄各学校ニ発送」されていた。[23] 発送にあわせ、沖縄文教部は定型化された「報告文書」用紙などを同送した。[24] これは各学校における児童・生徒の在籍数、出席率、また、授業時間数や教職員数・資格などを沖縄文教部宛、定期的に報告させるための便宜を図ったものである。この点においても、のちに通常版が担うことになる教育広報誌としての役割ではなく、通牒版は文字通りの行政的な指示訓令に相当する役割を担っていたとみなせる。②通牒版の原本は、全号が沖縄県教育庁文化財課によって保管される。このほか沖縄県立博物館にも数点が所蔵される。③さきの三号附録にかかわり、米国教育使節団報告書の翻訳については、文部省『文部時報』八三四号、一九四六年一一月一〇日掲載分などが知られる。他方、三号附録はこうした翻訳を転用したものではない。文教部名で記載された「はしがき」によれば、「昨年（一九四六年をさす―引用者）夏、米軍政府教育担当ハンナ少佐から、其の原文を与へられたので、極めて自由な気持で訳した中から一部を選んで、特に各学校の研究資料として」刊行したものである。じじつ『文部時報』翻訳分と三号附録とを比較対照したところ、訳語などにおいて同一ではないことがわかる。また、三号附録の奥付には米軍政府による出版許可を経ていたことを示す文言が確認できる。[25] 管見のかぎり、同種の文言は通常版などをふくめ、現存するすべての『文教時報』においては見出せず、当該箇所に限定される。

（2）通常版

通常版については、表1にみたように、一号から一二七号までの本体にくわえ号外、別冊、特別号がふくまれる。以下、順に書誌事項について説明をくわえる。通常版の本体は、一号（一九五二年六月三〇日）から一二七号（一九七二年四月二〇日）まで、欠号なくすべてが原本として確認できる。その編集は一貫して琉球政府文教局であったが、実際に編集を所掌した部署は変遷をかさねた。その推移について、あらためて表3をご覧いただきたい。その事実経過は時系列に即して、文教局研究調査課（一号‐七七号）、調査広報室と調査広報課（七八‐九六号）、総務部調査計画課（九七‐一二七号）などとして担当部署が変遷した。[26] これ以外に、三六号（一九五七年一一月一〇日）は社会教育課編集であり、おなじく七九号（一九六二年六月二七日）は教育研究課編集になる。このように個別号の編集は他の部署におよぶ場合がある。くわえて通常版には書名自体にも変遷が確認できる（以下、附表Ⅲを参照）。本復刻が対象とする通常版各号の奥付に記載がある場合にかぎれば、誌名は『文教時報』として一貫している。しかし、表紙に記載された誌名についてはこのかぎりではない。すなわち『文教時報』だけではなく『沖縄文教時報』（七号から一〇号）、『琉球文教時報』（一一号から三七号）の二種類が確認される。[27] つまり、その誌名はかならずしも固定的なものではなかったといえる。[28]

通常版の書誌事項にかかわり、さらに以下の三点を指摘する。第一、内容の変化についてである。語義のとおりに、通牒版は文教担当部局から各学校への一方向的な内容に終始した。現在、確認できる通牒版には読者である各学校長、教員などからの投稿や声がまったく掲載されていないことは、このことの反映である。対照的に通常版では、示達事項や文教局関係者による寄稿などをふくみつつも、各学校や教員による研究の掲載を「本誌の使命」と位置づけ、「現場の先生方の生々しい体験記録、研究物等」を「どしどし投稿」するよう奨励しはじめた。[29]先述のように、通常版はほぼ一貫して非売品と明記され、営利を目的としたものではなかったものの、読者との共有性を強く打ち出す内容上の変化をとげた。七号（一九五四年二月一五日）から新設された、読者投稿による文芸欄は、こうした変化を如実に体現する。[30]こうして通常版は「親しまれる広報誌」「利用される広報誌」をめざし変化をとげていた。[31]このことは第二の点にふかくかかわる。第二に印刷と表紙の意匠についてである。印刷は創刊当初から活版印刷であり、三号以降の表紙に彩色が採択されはじめる。のちには随所にイラストが配置され、また、表紙や本文に写真が掲載されるなど、読者にとってのしたしみやすさが前面に打ち出される。このことは表紙の意匠を公募するという取り組みとしても表現される。[32]その結果、教職員や児童・生徒による多彩な意匠が登場することとなる（附表Ⅲ）。第三は本体に添付された正誤表ほかであり、くわえて本文に貼り付けられた訂正紙である。これらは、いずれも本文中の文言、表記の訂正を意図して発行以後に付加された書類である。前者は移動可能な紙片であるが、後者は当該箇所に固定されているという形態上のちがいがある。上掲の表11には、これまでに確認されたものを一覧化した（ただし、訂正紙は主なものに限定）。

表11では、通常版、および後述する別冊『沖縄教育の概観』に確認される当該書類を類別のうえ掲出した。このうち正誤表については、読者が本復刻版を活用される場合の便宜、ならびに史料保存の観点か

表11　正誤表・訂正紙一覧

号数	類別
74	正誤表
89	
92	
93	
別冊1『沖縄教育の概観』	正誤表
	全琉高等学校一覧表
別冊2『沖縄教育の概観』	正誤表
20	訂正紙
22	
48	
67	
80	
83	
122	

（注記）当該号の所蔵機関は記さない。ここで掲示した以外にも他誌のものと推定される添付書類が原本に確認できる場合がある。たとえば、17号、1955年9月30日（3巻）、52号、1959年3月5日（8巻）。

ら、原則として復刻の対象とみなした。ただし、実際の添付場所にかかわらず、いずれも当該号最後尾の頁に掲出している。また、訂正紙については、貼り付けられた場所について復刻版各巻の冒頭に逐一、注記した。

このほかの添付書類として、①送り状、②受領証、③読者向けのアンケートが挙げられる。それらについては、煩雑を避けるため復刻対象とはせず、それぞれの実例を次頁に掲げるにとどめる（一部のみ所蔵機関を記す）。

（3）号外

号外については、二号（一九六〇年八月一八日）から『一九七二年度　教育関係予算の解説』と題された一九号（一九七一年一〇月三〇日）まで、現時点であわせて一五点が確認される[33]（附表Ⅰ）。

現在の調査水準では号外の全体像を捕捉するにはいたっておらず、すべての号外を復刻対象とできなかった。そのうえで他の資料から、欠号をふくめ号外にかかわる刊行状況や内容について、限定的ではあるが復元することは可能である（39頁の表12）。

表12より、一号をふくめ、現時点ではすくなくとも四点の欠号があること、また、号外の判型はタブロイド、冊子など一律ではないことがわかる。くわえて号外という名称にもかかわらず、当該期の速報的な記事にとどまらない、年次報告的な内容がふくまれることが判明する。

なお、号外八号の所蔵について付記する。当該号は、その一部が文教局総務部総務課『庶務に関する書類』（R00164296B）から見出された。同様にとくに号外については公文書などに紛れ込んでいる可能性があることが推定される。

受　領　証

「文教時報」　No 99

確かに受領いたしました。

1966年　　月　　日

住　所

氏　名

文教局調査計画課殿

「文教時報」は常に読みやすく，充実した内容をという方針で編集してきましたが，今後この小誌をよりよいものとするため皆様方のご意見をうけたまわりたいと思います。あなたか，またはどなたでもよいのですが　NO 98をを読まれた方に次ページの「文教時報 NO 98」についてのアンケートを記入して戴きましてお送りいただければと思います。

受領証の実例（99号に添付）

送り状

文教時報第　　号　　部送附致します。

御利用いたゞければ幸甚に存じます。

事務整理の都合上、折返し受領証を送附願います。

一九五　年　月　日

琉球政府　文教局　研究調査課

（国立教育政策研究所教育図書館所蔵）

送り状の実例（51号に添付）

「文教時報 No 98」についてのアンケート

（さしつかえなければ，ご記入ください。）

①ご氏名　　②性別（男・女）　③年令（満　　歳）

1．「文教時報」をいつからお読みですか　（該当番号に○をつけてください）

(イ) この号（NO 98）がはじめて　(ロ) 96号（65年7月刊）から

(ハ) 1年～2年から　(ニ) 3年以上前から　(ホ) その他（　　）

2．NO98の記事で興味を感じられたものはどれですか。
（該当する空欄に○印をつけてください）

記　事		記　事	
1．非行と家庭		7．指導主事ノート	
2．座談会		8．ご存じですか	
3．資　料		9．文化財散歩	
4．産業技術学校		10．中教委だより	
5．[illegible]		11．統計図表	
6．各種研究団体		12　文教局機構紹介	

3．新しい記事を載せるとしたら，どういう内容のものがよいとお思いですか。

1．

2．

3．

4．その他のご意見

アンケートの実例（98号に添付）

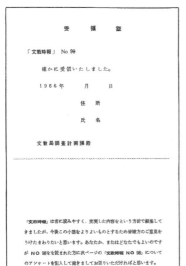

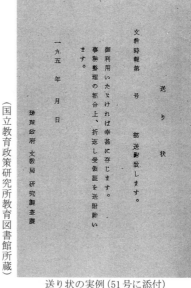

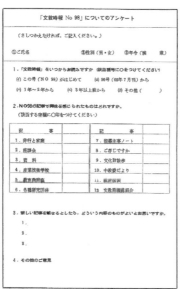

表12　号外の刊行状況

号数（判型）	発行期日	表題・内容など
1（不明）＊		「六一年度予算の基礎資料」
2（タブロイド）	1960年 8月18日	「連合教育区統合の問題や高等学校進学志願者急増対策等の問題」
3（不明）＊		
4（A4冊子）	1962年 1月22日	「教公二法の立法はなぜ必要か」
5（タブロイド）	1962年 9月18日	「高校生急増対策（1）」
6（不明）＊		「高校生急増対策（2）」「地方公務員関係の基本理念」
7（タブロイド）	1963年 2月 2日	「教育財政調整補助金」
8（タブロイド）	1963年 2月15日	「地方教育区公務員法の構造」
9（不明）＊		「地方教育行政の自由独立」
10（タブロイド）	1965年 5月10日	「みんなで考えよう沖縄の教育費」
11（A4冊子）	1966年 7月10日	「教公二法の立法はなぜ必要か」
12（A4冊子）	1967年 8月15日	「本土と沖縄の教育の一体化について」沖縄問題懇談会答申書（全文）
13（B6冊子）	1967年 9月20日	「1968年度　教育関係予算の解説」
14（タブロイド）	1968年 2月21日	「文教審議会初会合開く」
15（B6冊子）	1968年 9月20日	「1969年度　教育関係予算の解説」
16（タブロイド）	1968年11月 1日	「公立学校職員共済組合法の解説」
17（B6冊子）	1969年10月30日	「1970年度　教育関係予算の解説」
18（B6冊子）	1970年11月 1日	「1971年度　教育関係予算の解説」
19（B6冊子）	1971年10月30日	「1972年度　教育関係予算の解説」

（出典）琉球政府文教局『琉球教育要覧』『沖縄教育要覧』収載の「教育広報」ほか。

（注記）判型は概則にもとづく。表題・内容について、現存する号は巻頭題目を記述した。当該出典には記述があるものの、現時点で確認できない号には＊を付した。不詳の場合、空欄とした。なお、8号には欠丁および欠損がある。

表13-1 『琉球の教育』一覧

刊行年	所蔵機関	注記
＊1956	現物未確認	『文教時報』26号、1956年9月、表紙
＊1957	沖縄大学図書館新崎盛暉文庫	「教育要覧附録」と表紙に記載
1959	東京大学史料編纂所	
1960	国立教育政策研究所	同所蔵『文教時報』68号に添付
1961	沖縄県公文書館	
1963	沖縄県立図書館	
1964	現物未確認	琉球政府文教局『沖縄教育要覧　1965年度』1966年、22-23頁
1965		和文および英文版、同前

（注記）推定の場合、＊を付した。なお、読者の便宜にかんがみて、各版の所蔵機関を記載した。ただし、所蔵機関はすべてを記したわけではない。

（4）別冊と特別号

別冊は以下の三つに類別できる。『琉球の教育』・『沖縄の教育』、『文教時報　現行教育法令特集号（免許関係法規別冊）』、『沖縄教育の概観』である。順に書誌事項の要目をみる。

『琉球の教育』は現時点で五点が確認される（このほかにこれまでの調査で現物が確認されていない（以下、表をふくめ、現物未確認）ものが三点）。一九五〇年代後半から一九六〇年代はじめの時期に刊行された（表13－1）。同類のリーフレットは『沖縄の教育』と改題され、一九六〇年代以降にも続刊された（表13－2）。おなじく三点が確認される（このほかに現物未確認が二点）。両者はいずれも当該年における行政機構、学校教育、教育財政などの各種統計にかかわる図表を簡便に提示する内容構成をもつ。

表13－1にある一九五七年版の表紙が示すように、『琉球の教育』は他誌の附録として位置づけられる場合がある。つまり、すべての『琉球の教育』を『文教時報』別冊として断定するわけにはいかない。その前提のうえでも、ここで『琉球の教育』を別冊として類別した根拠は、『文教時報』二六号、一九五六年九月（四巻）表紙に「附録別冊『琉球の教育』」として記載されたことにもとづく。しかし、管見のかぎり当該現物は見出されておらず、今後の課題としての

表13-2　『沖縄の教育』一覧

刊行年	所蔵機関	注記
1966	沖縄県立図書館	
1968	一橋大学附属図書館	
1969	現物未確認	琉球政府文教局『沖縄教育年報　1970年度』1971年、21頁
1971	沖縄県立図書館 読谷村教育委員会	
1972	現物未確認	琉球政府文教局『沖縄教育年報　1972年度』1973年、18頁

（注記）刊行年について、書誌情報の記載がない場合、当該号に掲載された統計資料から推定した。所蔵機関はすべてを記したわけではない。

こされる。なお、『琉球の教育』は文教局の内部資料では「リーフレット」と称されていたこと、くわえて和文のみならず、「欧文」版も同時に刊行されていたことが判明している。(34)

つぎに『文教時報　現行教育法令特集号（免許関係法規別冊）』について。表題が示すように、同誌は頻繁な制度改正をとげた、一九五〇年代の主要法規類を網羅的に掲載する。同誌本体には、『文教時報』としての号数表記はないものの、他の資料にもとづき、同誌が「現行法規集の五五号」として位置づけられたことが確証できる。(35)

『沖縄教育の概観』は一九六〇年代から一九七二年までのあいだに八点が発刊された（次頁の表14）。その内容は『琉球教育要覧』における教育関係統計にあらたな資料を盛り込んだものとされる（一号、凡例）。各号とも七〇頁程度の分量であり、当該年度の統計数値が網羅的に列記される。

表14などから、以下の三点を確認できる。①『沖縄教育の概観』が『文教時報』別冊として明記されたのは二号に限定される。創刊号と目される一九六二年刊行分は「〔琉球―引用者〕教育要覧の付録として」刊行されたことが確認できる。(36) ②表紙、奥付のいずれにも三号以前には号数の記載がない（号数の特定はそれぞれの凡例にもとづく）。③四、五号にのみ英文による表題が記載されている。

『沖縄教育の概観』については、既述のように付録1として一括して収載した。

類別のさいごに、先述のように本復刻では対象としなかった、特別号『一九五五会計年度　教育財政調査報告書』について。一九五六年一〇月に刊

表14 『沖縄教育の概観』一覧

号数	発行年	別冊との注記	英文表題
1	1962		
2		表紙に「文教時報・別冊」と記載	
3			
4			Bird's- Eye View of Education in Okinawa
5			Bird's- Eye View of Education in Okinawa
6	1969		
7	1971		
8	1972		

(出典)『沖縄教育の概観』各号。
(註記) 不詳あるいは特記すべき当該事項がない場合、空欄とした。

行された同報告書の内容は「教育財政に関する最初の全琉調査」である(序文)。判型はＡ３であり、学校段階などに分類のうえ教育費支出の統計が網羅的に記録される。

2 発行と配布

発行の定期性と部数、ならびに同誌がどのように配布されていたのかについてみる。ここでは発行の継続性にかんがみて、いずれも通常版に限定のうえで分析をくわえる。

(1) 定期性

発行の定期性については、計画と実態とのあいだに当初から乖離があったことが確認できる。たとえば、一九五三年度の計画によれば、五月、七月、九月、一一月、一月、三月の六回であり、隔月での発行が予定された[37]。しかし、実際に刊行をみたのは、六月、八月、二月、三月の四回にとどまり、定期性にはあきらかに乱れが生じていた(附表Ⅱ)。このことは同年度に限定されない。一九五六年度からは、それまでの隔月刊行を月刊にあらためた[38]。とはいえ、はやくも同年度後半以降には定期性が維持できなくなる（それでも同年度から一九六〇年度までは、相対的にみれば発行の定期性が継続的に確保できていた時期といえる）。

定期性はおろか、一九六二年度から一九六三年度には、「予算やその他いろいろのつごうで休刊同様」にまで陥るにいたった。じじつ、八一号、一九六二年九月、および八二号、一九六三年一一月（以上、一二巻）とのあいだには一年以上もの空白期間がある。[39] 月刊発行はこののちにもやはり継続できず、定期性の確保は、結果的には終刊にいたるまで、ほぼ実現することはなかった。

（2）発行部数

史料的な制約から『文教時報』の発行部数の推移を通時的にたどることは、管見のかぎりむずかしい。このため、以下のような断片的な事例がいくつか捕捉されるにとどまる。たとえば、一九五〇年代後半の時点においては一〇〇〇部程度とされ、[40] また、一九六〇年代については、次頁の表15のようである。

表15より、一九六〇年代において、ほぼ一二〇〇部から一五〇〇部程度で推移した。[41] 例外として号外は三〇〇〇部などとして多く発行されていた場合がある。こうした部数の多寡は、主要な読者層である教職員など同時期の教育関係者の人員規模と比較した場合、どのように評価できるであろうか。この点の解明を視野に収めつつ、つぎに『文教時報』がだれに対し、どのように配布されていたのかについてみる。

（3）配布実態

管見のかぎり、『文教時報』の配布実態を通時的に捕捉できる史料には欠けており、いくつかの事例が確認されるにとどまる。たとえば、一九六〇年代なかばの場合、定期的な配布先として想定されていたのは、各部数とと

表15　1960年代における『文教時報』発行部数

号	発行年	発行部数
85	1964	1200
86		1200
87		1200
『琉球の教育』		和文1300 欧文200
88		1200
89		1500
90		1200
92	1965	1200
93		1200
94		1200
96		1200
97		1200
98		1200
号外11	1966	1500
106	1967	1200
号外12		1500
108		1200
109		1200
110		1200
号外14	1968	3000
111		1200
号外15		1500
113		1200
号外16		3000
114		1200
115	1969	1200
116		1200

(出典) 文教局『出版物の編集頒布に関する書類　一九六四年度』(R00095137B)、文教局『出版物関係　一九六五年、一九六六年』(R00095138B)、文教局『出版物の編集頒布に関する書類　一九六七年—一九六八年』(R00095136B)、文教局『出版物・調査統計書類　一九六九年』(R00095139B) 参照。

表16 『文教時報』の配布先と部数の構想（1965年）

主な配布先	部数
小中学校（私立ほかをふくむ）	669
文教局（局長、次長、各課長、教育職、指導職）	63
高等学校（私立ふくむ）	62
連合区	62
教育区	60
立法院	33
琉球政府内（内務局、計画局、経済局、厚生局、警察局ほか）	30
琉球大学、私立大学	13
中央教育委員会	11
図書館・博物館	10
文部省	7
新聞社、テレビ	5
米国民政府教育部	2
沖縄教職員会	2
那覇教育研究所	1
予備	150

（出典）文教局調査広報課『出版物の編集頒布に関する書類　一九六四年度』（R00095137B）

（注記）史料中に記載された配布先を一部、省略。同史料に示された計画によれば、1965年度の文教局予算解説が特集された『文教時報』89号、1964年9月（13巻）については、表中の配布先にくわえ、区教育委員全員（305名）への配布が構想されていた。

もに上掲の表16のようであった。

表16にみるように、配布先は学校に限定されないひろがりをもっていた。文教局をふくめた琉球政府内部局や各教育委員会、立法院、図書館・博物館などにくわえ、文部省や沖縄教職員会、米国民政府教育部、さらに新聞社・テレビなどのマスコミ関係まで網羅した。そのうえでも配布部数において最大を占めたのは、各学校である。当該時点における同誌の発行部数は、さきに依拠した史料によれば一二〇〇部であったが、このうち六割程度は各小中学校・高等学校などに充てられていたことになる。その際、当該史料によれば、各学校における学級数に照応させて、学校規模別に配布部数が算定されていた（次頁の表17）。

表17　各学校への配布部数の算定基準

学級数	配布部数
1-10	1
11-25	2
26-40	3
41以上	4

(出典)文教局調査広報課『出版物の編集頒布に関する書類　一九六四年度』(R00095137B)

表17から、比較的、規模の小さな学校や分校では、一校あたり一、二部程度が配布されるにとどまっていたことがわかる。教員一人あたりにすれば、いつでも自由に手に取れるだけの実態にあったとは考えにくい。じじつ当該年の教職員総数は、小学校(四一〇九名)、中学校(二九七四名)、高等学校(一五七四名)であった(いずれも校長のほか、助教諭、養護教諭をふくむ)[42]。合算すれば八六五七名にのぼる小中学校・高等学校の教職員に対し、七三一部が配布されたにとどまる。おおむね一部を一一人以上で共有していたことになる。

むろん配布先の選定および配布部数は時期によって推移していたことが予想できる。このため、以上の事例を通史的な一般論としてみなすことはできない。そのうえで、この事例のかぎり、配布実態については以下の三つの特徴が指摘できる。第一、配布先は各学校を中心としており、所属教職員への伝達機能が重視・意図されていたこと。そのうえでも、第二に立法院、ならびに琉球政府内をはじめ教育政策や行政に携わる関係者をふくめ広範に配布されていたこと。他方、第三として新聞社などの民間にも目配せが行き届いた配布がなされていることから、民間への教育広報誌として位置づけられていたことである。

3　終刊とその後

『文教時報』は施政権返還を目前に刊行された一二七号(一九七二年四月)をもって終刊した。数ヶ月後、同格の広報誌として『教育沖縄』が一九七二年八月二〇日に創刊された。沖縄県教育委員会発行、沖縄県教育庁総務課編集になる同誌は事実上、『文教時報』の再刊とみなせる。ここで再刊という表現をしたのには積極的な理由がある。それは琉球政府自体の消滅により長らく同誌の編集を担ってきた「総務部調査計画課」は組織上、途絶したにもかかわらず、『教育沖縄』の体裁と構成は『文教時報』をほぼそのまま踏襲していたためである。このことは単に誌面上の類似というだけではない。あらたに発足した同教育庁の人的構成において、津嘉山朝吉(琉球政府文教局総務部長から教育長、以下、おなじ)、仲宗根繁(管理部長から教育次長)のほか、島袋栄徳(総務部総務課長から総務課長)、前田功(管理部義務教育課長から学校管理課長)、城間勇吉(管理部施設課長から施設課長)、新城紀秀(指導部指導課長から学校指導課長)、金城正光(管理部義務教育課管理職から社会教育課長)など、課長職以上の管理職はほぼ横滑りで異動していた。(43)

『教育沖縄』は、一九八四年三月刊行の四七号(一三巻三号)まで継続して刊行され、同年一〇月には巻号を引き継ぎつつも『教育おきなわ』四八号(一三巻四号)と改題され刊行がつづいた。なお、別冊『沖縄教育の概観』については、一九七三年に『おきなわ教育の概観』として沖縄県教育委員会から発刊された。これらの事実経過が示すのは、施政権返還という制度的な断絶にもかかわらず、教育広報誌としての役割を担った媒体の編集と発刊については、従前の経験にもとづくことで実質的に途切れることなく連続していたということである。

三　内容

ここでは通常版を中心に具体的な記事を取り上げつつ、内容的な特徴について解説をくわえる。以下、順に「学校と教科書」「教員」「学力と環境」「文部省と沖縄教職員会」「生活改善運動」の五つの視点を設定する。むろん通常版の内容はこれらによって網羅されるものではない。たとえば、中央教育委員会、および教育区や連合区教育委員会といった特有の機構を有した教育委員会制度、おなじく教育税や給与をはじめとした教育財政と教員待遇にかかわる諸制度、学校運営の指針、また、実験学校、学校保健をはじめ、注目すべき事象はすくなくない（執筆者および寄稿者の背景、ならびに訪問教師については、それぞれ本別冊に収載のコラムと補論を参照）。

委細は後述するが、二〇年におよぶ通常版の刊行期間中、各視点にかかわる記事の論調は決して一様ではない。こうした制約を前提にしながらも、紙幅の制約にかんがみて、教育広報誌として留意すべき基礎的な事象に限定しつつ、また、今後の調査研究の進展を意識して解説をくわえる。

1 学校と教科書

米国民政府が唱えた「よい校舎、よい教師、よい待遇」との宣伝標語がある。一九五〇年代に「教育三原則」として称された。これが明示するように、戦災校舎の復興は、ひきつづき解説をくわえる教員の資質向上と待遇改善とならび、文教担当部局における主要な行政課題と捉えられていた。[44] このうち戦災校舎の復興は、各地域・学校によりその過程が大きく異なる。しばしば台風などの自然災害が、こうした過程をより複雑化させた。校舎の復興機序をあえて単純に図式化すれば、露天教室からテント教室、さらに茅葺きから瓦葺さ、ブロックによる建造物へと変移したことが知られる。真和志中学校長を務めた比嘉俊成は、「資材物品一切の物という物は凡て米軍の手にしかなかった」時期からの校舎の復興経過について、米軍政府とのやり取りや地域住民との協働をふくめ、きわめて具体的に回想している。[45] この間、収容所から居住地域への住民の帰還が一九四六年以降にはじまるとともに、日本や旧外地からの引揚者が増加した。くわえて児童・生徒数の自然増、また、一九四八年四月からの六三制導入にともない、義務教育年限が九カ年に延長されたことで、校舎・教室の不足はさらに深刻化していた。[46] 校舎が復興される過程において、占領地域救済を目的に米国議会で創設されたガリオア援助（Government Appropriation for Relief In Occupied Areas）が一九四九年以降、校舎建築に拠出されはじめたことがひとつの契機となった。[47] 復興が一段落した時点の校舎をふくめ、児童・生徒の様子や教材教具などの具体例については、『文教時報』二五号、一九五六年六月(四巻)が興味深い。同号はほぼすべての誌面に写真が配置されるという異例の構成になっている。

また、建造物としての学校にとどまらず、教科書の復興もおなじく文教担当部局における課題とされた。このうち教科書については、一九四八年六月に日本から教科書が搬送される以前の時期、米軍政府内に設置された沖縄教科書編修所で作成された、いわゆるガリ版刷り教科書がひろく知られる。それは限定された学年、教科目にとどまることなく、教材として当該期にひろく使用されていた。[48] その特徴は「従来〔戦前期まで—引用者〕の教科書の中から軍国主義的、超国家的、選民的な教材を排し、沖縄文化の再認識を目指して郷土教材を豊富に盛った生活に即した総合的な沖縄独特の教科書」として概括される。[49] じじつ、従前にくわえ、初等学校用英語や沖縄の歴史など、あらたな教育内容の設定がある。本別冊に収載した文教担当部局文献一覧には、管見のかぎりで現行の調査水準を反映させた当該教科書一覧を参考として提示したのでご覧いただきたい。

2 教員

さきの宣伝標語にあるように、教員の資質向上と待遇改善は文教局の主要な行政課題と目された。以下、資質向上についてみる。なかでもつぎの三つの施策がその根幹をなした。第一に研究教員制度(一九五二年開始、以下、おなじ)、第二に現職教員の再教育と資格の更新を目的とし、文部省から派遣された大学教員などを講師として開催された、夏季認定講習会(一九五三年)[50]、第三に教育実践の向上を目的に指導主事や現職教員など、おなじく文部省から派遣された講師による教育指導委員制度(一九五九年)[51]である。

このうち『文教時報』の内容としての比重にかんがみて、ここでは研究教員制度に限定して解説をくわえる。

同制度は、現職の小中学校・高等学校教員を半年から一年にわたり日本に派遣し、各地の教員として勤務経験を積ませる、いわば現職派遣研修制度である。一九二〇年代に宮古郡によって創始されたのち、沖縄県に移管され一九四〇年代はじめにいたるまで施行された、研究訓導制度にその淵源は求められる。沖縄戦による休止をはさみながら、名称変更のうえ、一九五二年にふたたび開始され、一九七〇年代はじめまで継続した。その名称は「留日琉球派遣研究教員制」「(内地派遣)沖縄研究教員制」などとしてさまざまに呼ばれており、公文書などにおいて一定しない(本稿では「研究教員制度」として表記)。同制度による派遣者は、たとえば一九六一年までの一〇年間においては、のべ四二六名であり、うち東京都の一六七名を最大に、派遣先は日本各地にひろがる。(52)おなじく一九七〇年三月までには九五四名にものぼる。(53)

ここでは委細に立ち入らないが、研究教員制度は当初、占領下にあった沖縄群島政府文教部からの積極的な働きかけに文部省が応じたことで再起動された。他のふたつの施策とともに、文部省による人的斡旋や経費拠出などの援助を受けて運営されていた。(54)同制度は一九六五年度から校長、指導主事などを対象とした事業があらたにふくまれる。(55)なお、人的な流れの方向性は逆になるものの、文部省発の教育情報が施策を通じて沖縄に流入するという現象については、夏季認定講習会ならびに教育指導委員制度にもあきらかにみとめられる。これら複数の系統におよぶ派遣と交流が並行して継続することで、同時代の具体的な教育情報が、文部省を淵源として沖縄へと急激に流入していくことになる。

研究教員制度に関連した記事は、一九五二年四月に派遣された第一回の派遣教員からの研修報告を嚆矢として、また、経験者による座談会などとして、刊行期間のほぼ全体を通じて継続的かつ頻繁に掲載される。(56)琉球政府文教局による事業にかかわる記事の取り扱いとして、おそらく異例といってよい。当該記事には、ほぼ共通する傾向が容易に見出せる。それを単純化すれば、当初は日本における戦災からの復興の早さと沖縄での遅滞の対比であり、校舎や設備備品などの教育環境の改善動向であった。さらに教員の勤務状況や待遇にかかわる彼我の格差、すなわち、日本の先進性と沖縄の後進性が具体的に提示されることとして集約できる。戦前期におなじく日本各地に派遣された研究訓導がそうであったように、派遣教員による一連の記事は、こうした格差を埋め合わせるための教育情報を体験者の生の声にもとづき具体的に提供するものであった。

3　学力と環境

現時においても社会的に注視される学力到達度にくわえ、地域特性や社会環境にねざした児童・生徒にかかわる事象を取り上げる記事は、時期によるちがいこそあれ、ほぼ通時的に掲載される。このうち学力については、『文教時報』の誌面上、おそらくもっとも重要視された事象のひとつであろう。その背景には、一九五六年に文部省により実施がはじまった全国学力調査がある。同調査は一九六六年にいたるまで一一年間にわたり実施されたことが知られる。実施教科数など集計上の枠組みにおいてかならずしも同一条件ではないが、同調査は沖縄においても実施された。その結果については、『文教時報』をはじめ文教局による刊行物で特集などとして詳細に取り上げられている。[57] じつは同調査がはじまる以前の時点においても、国立教育研究所（当時）による学力水準調査の手法が準用され、全沖縄を対象とした標本的な学力調査が一九五四年三月に実施されていた。[58] こんにちにいたる、沖縄の学力問題の起点は、すくなくともこの時点にまでさかのぼることができる。すでにその時点で判明したのは「全琉の学力の実態は、本土と比較して全体的に相当の差が認められる」との事実であった。[59]

これは対象学年や教科によって幾分の変動が見受けられるものの、その後に実施された沖縄での全国学力調査の結果と符号する。すなわち沖縄の学力到達度は、全国平均はおろか最低位にあった県にさえおよばない水準にあった。こうした沖縄における学力水準の低位性を招来した原因にかかわり、『文教時報』における印象的な記述を紹介したい。さきにみた学力水準調査の結果分析にかかわるくだりにある、「この戦争によって人的（教師の質に関係する）にも物的（教育施設）にも徹底的に叩きのめされ」たという、いわば動かしがたい歴史的な経緯が低位性を招いたとの説明である。(60)

学力到達度における低位性という事実は、六〇年以上を経た現時においても沖縄県の教育行政が対峙する、現在進行形の課題である。よく知られるように、文部科学省による「全国学力・学習状況調査」が二〇〇七年にはじまり沖縄県の低位性があらためて明白に確認されたためである。ただし、ここでとくに留意すべきことがある。すなわち、すくなくとも一九五〇年代の記事は、沖縄戦による戦禍、その後の復興過程の困難さに遡及することで、その原因を説明しようとしていたことである。対照的に低位性そのものはおそらくほぼ一貫して継続しながらも、現時における支配的な説明は、沖縄の児童・生徒の学力到達度の低位性について、たとえば、起床時間や食事といった、生活習慣に起因するものとみなす傾向をもつ。そこでは、沖縄以外のすべての地域が共有する、いわば一般的な因子との相関関係が指摘され、そのかぎりで対応策が示される。半面、すくなくとも占領期にまでおよびつつ、沖縄固有の歴史的な文脈において学力の低位性を捉えようとする指摘は主流ではない。学力到達度の低位性は連続しているにもかかわらず、その説明の発想基盤はあきらかに断絶しているのである。この連続と断絶をわたしたちはどのように理解するべきなのであろうか。いずれにしても『文教時報』は、こうした学力にかかわる調査結果を継続的かつ詳細に掲載した。同誌はテストの点数という、比較可能で具体的な数値によって、日本との学力水準の格差を明示化する公式の媒体であった。

つぎに児童・生徒をめぐる社会環境にかかわる事象について。窃盗や暴力、家出、徘徊など、児童・生徒による問題行動の実態とその対策については、しばしば記事化される。(61) くわえて家庭の貧困などによる児童・生徒の長期欠席にかかわる記事は、やはり軽視できない比重を占める。たとえば、一九五四年時点の文教局研究調査課による悉皆調査は、三〇日間の連続欠席者の出現率と背景を委細にわたり分析している。その結果、小学校より中学校での出現率が高いこと、この時点では宮古地区のそれが高いことが示唆される。同調査は「長期欠席者が疾病異常でない場合、何等かの労働を行っていることが普通で、特に中学校の長期欠席者と労働問題が密接な関係のあること」を指摘する。[62] 沖縄における児童・生徒の貧困は、その様相を変えながらも、現時にまで継続している問題である。

以上から、児童・生徒の学力や社会環境については、その不全がいずれの記事においても浮き彫りにされる。各記事は同時代の全国平均と沖縄における当該数値との格差を問題化しようとする点において共通する傾向を見出せる。『文教時報』は、文教局がこの意味における格差を公的に認知し、広報するための媒体であった。

4 文部省と沖縄教職員会

これまでの視点からも垣間見えるように、文部省にかかわる記事は陰に陽に確認される。『文部時報』『初等教育資料』をはじめとした、文部省関係誌からの転載、文部省刊行物の紹介はほぼ継続的に掲載される。くわえて「学習指導要領」の逐次改訂といった同時代の法令、また、教育関係審議会にかかわる紹介がある。この背景には、さきにみた教育関係者による人的交流がすすんでいたことがあるが、それだけではない。もうひとつの不可欠な、そして、構造的な視点として、一九六一年六月の池田・ケネディ会談以後、日本政府から琉球政府予算への財政援助が制度的に始動していたことが指摘できる。[63]『文教時報』八三号、一九六四年一月(一二巻)には、写真記事として「初の本土政府経済援助による練習船(翔南丸)」の竣工式の模様が掲載される。[64]

日本政府からの財政援助における教育関係の事例として、一九六四年七月一〇日に発効した、「昭和三九会計年度における琉球諸島に対する援助金に関する覚書」にもとづき、公立学校職業教育設備援助金、教科書無償給与援助金、育英奨学援助金など、文部省所管になる各種の援助金が沖縄に流入したことなどが例示できる。[65]

『文教時報』において、同時代の日本における教育情報という場合、それはかならずしも中立的な情報とみなせない。以上の経過にもとづけば、わたしたちは、このような仮説に容易に行き着く。なにより素朴な事実として、通常版の最初期までをのぞき、文部省自身がすでに日本教職員組合(以下、日教組)との切迫した対決構図という、五五年体制の只中にあり、そのかぎりでの教育情報として差配されていたためである。むろん占領下にあった琉球政府文教局は、当該期における「地方教育行政の組織及び運営に関する法律」(法律一六二号、一九五六年)に依拠した、教育長の承認(一六条)、指導、助言(四八条)といった他都道府県教育委員会などが有する文部省との法制度上の関係をもたない。にもかかわらず、これまでにみた人的ならびに財政的な関係を通じ、琉球政府文教局は文部省による事実上の影響下にあり、その度合は時系列的にみて増長していた。このことは必然的に琉球政府文教局と沖縄教職員会などの教員団体との関係性に変容をもたらさないではいなかった。沖縄戦終結直後から一九五〇年代はじめ以前の通牒版が発刊されていた時期に立ち返れば、同時期の文教部と沖縄教職員会の前身である沖縄教育連合会との関係は「表裏一体」とも称されるほどに親和的であった。[66] こうした両者の関係は一九五〇年代には継続する。たとえば、一九五五年一月に開催された、第一回同会は、中央と各地域、また各学校段の役員などが登場する。じじつ同年代における『文教時報』誌面には教研集会など沖縄教職員会の動静やその階をつなぐとともに、「琉球大学-文教局-教職員会とのつながりに於いて、それぞれ緊密な連携と協力体制」によって運営されていた。[67] 人的構成においては、沖縄教職員会事務局次長を務めた喜屋武真栄が、一九五八年に琉球政府文教局保健体育課長に就任するなど、[68] 両者は緊密な連携を維持している。組織的には教研集会自体が文教局の後援を得て開催されている。一九六三年一月に開催された第九次同会の場合、一四七〇〇ドルが計上された開催予算のうち、四割以上におよぶ六〇〇〇ドルは文教局から拠出されていた。[69] この背景には沖縄教職員会が労働組合ではなく、社団法人として運営されていたこと、校長などの管理職をふくめたほぼすべての教職員を包摂していたことが一般に指摘される。そして、もっとも肝要な背景として、これまでの論策からあきらかなように「表裏一体」でなければ、有効な対応ができないほどに教育や教員をめぐる課題は山積していた。しかし、両者の関係には不可視の亀裂が胚胎しつつあった。亀裂は一度にひろがったわけではなく、いくつかの局面がある。また、文教局・文部省、沖縄教職員会という関係以外に、米国民政府という施政権を保持する機関のはたした役割については軽視できない。

まず、日本では一九五八年度から学習指導要領に「道徳の時間」が特設された。文部省主催の道徳教育指導者講習会が大分県別府市で開催され、文教局学校教育課主事・安里盛市はじめ、沖縄各地の学校長、教員が受講した。帰任後の受講者による記事には講習会場での反対派と警官隊とのもみ合いを眼前にしたとまどいが率直につづられている。[70] 五五年体制下にあった教育界の対決構図が沖縄にもちこまれた、最初期の事例であろう。しかし、この時点では、あくまで個人的な内面的というべきとまどいであり、組織的な亀裂におよぶことはなかった。一九五九年時点における沖縄教職員会の教研集会にかかわり、『文教時報』六二号に掲載されたつぎの描写は、この判断の正しさを象徴的に示してあまりある。それは「せまい沖縄では局〔文教局―引用者〕と会〔沖縄教職員会―引用者〕とは車の両輪の如く、両者がガッチリくんでこそ、沖縄の教育の振興は期待される。本土におけるあの対立〔文部省と日教組との―引用者〕の嵐は沖縄ではどこ吹く風」と記す。[71] これは同時期の日本の実態に単純に照らせば、ひかえめにいっても異例というべき関係であったといえる。ただし、おなじ時期には、より深刻な亀裂がすでに準備されつつあった。なかでも特徴的な以下のふたつの動向に注意を促したい。

第一は一九五九年劈頭に刊行の『文教時報』に掲載された、米国民政府教育部長、ボナー・クロフォード「一九五九年の琉球教育に対する十の期待」から明瞭に読み取ることができる。それはつぎのように述べる。「現在の琉球では幾つかの運動が感傷的もしくは感傷的動機によって行われている。不幸なことには、感情に駆られた行動は問題の解決よりももっと多くの問題を起させる場合が多い。教職員による復帰運動はその一例である。日本政府も琉球も、アメリカの政府も即ちわれわれは皆、復帰に賛成である。しかし、教育の発展にどうしても必要な真理と自由を無視する共産主義国家による世界の緊張が続く限り、即時復帰は不可能である。教職員の復帰運動は、琉球の教育の発展に非常に必要な時間と精力を消費するだけの結果になる。[72]ここでは沖縄教職員会による復帰運動を強く牽制するとともに、直接の言及はないものの、労働組合への移行を総会で決定したことをはじめ、同会の意向に規制をくわえようとする、米国民政府の政治的意図が濃厚に読み取れる。この政治的意図が生起するのには具体的な根拠があった。それはもうひとつの動向にかかわる。

第二は一九五〇年代以降、中央教育委員会などにおいて審議されていた公務員法案にかかわる。いくつかの経緯を経て同法案は「地方教育区公務員法」「教育公務員特例法」の二法案として立法院で立案される。同法案は教員の身分保障を規定するとともに、その政治活動を制限し、争議行為の禁止などを規定した。通説では同法案をめぐり、一九六〇年代に文教局と沖縄教職員会との亀裂は決定的というべき水準にまで達する。[73]同年代以降、『文教時報』の誌面では文部省関係記事が継続して掲載される一方、『文教時報』において沖縄教職員会の痕跡は、従来のようには見出されなくなる。[74]同時期に沖縄教職員会は一九六六年から教研集会での正会員となるなど、日教組との関係を一段とふかめていた。[75]

5　新生活運動

『文教時報』の内容は、これまでにみた学校教育関係にかぎらない。その外延をみるためのひとつの視点として新生活運動は不可欠である。琉球政府の所轄した同運動のあらましは以下のように規定される。「新時代に即応して住民生活の向上を図るため、非合理的な生活習慣を一掃し、能率的で経済的な要素をもつ、健全明朗な生活様式を普及すると共に、生産性を高め経済の安定を期するよう、住民の盛り上がる力による物心両面の強力な実践運動」。[76]発端のひとつは一九五六年一月、当時の琉球政府行政主席・比嘉秀平が鹿児島県を訪問した際、同県知事から聞き及んだことにあったとする当事者の回想がある。[77]同年五月には、沖縄教職員会や青年団、婦人会など、官民にわたる諸団体を幅広く集めた、新生活運動推進協議会が琉球政府内に設置された。同協議会の会長は琉球政府副主席が担い、副会長二名のうち一名に文教局長が充てられた。宮古、八重山に支部を置くとともに、「新生活運動地区別懇談会」を開催するなど、地域住民に近接した事業として展開された（新生活運動推進協議会設置規程、一九五六年訓令一二号）[78]。

当初、文教局以外が所掌する案もあったようだが、新生活運動は結果的に同局社会教育課の分掌とされた（中央教育委員会規則二三号）[79]。指導者のための講習会や研修のための派遣事業、公民館におけるモデル地区指定、顕彰事業など、同課は補助金をともなった事業を各地で広範に展開した[80]。このため『文教時報』には新生活運動推進協議会にかかわる記事が多く見受けられる。それらは学校教育活動のほか、公民館などを通じた社会教育活動など、多彩な領域におよぶ。また、注目すべきは沖縄教職員会のかかわりである。先述のようにすでにその関係性が変容しつつあったにもかかわらず、一九六五年時点において沖縄教職員会は「時間励行や、形式的な行事の改革、環境の浄化」を進める、新生活運動の推進をその運動目標のひとつとして掲げた[81]。新生活運動を遂行するという点においては、沖縄教職員会と琉球政府文教局とは方向性を結果として依然、共有していた。

ところで新生活運動の対象とされたのは、年齢や学歴などが一定ではない一般民衆である。また、その内容は多領域におよぶ。いわゆる「新正一本化」として知られた、旧正月から太陽暦にもとづく新正月への暦の変更がよく知られるほか、冠婚葬祭の改善や迷信の打破、衣食住といった日常生活や家庭での暮らしに直結し、さらに生産の場にまでわたる[82]。このため運動の普及にはチラシやパンフレット、ポスター、また、振り付きのテーマ曲といった、だれにもわかりやすい媒体が多用されている（事例を次頁に掲出）。これらの特徴は『文教時報』に収載された関連記事から読み取れる[83]。ここでは言及をひかえたが、このかぎりでの新生活運動は琉球政府のほか、米国側や琉球大学による事業としても同時代から広範に展開された。

他方、見落とすべきでないのは、時代状況と名称、組織や手法にはちがいがあるものの、現象的に類似する

新生活運動推進協議会
『新正月のしおり』

新生活運動推進協議会
『迷信打破のはなし』1960年

傾向と内容を備えた運動が、すでに戦時体制下、生活改善運動として展開されたことである。一般に生活改善とは、炊事や衣服など生活の合理化、衛生観念の普及、定時励行や増産といった広範な領域を対象とする、官民をまじえた組織的事業である。世界恐慌後の一九三〇年代における農山漁村経済更生運動などにもとづき、沖縄県においても「生活改善」を唱導する「国民更生運動」が官民挙げて展開された。[84] なかでも一九三八年八月二八日に発足した、沖縄生活更新協会は教育関係者、県外在住の有力者もふくめた広範な支持層に依拠しつつ、広範に展開されていた。こうした生活改善運動は他府県においてもおなじく展開されたが、沖縄においては、すでに置県ののち琉装や結髪、亀甲墓、ユタ、そして、姓やことばなど、その生活、歴史と文化に根ざした事象が「改善」の対象としてみなされつづけてきた点において特徴的である。それは沖縄の独自性を否定することと表裏をなした運動であったといえる。しかも、沖縄における生活改善運動は、単に政策的な誘導にとどまらず、沖縄生活更新協会がそうであったように沖縄人自身によって推進されてきた面をもつ。沖縄戦により、沖縄生活更新協会は組織としては消滅し、制度的な事業としての生活改善運動は途絶した。しかし、運動の対象や内容における異同をふくみつつ、戦時体制下の生活改善運動は新生活運動として改称され、占領下においてあらたな装いのもとで再生していた面をもつ。

おわりに

『文教時報』は二五年以上の期間におよび教育広報誌として継続的に刊行された。当該期間中、統治機構、ならびに教育制度は改編をかさねるとともに、文教担当部局の機能や役割は大きな変容をとげた。『文教時報』はそうした一連の過程とほぼ並走することで、結果的には占領下における沖縄教育史を如実に反映した史料群となっている。基礎史料としての『文教時報』の位置と意義は、ひとまずこの点に見定めることができる。

そのうえで見逃してはならない論点を集約しておこう。それは立場を問わず同時代におけるもっとも重要な課題とされてきた復帰運動と『文教時報』との距離感である。このことは琉球政府文教局の政治的な位置にかかわる。文部省関係記事、および日本における学校教育の先進性を掲載することには傾注しながらも、『文教時報』では、沖縄の帰属にかかわる政治的動向や沖縄県祖国復帰協議会(一九六〇年結成)などの民間運動団体に関する記述は、管見のかぎり確認できない。設立間もない一九五二年四月二九日に琉球政府立法院が、「日本復帰の要望決議案」を採択し施政権の日本への返還をすでに求めていた点などにかんがみても、とくに際立つ特徴といえる。『文教時報』と復帰運動とのあいだには一定の距離感、直接的にいえば復帰運動にかかわる見解を掲載することについての抑制がつねに存在した。日米両国政府のあいだで沖縄の施政権を日本に返還することが既成事実化したのは、佐藤・ニクソン共同声明(一九六九年一一月)であるが、『文教時報』では、それ以降においてさえ、「復帰」に備えるための文教行財政上の手続きや対策という、いわば後追い的な姿勢を踏み外すことはなかった。[85]ひとつの行政部局の動向として当然ともいえるが、このことはやはり確認しておくべきである。こうした経過が示す、きわめて単純な事実は、米国民政府との権力的関係のなかで『文教時報』が刊行されていたということである。このかぎりで『文教時報』が中立的な史料でないことは自明の事柄に属する。[86]半面、『文教時報』が米国民政府による隠れ蓑のような宣伝媒体にすぎないとの評価は妥当ではない。そうした評価は、本稿においてみてきた、琉球政府文教局による諸事業の展開過程からも垣間見えるように、ひとつの行政機構としての相対的な自立性への視点を閉ざしかねないためである。

つぎに従来の研究で見過ごされる傾向にあった論点を示すことでこれからの課題を確認しておきたい。本稿では言及をひかえたが、それは沖縄とおなじく占領下にあった奄美群島にかかわる。臨時北部南西諸島政庁、奄美群島政府などを経て、一九五三年一二月の返還以前、同群島はおよそ一年九ヶ月の期間、琉球政府(奄美地方庁)の管轄下にあった。また、初代文教局長を務めた奥田愛正を筆頭に、琉球政府文教局には同群島の出身者が着任している。(87) この間、琉球政府文教局の政策は同群島においても実施されるとともに、『文教時報』には同群島にかかわる記事、ならびに同群島を出自とする執筆者が確認できる。(88) 注視すべきは同一管轄下にありながら、当該期における同群島の置かれた条件は沖縄・宮古・八重山の各群島とは同列には論じられないことである。その背景には、かつて県域を異にしたという歴史性、米軍占領にいたるまでの経緯の差異にくわえ、当該期における物価や教員の給与水準の歴然としたちがいがあった。このことは琉球政府発足を前に一九五一年一二月開催された全琉文教部長会議での議事内容のほか、同時期の各群島の教員団体間でも非調和をおびて露呈していた。(89) 琉球政府文教局は奄美群島にどのように対応してきたのか、逆に同群島からみて同局はどのような存在であったのか。これらを解明することが不可欠である。

さいごにつぎのことをあらためて確認しておきたい。通牒版および号外をはじめ、『文教時報』は全体として完全に復元できておらず、本復刻以後においても、号外をはじめとした欠号を補完するための堅調な調査がひきつづき必要である。

本復刻事業では、関係史料をふくめた調査、および底本の撮影などにあたり、各所蔵機関および個人に懇切なお力添えをいただいた。以下に記して感謝申し上げる。琉球大学附属図書館、沖縄県議会図書室、沖縄県教育庁、

同前文化財課史料編集班、沖縄県立博物館・美術館、沖縄県公文書館、沖縄県立図書館、読谷村立図書館、うるま市立石川歴史民俗資料館、那覇市歴史博物館、那覇市立教育研究所、糸満市立中央図書館、宮古島市史編さん室、石垣市立図書館、沖縄県青年団協議会、沖縄県教職員組合、沖縄県高等学校障害児学校教職員組合教育資料センター、沖縄大学図書館、上原実氏（糸満市在住）、国立国会図書館、国立教育政策研究所教育図書館、鹿児島大学附属図書館、法政大学沖縄文化研究所。

（付記）本稿は、科学研究費補助金基盤研究（B）「沖縄における教育指導者層の変容過程に関する研究―沖縄戦前後の人的構成に着目して」（15H03475）研究代表者・藤澤健一（二〇一五－二〇一九年度）にもとづく研究成果の一部である。

［文献一覧］

（史料）
沖縄群島政府文教部『沖縄群島教育規程』一九五一年
沖縄教職員会『沖縄教育の現状』一九五二年
沖縄教職員会『教公二法案に何故反対するか』一九六三年
沖縄教職員会『定期総会第二四回　報告並びに議案書』一九六四年
沖縄生活更新運動協会『新生活』一－二号、一九三九年三、五月
沖縄生活更新運動協会『真生活』三号、一九三九年一〇月
文教局研究調査課編『琉球の教育―文教局の組織と管轄』一九五九年
文教局『出版物の編集頒布に関する書類　一九六四年度』(R00095137B)
文教局『出版物関係　一九六五年、一九六六年』(R00095138B)

文教局『出版物の編集頒布に関する書類　一九六七年―一九六八年』(R00095136B)
文教局『出版物・調査統計書類　一九六九年』(R00095139B)
文教局『雑文書』(R00164312B)
文教局『文教局各課所掌事務』(R00164313B)
文教部『第二回全島校長会々議要項』一九五一年四月二一日(石垣市立図書館所蔵)
宮古文教部教学課「宮古文教部事務施行状況」平良市史編さん委員会『平良市史』六巻資料編4　戦後資料集成、一九八五年
文部省『第二次沖縄調査団文部班報告書』一九六二年
文部省文化局国際文化課『昭和四一年度沖縄夏季認定講習会報告書』一九六七年
文部省調査局国際文化課『昭和三九年度文部省派遣教育指導委員による沖縄教育指導報告書』一九六五年
八重山民政府教育課『新教育指針』一九四七年一二月一六日(石垣市立図書館所蔵)
琉球諸島米国民政府計画局『琉球諸島現況報告書』一九六五、一九六八年
琉球政府行政監察課『行政機構図(一九六一年一月)』一九六一年
琉球政府行政主席官房文書課『行政機構関係法令集』一九五八年
琉球政府行政主席官房文書課『行政機構図(一九五八年一月)』一九五八年
琉球政府新生活運動推進協議会『新生活運動のしおり』一九七〇年
琉球政府総務局渉外広報部文書課『公報附録　布告・布令・指令改廃総覧(一九四五年―一九七二年)』一九七二年
琉球政府内務局行政監察課『琉球政府行政組織法解説』一九六一年
『世態調査記録　県民生活更新問題に就て』那覇地方裁判所・那覇地方検事局、一九三九年(G0001927CB)
「生活改善　時局に鑑みて旧正月の廃止案」『大島新聞』一九三九年二月一一日
「阪神各地に生活改善運動」『琉球新報』一九三八年二月二〇日
「新生活運動のトップ　墓地改造に好手本」『沖縄日報』一九三八年四月一八日
「お祝儀は三十円―生活改善運動に乗り出す婦連」宮古教育会『教育時報』一八号、一九五〇年八月一一日(六巻)
「台所を中心とした生活改善座談会」名瀬市婦人会『婦人会報』一巻二号、一九五三年五月

（研究・調査ほか）
大門正克編『新生活運動と日本の戦後―敗戦から一九七〇年代』日本経済評論社、二〇一二年
大城将保『琉球政府』ひるぎ社、一九九二年
沖縄教育実践史研究会『戦後沖縄の初等中等学校における教育実践（主に授業と生活指導）に関する実証的研究』一九八〇年度科学研究費補助金一般研究C報告書、一九八一年
沖縄県議会図書室『沖縄県議会図書室所蔵　琉球政府刊行物目録』一九七八年
沖縄県文化振興会公文書管理部編『米国の沖縄統治下における琉球政府以前の行政組織変遷関係資料（1945～1952）』二〇〇〇年
奥泉栄三郎「日本占領下検閲と教育雑誌」『現代のエスプリ』二〇九号（占領下の教育）、至文堂、一九八四年
小熊伸一『戦後日本における教育ジャーナリズムに関する基礎的研究』（二〇〇三-二〇〇五年度科学研究費補助金（基盤研究（C））研究成果報告書、二〇〇六年
上沼八郎『沖縄教育論』南方同胞援護会、一九六六年
鹿児島県教育庁大島教育事務局『戦後の奄美の教育―祖国復帰一〇周年記念誌』一九六五年
木戸若雄『昭和の教育ジャーナリズム』大空社、一九九〇年
義務教育課友の会『琉球政府文教局義務教育課の業務』二〇〇九年
国井成一「琉球政府の行政について」大阪市政策企画室企画部総合計画担当『都市問題研究』一〇巻四号、一九五八年四月
久保舜一『学力調査―学力進歩の予診』福村書店、一九五六年
国立教育研究所『「文部時報」記事総目録―戦後教育改革資料（1）』一九八三年
田中宣一編『暮らしの革命―戦後農村の生活改善事業と新生活運動』農村漁村文化協会、二〇一一年
那覇市役所企画部市史編集室『沖縄の戦後資料（1945-1972）』第一集（逐次刊行物目次集）一九七六年
那覇市立教育研究所『戦後の教育―〇からの出発（一）』一九九八年
那覇市立教育研究所『戦後の教育―〇からの出発（三）』二〇〇二年
藤原幸男「琉球政府時代沖縄の全国学力調査―資料概観」『琉球大学教育実践総合センター紀要』一七号、二〇一〇年
文教友の会『戦後沖縄教育の回顧録―文教局思い出の記』一九九三年
松田州弘『生まり島―潮先に立って』那覇出版社、一九八一年

［補注］

1 現存する号においてみるかぎり、厳密には実際の誌面上、「通牒」と記載されるのは第一号（一九四六年二月二六日刊行）のみである。同号では「此ノ時報ハ文教部所管内ノ各学校ノ守ルベキ指示訓令等ガ掲載サレテ居ルノデ通牒トモ言フ可キ性質ノモノ」とされる。

2 『一九五五会計年度教育財政調査報告書』が刊行された背景、および経緯については以下の点が判明している。当該期の教育財政を規定した琉球教育法（布令六六号、一九五二年二月二八日）により、「琉球列島に於ける学校教育の維持」は教育区および中央政府の「連帯責任」とされた（一章七節）。教育財政上の財源は文教局予算にくわえ、各教育区住民から徴収する教育税に求められていた。このため教育財政はかならずしも一枚岩ではなく、全域にわたる実態調査が必然化していた。以上を背景に当該調査の方法を説明するための講習会が各地で開催されたのち、一九五五年九月中に同報告書の素材とされた調査が実施をみた。琉球政府文教局研究調査課『一九五五年教育行財政に関する研究調査書類』（沖縄県公文書館所蔵、R00162804B。以下、同館所蔵史料については、本解説末尾の文献一覧をふくめ資料コードのみを記載）。

3 『文教時報』の目次集成については、通常版の終刊に際し項目別に記事を編集した、松田州弘「文教時報最終号の編集を終って」『文教時報』一二七号、一九七二年四月（一八巻）がある。

4 （藤原幸男執筆）『沖縄大百科事典』下巻、沖縄タイムス社、一九八三年、四〇二―四〇三頁参照。

5 沖縄県沖縄史料編集所『沖縄県史料　戦後1　沖縄諮詢会記録』一九八六年、二九頁、崎原久編『琉球人事興信録』一九五〇年、二〇七頁。

6 Arnold G. Fisch, Military Government in the Ryukyu Islands, 1945–1950, University Press of the Pacific, 2004. アーノルド・G・フィッシュ二世（宮里政玄訳）「琉球列島の軍政 1945–1950」『沖縄県史』資料編14現代2、沖縄県教育委員会、二〇〇二年、二三三―二三五頁。

7 「沖縄の教育制度」（米国海軍軍政府本部指令八六号、一九四六年一月二日）月刊沖縄社『アメリカの沖縄統治関係法規総覧』Ⅳ、池宮商会、一九八三年、六八頁。

8 「沖縄文教部教育組織」「終戦直後の文教部の変遷」琉球政府文教局『琉球史料』三集、一九五八年、二一頁。文教部に設置された視学課は、同課長、各視学によって構成された視学会議を開催した。視学会議では、校長・教頭の人事、校長会の開催、また、(無)試験検定の実施と計画、ならびに予算の差配や俸給などを審議し、軍政本部の監督下において教育政策を策定した。文教部視学課『一九四八年　視学会議記録』(沖縄県史料編集班所蔵)。

9 「沖縄文教部機構について」琉球政府文教局、前掲『琉球史料』三集、五六-五七頁。

10 一九五一年はじめの時点で、同文教部は本庁職員三四名であり、学務課、指導課、研究調査課、社会教育課の四課から構成された。「政府案内　文教部」沖縄群島政府弘報室『沖縄週報』九・一〇合併号、一九五一年一月二二日。

11 『旬刊文教』は一九四九年九月上旬からの刊行を想定し、南部琉球軍政府主席代理官名で出版認可を得ていた。『八重山教育広報』は年間三回の発刊予定(タブロイド判、タテ40センチ、ヨコ27センチ)として一九六四年二月から刊行され、二〇〇〇部が無償で配布されていた。以上、資料課『出版許可控綴』(石垣市立図書館所蔵)、八重山地方庁総務課『情報に関する書類(出版物の許可　行政記録資料)』(R00100234B)。このほかの当該刊行物として、八重山民政府教育課『新教育指針』一九四七年一二月一六日(石垣市立図書館所蔵)がある。同指針は、およそ半年前に発行された、通牒版『文教時報』四号、一九四七年六月一七日(一巻)の内容を転記したものである。発行元のみ「(沖縄民政府―引用者)文教部」から「八重山民政府教育課」にあらためられており、また、同前四号が謄写印刷であるのに対し、仮綴じでありながら活版印刷であるというちがいがある。双方の流通関係については、今後の調査が必要である。

12 このため琉球政府について「機能政府」といわれることがある。国井成一「琉球政府の行政について」大阪市政策企画室企画部総合計画担当編『都市問題研究』一〇巻四号、一九五八年四月、八〇頁。

13 琉球政府文教局『教育白書　沖縄教育の歩みと将来の展望』一九六五年、二一頁。

14 「文教局の分課」琉球政府文教局、前掲『琉球史料』三集、一三五頁。

15 一九六二年時点の機構改編により、それまでの「教育プロパーの研究紹介の編集方針」から「文部行政そのものの広報」へと『文教時報』の重心が変移したとする見解が示されることがある。前田功「広報活動に思う」『文教時報』一〇〇号、一九六六年四月(一四巻)。

16 「文教局新機構紹介」『文教時報』九八号、一九六五年一二月(一四巻)、琉球政府中央教育委員会『規則・告示・訓令(公報搭載)』(R00162531B)。

17 そのうち一名である奥田愛正の局長としての在任期間は、前職・琉球臨時中央政府(仮)文教局長期をふくめた場合、一年六ケ月となる。

18　同校は会話伝習所をその前身とし、法制度上の変更にともない、以下のように改称をかさねた。沖縄県尋常師範学校（一八八六年）、沖縄県師範学校（一八九八年）、また、一九一〇年に女子本科一部が設置され、一九一五年には沖縄県女子師範学校が設立された。一九四三年に官立専門学校として昇格した際には、沖縄師範学校男子部・同女子部となった。以上、沖縄県師範学校『創立五十周年記念誌』沖縄県師範学校学友会、一九三一年など。同校について、本稿では沖縄師範学校として統一的に表記する。おなじく鹿児島県尋常師範学校（一八八七年）、鹿児島県師範学校（一八九八年）、鹿児島師範学校（一九四三年）などの改称にもかかわらず、当該校について鹿児島師範学校として表記する場合がある。

19　この背景には中央教育委員会が行政主席宛に提出した、文教局長の適格条件にかかわる陳情がある（一九五二年一二月八日）。そこでは「教育行政の自主性を堅持」できる、政治的中立性にくわえ、「教育に対する専門的教養並びに技術」などが列記されている。教育行政を所掌する部局長として、備えるべきことが期待された条件の固有性が窺える。「文教局長の適格条件に関する陳情」沖縄県教育委員会『沖縄の戦後教育史』（資料編）一九七八年、五九頁。

20　真栄田義見の沖縄戦以前における職歴にかかわる公文書として以下がある。内務大臣安藤紀三郎から内閣総理大臣東條英機宛（乙第三〇六号）、『昭和一九年公文雑纂　奏任文官俸給制限外下賜』七八巻（国立公文書館所蔵、纂03070100）。

21　沖縄県教育委員会、同前『沖縄の戦後教育史』（資料編）六三―六四頁。従前、沖縄民政府職員においては、教員経験者が一定の割合を占めていたことが知られる。一九四九年時点の沖縄民政府職員（本庁勤務の八二五名のうち五一〇名を対象とした調査にもとづく）の内訳は「県庁職員九二、教員六三、会社員六三、他府県勤務官吏四二、郵便局職員四〇、警察官三〇」などであった。この場合の「教員」が小学校教員に特定されるかは不明確だが、すくなくとも一二%程度は教員経験者であった。同記事は「大体に於いて前歴に依り教員は文教部」に配置されていたとしており、この傾向は文教部において顕著であったことがわかる。文教部職員の学歴、ならびに職歴について同記事では「大卒三、専卒一二、中卒五五、小卒五、元教員三八、県庁職員七、民政府一九」であったとされる。ここから同記事は文教部職員について、「学歴に於いては民政府随一のスタッフで、若い職員が多い」とする。以上、糸数青重「民政府職員の素質」『月刊タイムス』一巻一〇号、沖縄タイムス、一九四九年一一月。

22　同附録だけが例外的に活版印刷であった経緯は不詳である。ただし、同附録が八重山民政府商工経理部印刷課において印刷されたことに関係があるとの見立ては可能である（一号から八号は奥付を欠いており、いずれも印刷場所は不詳）。というのは、同時期に創刊されていた教員団体機関誌において、宮古教育会『宮古教育』（一九四七年九月創刊）、八重山教育会『新世代』（一九四八年一二月創刊）は、いずれも創刊時からすでに活版印刷が導入されていた。半面、沖縄群島の教員団体である沖縄教育連合会『新教育』は一九四八年八月の創刊時から、すくなくとも一九四九年九月刊行の七号までは謄写印刷であり、活版印刷が導入をみるのは、現在の史料状況にみるかぎり一九五〇年一月（九号）以後のことである。おなじく奄美群島における、奄美大島連合教育会『教育大島』（一九四七年二月頃に創刊）では一九四七年六月（一巻五号）以降のことである。つまり、教員団体機関誌にかぎっていえば、活版印刷の導入は沖縄群島が最後発であった。こうした事実経過の背景には、各群島において印刷機材が持ち込まれ、あるいは導入された経緯と時期があったと推定される。以上の教員団体機関誌について、編集復刻版『占領下の奄美・琉球における教員団体関係史料集成』全七巻および別冊、不二出版、二〇一五年参照。引用に際し、本解説末尾の文献一覧をふくめ同復刻版の巻数のみを記載する。なお、同附録の存在については、すくなくとも宮古群島において広報されていたことが確認できる。『みやこ新報』一九四七年六月一三、一五、二三、二七、二九日、七月一日参照。

23 通牒版『文教時報』一号、一九四六年二月二六日、一頁（一巻）。

24 当該「報告文書」には「学校報告（第一号用紙）」と「特別報告（A号用紙）」の二種類があった。様式および返送方法などは事後に改編をみた。「学校報告調査法並ニ記入上ノ注意（一九四六年四月一五日）」琉球政府文教局、前掲『琉球史料』三集、二三一－二五頁。

25 APPROVED BY OKINAWAN MILITARY GOVERNMENT EDUCATION DEPARTMENT (DATE MAY 10 1947). 以上、大文字は原文のママ。

26 その編集は各課などに配属された主事などが実務を担った。たとえば、一号から三号までの編集実務は研究調査課主事の安里盛市が担当した。終刊時に調査計画課長を務めた松田州弘は「本誌〔『文教時報』をさす―引用者〕と苦楽を共にしてきた編集係」として、平良仁永、安谷屋玄信、桑江良善、与那嶺進、徳山清長、名城嗣明、登川正雄、花城玄一、豊島貞雄」を挙げている。編集担当者の個別的な分析はこれからの課題である。以上、沖縄教職員会『沖縄教育関係職員録』各年版、松田州弘「文教時報最終号の編集を終って」『文教時報』一二七号、一九七二年四月（一八巻）、文教友の会『戦後沖縄教育の回顧録―文教局思い出の記』一九九三年、八五頁。

27 さらに「琉球文教時報」とされる場合、「琉球」との文言の配置は一定ではない。「文教時報」に近接して示される場合（この場合も上部と下部に分類できる）だけでなく、発行元として記載される「文教局研究調査課」に冠される配置が確認できる。こうした表紙の不安定さの原因はなにか。この問いに対するひとつの回答として、のちに刊行された号になるが、表紙図案の公募にかかわる記事がある。「文教時報　表紙図案募集」『文教時報』四八号、一九五八年一一月（七巻）がそれである。同記事では、公募にあたりタイトルとしての「文教時報」や発行年月、および号数、「文教局研究調査課」などの書誌情報のひとつに「琉球」との文言をとくに独立して盛り込むことを条件にしている。ただし、その配置や順序性については明示的ではなく、当該文言の配置はかならずしも自明ではなかったことがわかる。

28 したがって、通常版について、主要な先行調査としてさきにみた、那覇市役所企画部市史編集室『沖縄の戦後資料（1945–1972）』第一集が、「琉球文教時報」との総称を用いているのは正確ではない。この点をふまえ本復刻では、通牒版および通常版などをいずれも包摂したうえで、便宜的に「文教時報」として総称している。なお、管見のかぎり、同誌名がどのような経緯で付されたのか、その由来は不明である。ほぼ同時代に発行されていた教育関係誌に、たとえば、神奈川師範学校編輯部『文教時報』（国立国会図書館憲政資料室所蔵、VH3—B45）があるが、管見のかぎり相互の関連は見出せない。

29 「編集後記」『文教時報』一号、一九五二年六月（一巻）。

30 「編輯後記」『文教時報』六号、一九五三年八月（一巻）。

31 「編集後記」『文教時報』五〇号、一九五九年一月（七巻）。

32 前掲「文教時報　表紙図案募集」『文教時報』四八号。当該募集の結果、一二点の応募があり、「局関係職員による厳選」により二点が採用された。

33 各年度版「教育関係予算の解説」として刊行されていた冊子が『文教時報』の「号外」として判定できる根拠は、同冊子の裏表紙に当該事項が記載されていることにくわえ、以下を参照。文教局『出版物・調査統計書類　一九六九年』（R00095139B）。

34 文教局『出版物の編集頒布に関する書類　一九六四年度』（R00095137B）。

35 「編集子より」『文教時報』五六号一九五九年六月（九巻）、琉球政府文教局『琉球教育要覧』一九六〇年、一六頁にもとづく。

36 琉球政府文教局『琉球教育要覧』一九六二年、二〇頁。

37 「一九五三年度年間事業計画予定表」『文教時報』五号、一九五三年六月（一巻）。

38 琉球政府文教局『琉球教育要覧』一九五六年、四頁。

39 「あとがき」『文教時報』八二号、一九六三年一一月（一二巻）。

40 琉球政府文教局『琉球教育要覧』一九五九年、二〇–二一頁。

41 文教局『出版物の編集頒布に関する書類　一九六四年度』（R00095137B）、文教局『出版物関係　一九六五年、一九六六年』（R00095138B）、文教局『出版物の編集頒布に関する書類　一九六七年–一九六八年』（R00095136B）、文教局『出版物・調査統計

書類　一九六九年』(R00095139B)。くわえて一九七〇年代はじめの時点で一二〇〇部とする史料がある。『一九七二年度　教育関係予算の解説』一九七一年、四七頁(一八巻)。一九七一年時点について同解説は、号外は一五〇〇部、また、さきにみた『琉球の教育』をさすと推定できる、「リーフレット」は一六〇〇部、『沖縄教育の概観』は一〇〇〇部と各発行部数を記す。

42 『沖縄教育の概観』三号、一九六五年、一〇頁(付録1)。

43 沖縄教職員会『沖縄教育関係職員録』一九七一年、「新沖縄県教育庁の組織と各課の分掌事務」沖縄県教育委員会『教育沖縄』一号、一九七二年八月。

44 同標語について、沖縄教職員会『号外月刊情報　教育新聞』二一七号(沖縄の教育　予算対策資料特集号)、一九六二年三月二〇日、琉球政府文教局『琉球教育要覧』一九五五年、二九頁参照。

45 比嘉俊成「戦後の学校つくり―我校を中心として」『文教時報』一六号、一九五五年八月(三巻)。比嘉について、「座談会　教育委員会について」沖縄教育連合会『新教育』九号、一九五〇年一月(七巻)参照。

46 「校舎建築の状況」琉球政府文教局、前掲『琉球史料』三集、一八八‐一九〇頁。

47 琉球政府文教局、前掲『琉球教育要覧』七頁。

48 ガリ版刷り教科書との用語がひろく知られる一方、当該教科書がどのような教科目において作成され、いつの時点まで使用されていたのかは現在の研究状況において体系的には明確ではない。くわえて、その現存にかかわる調査は着実なものとは言い難い水準にある。本別冊に付した、文教担当部局文献一覧はこうした現状にかんがみて試作された。

49 琉球政府文教局、前掲『琉球教育要覧』六頁。

50 基礎史料として、「沖縄における昭和三七年度夏季認定講習会のための講師派遣実施計画」大臣裁定、一九六二年六月二日、文部省調査局国際文化課『沖縄派遣教育指導委員　S三七年度』(国立公文書館所蔵、平一八文科00273100)など。

51 『文教時報』六七号、一九六〇年六月(一〇巻)は、教育指導委員制度の実績と効果について特集している。同制度の実態解明は今後の課題である。基礎史料として、「沖縄派遣教育指導委員実施要項」大臣裁定、一九五九年七月一日、文部省調査局国際文化課『沖縄・琉球　S三四年度』(国立公文書館所蔵、平一八文科00214100)など。

52 派遣先は、東京のほか、神奈川県が五一名、静岡県が四二名、千葉県が四〇名など、二七の都府県におよぶ。『沖縄教育の概観』一号、一九六二年六月、一三頁(付録1)。

53 琉球政府文教局『沖縄教育年報　一九七〇年度版』一九七一年、五三頁。

54　沖縄群島政府文教部長から文部政務次官宛「日本派遣研究教員及び日本視察教員派遣についてお願い」一九五一年五月三一日、琉球政府文教局、前掲『琉球史料』三集、一〇八－一〇九頁、琉球臨時中央政府主席代理副主席・泉有平から日本政府文部省次官・日高第四郎宛の文書「研究教員受入方について申請」一九五一年七月二五日、琉球臨時中央政府文教局『研究教員受入方要請』(0000062792)、琉球政府文教局指導部指導課『研究教員関係資料　一九六五年度』(R00163030B) ほか。

55　前者について、琉球政府文教局長「校長の本土実務研修について」一九六五年七月五日、後者については、琉球政府文教局長「本土研修指導主事募集について」一九六五年六月二五日、いずれも、同前『研究教員関係史料　一九六五年度』参照。

56　事例を以下に列記する。上原実「研究教員便り」『文教時報』二号、一九五二年八月(二巻)、島袋栄徳「東京のこと」『文教時報』三号、一九五二年(二巻)、「座談会　研究教員の観た本土の教育」『文教時報』五号、一九五三年六月(二巻)、「座談会　本土教育の状況と沖縄教育に望むもの―第三回研究教員を囲んで」『文教時報』八号、一九五四年三月(二巻)、「第五回研究教員座談会」『文教時報』一一号、一九五四年一二月(三巻)、「座談会　本土の教育を語る」『文教時報』一五号、一九五五年六月ほか。

57　たとえば、『文教時報』七九号、一九六二年六月(一一巻)は、その全体が前年に実施された小中学校、高等学校における学力調査の結果とその分析に充てられる。琉球政府文教局研究調査課『学力調査のまとめ―小学校・中学校・高等学校』一九五七年ほか。

58　国立教育研究所『全国小・中学校児童生徒学力水準調査(第一次報告)』一九五三年、研究調査課「小中学校学力水準の実態」『文教時報』九号、一九五四年六月(二巻)、琉球政府文教局、前掲『琉球教育要覧』一九五－一九六頁。

59　K「主張　突っこみの深い問題解決学習を」『文教時報』九号、一九五四年六月(二巻)。

60　知念繁「学力水準調査を終えて」同前『文教時報』九号。おなじくつぎの言及がある。「物心両面の(沖縄戦の―引用者)戦禍は十年後の今日もまだ十分回復して居らず、また幾多の複雑な社会的条件が、今回表れた学力の実態にも影響している」。琉球政府文教局研究調査課『一九五四年度　小学校・中学校学力水準調査報告書』一九五五年、一四一頁。

61　たとえば、「少年非行防止」を特集した『文教時報』七一号、一九六〇年一二月(一〇巻)。

62　研究調査課「長期欠席児童生徒の実態」『文教時報』一二号、一九五五年一月(三巻)。

63　日本政府による琉球政府への経済援助は一九六二年度からはじまり、一九六七年度には額面で米国援助を上回った。その推移について、琉球銀行調査部『戦後沖縄経済史』一九八四年、六八二－六八四頁、沖縄県総務部財政課『琉球政府財政関係資料』上巻、一九九四年参照。

64　琉球政府文教局庶務課『翔南丸建造関係書類』(R00094441B)。翔南丸は、日本政府から二三〇〇〇〇ドル、琉球政府からの五〇〇〇〇ドルの拠出にもとづき、一九六三年一一月三〇日に尾道市の日立造船向島工場で竣工された。運天政雄「翔南丸の航跡」沖縄県水産高等学校『翔南丸のあゆみ』一九七六年、一二頁。

65 総理府特別地域連絡局長から文部省調査課長宛文書『沖縄・琉球　S三九年度』(国立公文書館所蔵、平一八文科00219100)。

66 宮城久栄「創刊を祝す」沖縄教育連合会『新教育』一号、一九四八年八月(七巻)。

67 喜屋武真栄「教研大会を省みて」『文教時報』一三号、一九五五年三月(三巻)。正確には、同会は「第一回全沖縄教育研究大会」と冠されていた。

68 喜屋武真栄「就任のあいさつ」『文教時報』四二号、一九五八年六月(六巻)。

69 しかも、同集会には文部省から派遣され沖縄に滞在中であった、教育指導委員までが参加していた。那覇日本政府南方連絡事務所長から総理府特別地域連絡局長宛文書「沖縄教職員会主催の第九次教育研究集会について(その二)」一九六三年一月一六日、文部省調査局国際文化課『沖縄・琉球　S三七年度』(国立公文書館所蔵、平一八文科00217100)。

70 「座談会　別府における道徳教育講習会に参加して」、仲間智秀「文部省主催道徳教育講習会受講記録」『文教時報』四九号、一九五八年一二月(七巻)。

71 「教研スナップ」『文教時報』六二号、一九五九年一二月(九巻)。

72 ボナー・クロフォード「一九五九年の琉球教育に対する十の期待」『文教時報』五〇号、一九五九年一月(七巻)。

73 「一九六七年度　教育関係10大ニュース」『文教時報』一一〇号、一九六七年一二月(一六巻)。

74 『文教時報』の目次項目に限定すれば、沖縄教職員会の文言が最後に見出せるのは、先述した経緯で派遣された、第一回教育指導委員の実績を高く評価し、その維持・増員を陳情する、同会校長部大会の記事であった。「現指導委員について」『文教時報』六七号、一九六〇年六月(一〇巻)。

75 沖縄教職員会『教育新聞号外　月刊情報』(日教組第一五次・日高教第一二次教育研究全国集会参加報告)一九六六年二月一〇日。

76 「新生活運動要綱」『文教時報』二四号、一九五六年五月(四巻)。

77 琉球政府文教部社会教育課主事を務め、新生活運動の推進にかかわった嶺井百合子の回想による。嶺井百合子『楽ん苦しみん』一九九七年、一七一‐一七二頁。一九五五年一二月から翌年一月にかけて、比嘉秀平は静養のため同県霧島に滞在した。「比嘉秀平関係年譜」比嘉秀平伝記編集委員会『比嘉秀平伝』一九八三年、三三八頁。

78 「新生活運動」『文教時報』三六号、一九五七年一一月(六巻)。

79 「座談会　泣き笑いを共にした社会教育活動」、文教友の会『戦後沖縄教育の回顧録―文教局思い出の記』一九九三年、一五六頁。

80 『新生活運動に関する書類』(R00098013B) ほか。

81 沖縄教職員会『一九六五年度　運動目標の具体的進め方　総会宣言並びに要請決議（第二六回定期総会決定集）』一九六五年。

82 一例にとどめるが、このうち食事にかかわり、たとえば、翁長君代「生活改善は先づ食生活の改善」琉球大学農家家政学部『琉大農家便り』四号、一九五六年三月。

83 いくつかを例示する。「新生活の歌」『文教時報』五六号、一九五九年六月（九巻）、「みんなで新正を祝いましょう」『文教時報』六二号、一九五九年一二月（九巻）、新生活運動推進協議会「みんなこぞって新正月に」『文教時報』六九号、一九六〇年九月（一〇巻）、嶺井百合子「正月雑感―新生活運動推進ノートから」『文教時報』一〇五号、一九六七年三月（一五巻）下地恵一「冠婚葬祭と新生活運動」『文教時報』一一三号、一九六八年一一月（一六巻）など。

84 「国民更生運動計画要綱」（県訓令甲一六号、一九三二年一一月八日）、沖縄県『知事事務引継書』一九三五年参照。

85 たとえば、一九六九年九月一二日に文教局内に設置された復帰対策研究委員会を紹介した写真記事がある。『文教時報』一一七号、一九六九年一二月（一七巻）。また、復帰後の教育委員会制度の行方を論じた、新城久雄「本土復帰と地方教育行財政（1）-（3）」『文教時報』一一九号-一二一号、一九七〇年六月-一九七一年二月（一七、一八巻）など。

86 『文教時報』における米国民政府関連記事として、本稿において例証した同政府教育部長による談話、年頭所感などのほか主要には以下のふたつの類型がある。ひとつは国民指導員などとしての訪米滞在にともなう印象を記した記事である。主なものを例示する。金城英浩「アメリカの社会教育を視て」『文教時報』六号、一九五三年八月（二巻）、島袋俊一「アメリカ農業教育記」『文教時報』八号、一九五四年三月（二巻）、城間正勝「アメリカ　ペンスナップ」『文教時報』九九号、一九六六年二月（一四巻）、東江優「カントリメンのアメリカ旅行」『文教時報』一〇八号、一九六七年一〇月（一六巻）、武村朝伸「アメリカの学校施設（第1・2回）―沖縄のそれと対比しつつ」『文教時報』一一三-一一四号、一九六八年一一-一二月（一六巻）。なお、国民指導員については、みどり会『みてきたアメリカ―国民指導員観察記』一九五四年参照。もうひとつは歴史的文脈については別途、委細を分析する必要があるが、おそらく政治的な意図から推奨されていたと目される、沖縄から台湾への教育関係者の視察や研修にかかわる記事がある。城間正勝「台湾の工業教育」『文教時報』六五号、一九六〇年三月（九巻）、前原信男「台湾沖縄での職業教育技術研修会の状況」『文教時報』七七号、一九六一年一一月（一一巻）、石島英「理科を中心にみた台湾の学校教育視察記」『文教時報』一〇一号、一九六六年五月（一四巻）など。以上のほか、米国からの財政援助にかかわる統計記事が通時的に掲載されるものの『文教時報』

誌面に米国民政府関連記事はすくなくとも顕在的ではない。

87 本稿とのかかわりで例示すれば、琉球政府による教員資質向上の施策であった研究教員制度は奄美群島の教員にも適用されていた。「派遣教員消息」奄美大島連合教職員組合『教育と文化』六巻七号、一九五二年七月(四巻)。また、初代文教局長を務めた奥田愛正のほか、琉球政府文教局課長に限定すれば、園田親儀(庶務課)、栄忠哉(研究調査課)の二名が挙げられる。以上、沖縄教職員会『沖縄教育関係職員録』一九五二、一九五三年。

88 守谷徳良「徳之島雑記」『文教時報』二号、一九五二年八月(二巻)、福山功「夏の学校」『文教時報』三号、一九五二年(二巻)。

89 前者では設立構想中であった中央教育委員の群島別定員配置が、後者では教職員の配置定数および給与水準が群島間の非調和を招来していた。「全琉文教部長会議」琉球政府文教局、前掲『琉球史料』三集、一一五 - 一一六頁、大勝「大島教育は危機に立つ—民族零年への反発」奄美大島連合教職員組合『教育と文化』七巻四号、一九五三年三月(五巻)ほか。

Ⅱ　附表

［附表・凡例］

一、附表を以下の三種類から構成した。書誌的事項一覧（附表Ⅰ）、発行時期一覧（附表Ⅱ）、誌名・発行元、および表紙意匠（附表Ⅲ）。

二、附表Ⅰは、書誌的事項を通覧する役割にかんがみて、復刻本体、ならびに総目次における時系列順の配置とは異なり、通牒版、通常版、号外、別冊・特別号の類別に掲示した。

三、附表Ⅱは、発行時期を一覧化した。この場合、通号での表記に限定した。

四、附表Ⅲは、通牒版と通常版に限定のうえ、誌名および発行元の記載内容、表紙意匠について集約した。おなじく通号での表記に限定した。

五、当該事項が史料的に確認できない場合、いずれも空欄とした。

六、現物を確認できない場合、当該史料についての記載は見合わせた。くわしくは解説を参照されたい。

七、旧字体は新字体にあらためた。

八、各所蔵機関などは多岐にわたるため、号単位での掲示はしなかった。関係史料をふくめ、主要な所蔵先は以下のとおりである。

琉球大学附属図書館、沖縄県議会図書室、沖縄県教育庁、同前文化財課史料編集班、沖縄県立博物館・美術館、沖縄県公文書館、沖縄県立図書館、読谷村立図書館、那覇市歴史博物館歴史資料室、那覇市立教育研究所、糸満市立図書館、沖縄国際大学図書館、沖縄大学図書館、沖縄県高等学校障害児学校教職員組合教育資料センター、上原実氏（糸満市在住）。

国立国会図書館、国立教育政策研究所教育図書館、鹿児島大学附属図書館、法政大学沖縄文化研究所。

（作成・藤澤健一）

附表I　書誌的事項一覧

通牒版

通号	発行年	発行月日	発元	印刷	備考
一	一九四六年	二月二六日	沖縄文教部		
二	一九四六年	一一月二〇日	沖縄文教部		
三	一九四七年	四月二三日			
三(附録)	一九四七年	五月二〇日	沖縄文教部	八重山民政府商工経理部印刷課	合衆国遣日教育使節団報告書抜粋
四	一九四七年	六月一七日	文教部		
五	一九四七年	九月一日			
六	一九四七年	一一月五日	文教部		
七	一九四七年	一二月	沖縄文教部		
八	一九五〇年	二月	学務課		

通常版

通号	巻号	発行年	発行月日	発行	印刷	備考
一		一九五二年	六月三〇日	琉球政府文教局研究調査課	ひかり印刷所	非売品
二		一九五二年	八月二〇日	琉球政府文教局研究調査課	ひかり印刷所	
三				琉球政府文教局研究調査課		
四				琉球政府文教局研究調査課		
五		一九五三年	六月三〇日	琉球政府文教局研究調査課	ひかり印刷所	
六		一九五三年	八月三一日	琉球政府文教局研究調査課	中丸印刷所	

七		一九五四年	二月一五日	琉球政府文教局研究調査課	共同印刷社	非売品
八		一九五四年	三月一五日	琉球政府文教局研究調査課	ひかり印刷所	非売品
九		一九五四年	六月一五日	琉球政府文教局研究調査課	ひかり印刷所	非売品
一〇		一九五四年	九月一三日	琉球政府文教局研究調査課	ひかり印刷所	非売品
一一		一九五四年	一二月二〇日	琉球政府文教局研究調査課	旭堂印刷所	非売品
一二		一九五五年	一月三一日	琉球政府文教局研究調査課	旭堂印刷所	非売品
一三		一九五五年	三月七日	琉球政府文教局研究調査課	旭堂印刷所（学園の友社）	非売品
一四		一九五五年	四月一五日	琉球政府文教局研究調査課	旭堂印刷所（学園の友社）	非売品
一五		一九五五年	六月二四日	琉球政府文教局研究調査課	旭堂印刷所（学園の友社）	非売品
一六		一九五五年	八月三〇日	琉球政府文教局研究調査課	ひかり印刷所	非売品
一七		一九五五年	九月三〇日	琉球政府文教局研究調査課	旭堂印刷所	非売品
一八		一九五五年	一〇月三一日	琉球政府文教局研究調査課	ひかり印刷所	非売品
一九		一九五五年	一二月一〇日	琉球政府文教局研究調査課	旭堂印刷所	非売品
二〇		一九五六年	一月一四日	琉球政府文教局研究調査課	ひかり印刷所	非売品
二一		一九五六年	二月一三日	琉球政府文教局研究調査課	旭堂印刷所	非売品
二二		一九五六年	三月一五日	琉球政府文教局研究調査課	ひかり印刷所	非売品
二三		一九五六年	四月二三日	琉球政府文教局研究調査課	旭堂印刷所	非売品
二四		一九五六年	五月三一日	琉球政府文教局研究調査課	ひかり印刷所	非売品
二五		一九五六年	六月三〇日	琉球政府文教局研究調査課	ひかり印刷所	非売品
二六		一九五六年	九月二八日	琉球政府文教局研究調査課	旭堂印刷所	非売品
二七		一九五六年	一二月二三日	琉球政府文教局研究調査課	ひかり印刷所	非売品

二八		一九五七年	一月一五日	琉球政府文教局研究調査課	旭堂印刷所	非売品
二九		一九五七年	二月二八日	琉球政府文教局研究調査課	旭堂印刷所	非売品
三〇		一九五七年	四月三〇日	琉球政府文教局研究調査課	旭堂印刷所	非売品
三一		一九五七年	五月一〇日	琉球政府文教局研究調査課	ひかり印刷所	非売品
三二		一九五七年	六月一五日	琉球政府文教局研究調査課	旭堂印刷所	非売品
三三		一九五七年	六月二五日	琉球政府文教局研究調査課	ひかり印刷所	非売品
三四		一九五七年	八月二〇日	琉球政府文教局研究調査課	星印刷所	非売品
三五		一九五七年	一〇月二八日	琉球政府文教局研究調査課	ひかり印刷所	非売品
三六		一九五七年	一一月一〇日	琉球政府文教局社会教育課	新光社	非売品
三七		一九五八年	一月三〇日	琉球政府文教局研究調査課	旭堂印刷所	非売品
三八		一九五八年	二月一九日	琉球政府文教局研究調査課	旭堂印刷所	非売品
三九		一九五八年	三月三〇日	琉球政府文教局研究調査課	旭堂印刷所	非売品
四〇		一九五八年	四月一九日	琉球政府文教局研究調査課	旭堂印刷所	非売品
四一		一九五八年	四月三〇日	琉球政府文教局研究調査課	ひかり印刷所	非売品
四二		一九五八年	六月一〇日	琉球政府文教局研究調査課	中丸印刷所	非売品
四三		一九五八年	七月 八日	琉球政府文教局研究調査課	南陽印刷所	非売品
四四		一九五八年	七月一五日	琉球政府文教局研究調査課	ひかり印刷所	非売品
四五		一九五八年	九月二〇日	琉球政府文教局研究調査課	共同印刷社	非売品
四六		一九五八年	九月三〇日	琉球政府文教局研究調査課	ひかり印刷所	非売品
四七		一九五八年	一〇月二九日	琉球政府文教局研究調査課	旭堂印刷所	非売品
四八		一九五八年	一一月二四日	琉球政府文教局研究調査課	ひかり印刷所	非売品
四九		一九五八年	一二月二四日	琉球政府文教局研究調査課	ひかり印刷所	非売品
五〇		一九五九年	一月一二日	琉球政府文教局研究調査課	ひかり印刷所	非売品

五一		一九五九年	二月五日	琉球政府文教局研究調査課	ひかり印刷所	非売品
五二		一九五九年	三月五日	琉球政府文教局研究調査課	ひかり印刷所	非売品
五三		一九五九年	四月六日	琉球政府文教局研究調査課	新光社印刷所	非売品
五四		一九五九年	四月一五日	琉球政府文教局研究調査課	新光社	非売品
五五		一九五九年	六月	琉球政府文教局		現行教育法令特集号免許関係法規別冊
五六		一九五九年	六月一〇日	琉球政府文教局研究調査課	星印刷所	非売品
五七		一九五九年	八月一九日	琉球政府文教局研究調査課	ひかり印刷所	非売品
五八		一九五九年	九月一四日	琉球政府文教局研究調査課	ひかり印刷所	非売品
五九		一九五九年	一〇月一〇日	琉球政府文教局研究調査課	ひかり印刷所	非売品
六〇		一九五九年	一一月一四日	琉球政府文教局研究調査課	ひかり印刷所	非売品
六一		一九五九年	一二月一二日	琉球政府文教局研究調査課	ひかり印刷所	非売品
六二		一九五九年	一二月二六日	琉球政府文教局研究調査課	ひかり印刷所	非売品
六三		一九六〇年	一月二六日	琉球政府文教局研究調査課	ひかり印刷所	非売品
六四		一九六〇年	二月二七日	琉球政府文教局研究調査課	ひかり印刷所	非売品
六五		一九六〇年	三月一五日	琉球政府文教局研究調査課	ひかり印刷所	非売品
六六		一九六〇年	四月二六日	琉球政府文教局研究調査課	ひかり印刷所	非売品
六七		一九六〇年	六月一一日	琉球政府文教局研究調査課	ひかり印刷所	非売品
六八		一九六〇年	八月一一日	琉球政府文教局研究調査課	ひかり印刷所	非売品
六九		一九六〇年	九月一〇日	琉球政府文教局研究調査課	ひかり印刷所	非売品
七〇		一九六〇年	一〇月一五日	琉球政府文教局研究調査課	ひかり印刷所	非売品
七一		一九六〇年	一二月七日	琉球政府文教局研究調査課	ひかり印刷所	非売品
七二		一九六一年	一月一一日	琉球政府文教局研究調査課	ひかり印刷所	非売品

七三		一九六一年	二月七日	琉球政府文教局研究調査課	ひかり印刷所	非売品	
七四		一九六一年	三月一五日	琉球政府文教局研究調査課	ひかり印刷所	非売品	
七五		一九六一年	六月一五日	琉球政府文教局研究調査課	ひかり印刷所	非売品	
七六		一九六一年	八月二一日	琉球政府文教局研究調査課	新光社	非売品	
七七		一九六一年	一一月二〇日	琉球政府文教局研究調査課	新光社	非売品	
七八		一九六二年	一月二九日	琉球政府文教局調査広報室	新光社	非売品	
七九		一九六二年	六月二七日	琉球政府文教局教育研究課	新光社	非売品	
八〇		一九六二年	九月五日	琉球政府文教局調査広報室	星印刷所	非売品	
八一		一九六二年	九月二九日	琉球政府文教局調査広報室	星印刷所	非売品	
八二		一九六三年	一一月二五日	琉球政府文教局調査広報課	佐川印刷所	非売品	
八三		一九六四年	一月二五日	琉球政府文教局調査広報課	中部印刷	非売品	
八四		一九六四年	四月四日	琉球政府文教局調査広報課	サン印刷所	非売品	
八五		一九六四年	四月一一日	琉球政府文教局調査広報課	サン印刷所	非売品	
八六		一九六四年	五月一五日	琉球政府文教局調査広報課	サン印刷所	非売品	
八七		一九六四年	六月一五日	琉球政府文教局調査広報課	向春印刷所	非売品	
八八		一九六四年	六月二五日	琉球政府文教局調査広報課	若松印刷所	非売品	
八九		一九六四年	九月三日	琉球政府文教局調査広報課	新光社	非売品	
九〇		一九六四年	一〇月三一日	琉球政府文教局調査広報課	セントラル印刷所	非売品	
九一		一九六四年	一一月一六日	琉球政府文教局調査広報課	セントラル印刷所	非売品	
九二		一九六五年	一月二五日	琉球政府文教局調査広報課	セントラル印刷所	非売品	
九三		一九六五年	二月一日	琉球政府文教局調査広報課	セントラル印刷所	非売品	
九四		一九六五年	五月一五日	琉球政府文教局調査広報課	セントラル印刷所	非売品	
九五		一九六五年	六月一〇日	琉球政府文教局調査広報課	セントラル印刷所	非売品	

九六		一九六五年	九月二七日	琉球政府文教局調査広報課	琉球新報社印刷部	非売品	
九七		一九六五年	一〇月四日	琉球政府文教局 総務部調査計画課	琉球新報社印刷部	非売品	
九八		一九六五年	一二月三〇日	琉球政府文教局 総務部調査計画課	琉球新報社印刷部	非売品	
九九		一九六六年	二月二〇日	琉球政府文教局 総務部調査計画課	琉球新報社印刷部	非売品	
一〇〇		一九六六年	四月三〇日	琉球政府文教局 総務部調査計画課	琉球新報社印刷部	非売品	
一〇一		一九六六年	五月三〇日	琉球政府文教局 総務部調査計画課	琉球新報社印刷部	非売品	
一〇二	一六巻一号	一九六六年	八月三〇日	琉球政府文教局 総務部調査計画課	セントラル印刷所	非売品	
一〇三	一六巻二号	一九六六年	一〇月三一日	琉球政府文教局 総務部調査計画課	セントラル印刷所	非売品	
一〇四	一六巻三号	一九六六年	一二月二五日	琉球政府文教局 総務部調査計画課	セントラル印刷所	非売品	
一〇五	一六巻四号	一九六七年	三月一日	琉球政府文教局 総務部調査計画課	セントラル印刷所	非売品	
一〇六	一六巻五号	一九六七年	四月一日	琉球政府文教局 総務部調査計画課	セントラル印刷所	非売品	
一〇七	一六巻六号	一九六七年	六月二五日	琉球政府文教局 総務部調査計画課	セントラル印刷所	非売品	
一〇八	一七巻一号	一九六七年	一〇月一〇日	琉球政府文教局 総務部調査計画課	セントラル印刷所	非売品	

一〇九	一七巻二号	一九六七年	一二月一〇日	琉球政府文教局総務部調査計画課	セントラル印刷所	非売品
一一〇	一七巻三号	一九六七年	一二月三〇日	琉球政府文教局総務部調査計画課	セントラル印刷所	非売品
一一一	一七巻四号	一九六八年	三月一日	琉球政府文教局総務部調査計画課	セントラル印刷所	非売品
一一二	一七巻五号	一九六八年	六月一五日	琉球政府文教局総務部調査計画課	セントラル印刷所	非売品
一一三	一八巻一号	一九六八年	一一月八日	琉球政府文教局総務部調査計画課	大同印刷工業	非売品
一一四	一八巻二号	一九六八年	一二月一七日	琉球政府文教局総務部調査計画課	大同印刷工業	非売品
一一五	一八巻三号	一九六九年	三月一八日	琉球政府文教局総務部調査計画課	大同印刷工業	非売品
一一六	一九巻一号	一九六九年	一〇月一五日	琉球政府文教局総務部調査計画課	大同印刷工業	非売品
一一七	一九巻二号	一九六九年	一二月七日	琉球政府文教局総務部調査計画課	大同印刷工業	非売品
一一八	一九巻三号	一九七〇年	一月二五日	琉球政府文教局総務部調査計画課	大同印刷工業	非売品
一一九	一九巻四号	一九七〇年	六月一〇日	琉球政府文教局総務部調査計画課	大同印刷工業	非売品
一二〇	二〇巻一号	一九七〇年	一〇月二六日	琉球政府文教局総務部調査計画課	サン印刷所	
一二一	二〇巻二号	一九七一年	二月四日	琉球政府文教局総務部調査計画課	サン印刷所	

一二二	二〇巻三号	一九七一年	三月三〇日	琉球政府文教局 総務部調査計画課	サン印刷所	
一二三	二〇巻四号	一九七一年	五月八日	琉球政府文教局 総務部調査計画課	サン印刷所	
一二四	二〇巻五号	一九七一年	六月三〇日	琉球政府文教局 総務部調査計画課	サン印刷所	
一二五	二一巻一号	一九七一年	一〇月三〇日	琉球政府文教局 総務部調査計画課	サン印刷所	
一二六	二一巻二号	一九七二年	一月一五日	琉球政府文教局 総務部調査計画課	サン印刷所	
一二七	二一巻三号	一九七二年	四月二〇日	琉球政府文教局 総務部調査計画課	サン印刷所	

号外

通号	発行年	発行月日	発行	印刷	備考
二	一九六〇	八月一八日	琉球政府文教局	ひかり印刷所	
四	一九六二	一月二二日	琉球政府文教局	新光社	
五	一九六二	九月一八日	琉球政府文教局調査広報室	ひかり印刷所	
七	一九六三	二月二日	琉球政府文教局調査広報課	ひかり印刷所	
八	一九六三	二月一五日			
一〇	一九六五	五月一〇日	琉球政府文教局調査広報課	セントラル印刷所	再版
一一	一九六六	七月一〇日	琉球政府文教局	サン印刷所	

一二	一九六七	八月一五日	琉球政府文教局	文進印刷社	本土と沖縄の教育の一体化について沖縄問題懇談会答申書（全文）
一三	一九六七	九月二〇日	琉球政府文教局調査計画課	大晃印刷所	一九六八年度教育関係予算の解説
一四	一九六八	二月二一日	琉球政府文教局		
一五	一九六八		文教局		一九六九年度教育関係予算の解説
一六	一九六八	一一月一日	琉球政府文教局		
一七	一九六九	一〇月三〇日	琉球政府文教局調査計画課	美栄橋印刷	一九七〇年度教育関係予算の解説
一八	一九七〇	一一月一日	琉球政府文教局調査計画課	松本タイプ	一九七一年度教育関係予算の解説
一九	一九七一	一〇月三〇日	琉球政府文教局調査計画課	松本タイプ	一九七二年度教育関係予算の解説

別冊・特別号

書名	発行年	発行月日	発行	印刷	備考
一九五五会計年度教育財政調査報告書	一九五六	一〇月	琉球政府文教局研究調査課		
琉球の教育	一九五七（推定）		琉球政府文教局研究調査課		教育要覧附録
琉球の教育	一九五九		琉球政府文教局研究調査課		
琉球の教育	一九六〇				
琉球の教育	一九六一				
琉球の教育	一九六三		琉球政府文教局調査広報課		
沖縄の教育	一九六六		琉球政府文教局総務部調査計画課		
沖縄の教育	一九六八				

	沖縄の教育	一九七一（推定）		琉球政府文教局		

号数	書名	発行年	発行月日	発行	印刷	備考
一	沖縄教育の概観	一九六二	六月九日	琉球政府文教局調査広報室	ひかり印刷所	
二	沖縄教育の概観			琉球政府文教局		文教時報・別冊
三	沖縄教育の概観			琉球政府文教局調査広報課		
四	沖縄教育の概観			琉球政府文教局調査計画課		英文表題 Bird's–Eye View of Education in Okinawa
五	沖縄教育の概観			琉球政府文教局		英文表題 Bird's–Eye View of Education in Okinawa
六	沖縄教育の概観	一九六九	一二月三〇日		松本タイプ	
七	沖縄教育の概観	一九七一	三月一五日	琉球政府文教局調査計画課	松本タイプ	
八	沖縄教育の概観	一九七二	四月三〇日	琉球政府文教局調査計画課	松本タイプ	

附表Ⅱ　発行時期一覧

西暦	1月	2月	3月	4月	5月	6月	7月	8月	9月	10月	11月	12月
1946		通1									通2	
1947				通3	通3 附録	通4			通5		通6	通7
1948												
1949												
1950		通8										
1951												
1952						1		2				
1953						5		6				
1954		7	8			9			10			11
1955	12		13	14		15		16	17	18		19
1956	20	21	22	23	24	25			26	特別号		27
1957	28	29		30	31	32・33		34		35	36	
1958	37	38	39	40・41		42	43・44		45・46	47	48	49
1959	50	51	52	53・54		特集号 (55)・56		57	58	59	60	61・62
1960	63	64	65	66		67		68 号2	69	70		71
1961	72	73	74			75		76			77	
1962	78 号4					79			80・81・ 号5			
1963		号7 号8									82	
1964	83			84・85	86	87・88			89	90	91	
1965	92	93			94 号10	95			96	97		98
1966		99		100	101		号11	102		103		104
1967			105	106		107		号12	号13	108		109 110
1968		号14	111			112					113 号16	114
1969			115							116 号17		117
1970	118					119				120	号18	
1971		121	122		123	124				125 号19		
1972	126			127								

(注記)通牒版＝「通1」、号外＝「号1」など、略号を用いた。『琉球の教育』『沖縄教育の概観』、および号外15号などについては記載をひかえた。

附表Ⅲ　誌名・発行元、および表紙意匠

通牒版

	表紙記載の誌名（奥付記載の誌名）	表紙記載の発行元	表紙意匠
一	文教時報（記載なし）	沖縄文教部	＊鐘
二	文教時報（記載なし）	沖縄文教部	＊鐘
三	文教時報（記載なし）		
四	文教時報（記載なし）	文教部	
五	文教時報（記載なし）		
六	文教時報（記載なし）	文教部	
七	文教時報（記載なし）	沖縄文教部	＊鐘
八	文教時報（記載なし）	学務課	＊ランプ

通常版

	表紙記載の誌名（奥付記載の誌名）	表紙記載の発行元	表紙意匠
一	文教時報（記載なし）	文教局研究調査課	
二	文教時報（記載なし）	文教局研究調査課	
三	琉球文教時報（記載なし）	文教局研究調査課	＊蘇鉄（安谷屋玄信）
四	琉球文教時報（記載なし）	文教局研究調査課	＊デイゴ
五	琉球文教時報（記載なし）	文教局研究調査課	＊虫取りの子どもとトンボ
六	琉球文教時報（記載なし）	文教局研究調査課	行政府庁舎（安谷屋玄信）
七	沖縄文教時報（記載なし）	文教局研究調査課	＊ペンと原稿用紙（安谷屋玄信）
八	沖縄文教時報（記載なし）	文教局研究調査課	＊かもめと船（安谷屋玄信）
九	沖縄文教時報（記載なし）	文教局研究調査課	＊崇元寺

一〇	沖縄文教時報（記載なし）	文教局研究調査課	綱引き
一一	琉球文教時報（記載なし）	文教局研究調査課	守礼の門
一二	琉球文教時報（記載なし）	文教局研究調査課	*人型
一三	琉球文教時報（記載なし）	文教局研究調査課	*人型
一四	琉球文教時報（記載なし）	文教局研究調査課	*人型
一五	琉球文教時報（記載なし）	文教局研究調査課	*人型
一六	琉球文教時報（文教時報）	文教局研究調査課	*人型
一七	琉球文教時報（文教時報）	文教局研究調査課	*人型
一八	琉球文教時報（文教時報）	文教局研究調査課	*人型
一九	琉球文教時報（文教時報）	文教局研究調査課	*人型
二〇	琉球文教時報（文教時報）	文教局研究調査課	*人型
二一	琉球文教時報（文教時報）	文教局研究調査課	*人型
二二	琉球文教時報（文教時報）	文教局研究調査課	*人型
二三	琉球文教時報（文教時報）	文教局研究調査課	*人型
二四	琉球文教時報（文教時報）	文教局研究調査課	*人型
二五	琉球文教時報（文教時報）	文教局研究調査課	*人型
二六	琉球文教時報（文教時報）	文教局研究調査課	*算用数字（83711026495）
二七	琉球文教時報（文教時報）	文教局研究調査課	*算用数字（83711026495）
二八	琉球文教時報（文教時報）	文教局研究調査課	*算用数字（83711026495）
二九	琉球文教時報（文教時報）	文教局研究調査課	*算用数字（83711026495）
三〇	琉球文教時報（文教時報）	文教局研究調査課	*算用数字（83711026495）
三一	琉球文教時報（文教時報）	文教局研究調査課	*算用数字（83711026495）
三二	琉球文教時報（文教時報）	文教局研究調査課	*算用数字（83711026495）
三三	琉球文教時報（文教時報）	文教局研究調査課	*算用数字（83711026495）

三四	琉球文教時報（文教時報）	文教局研究調査課	＊算用数字（83711026495）
三五	琉球文教時報（文教時報）	文教局研究調査課	＊算用数字（83711026495）
三六	琉球文教時報（文教時報）	文教局研究調査課	＊算用数字（83711026495）
三七	琉球文教時報（文教時報）	文教局研究調査課	＊算用数字（83711026495）
三八	文教時報（文教時報）	琉球　文教局研究調査課	＊算用数字（83711026495）
三九	文教時報（文教時報）	琉球　文教局研究調査課	＊算用数字（83711026495）
四〇	文教時報（文教時報特集（第40号）社会科・理科　学力調査のまとめ）	琉球　文教局研究調査課	＊算用数字（83711026495）
四一	文教時報（文教時報）	琉球　文教局研究調査課	＊算用数字（83711026495）
四二	文教時報（文教時報）	琉球　文教局研究調査課	＊算用数字（83711026495）
四三	文教時報（文教時報）	琉球　文教局研究調査課	＊算用数字（83711026495）
四四	文教時報（文教時報）	琉球　文教局研究調査課	＊算用数字（83711026495）
四五	文教時報（文教時報）	琉球　文教局研究調査課	＊算用数字（83711026495）
四六	文教時報（文教時報）	琉球　文教局研究調査課	＊算用数字（83711026495）
四七	文教時報（文教時報）	琉球　文教局研究調査課	＊算用数字（83711026495）
四八	文教時報（文教時報）	琉球　文教局研究調査課	＊算用数字（83711026495）
四九	文教時報（文教時報）	琉球　文教局研究調査課	＊算用数字（83711026495）
五〇	文教時報（文教時報）	琉球　文教局研究調査課	「あらゆる人間生活における生きる苦悩と、喜悦」（読谷中学校教諭・石嶺伝郎）
五一	文教時報（文教時報）	琉球　文教局研究調査課	「あらゆる人間生活における生きる苦悩と、喜悦」（読谷中学校教諭・石嶺伝郎）
五二	文教時報（文教時報）	琉球　文教局研究調査課	「あらゆる人間生活における生きる苦悩と、喜悦」（読谷中学校教諭・石嶺伝郎）
五三	琉球文教時報（文教時報）	文教局研究調査課	＊帆船（那覇連合区教育委員会事務局・謝花寛丞）
五四	琉球文教時報（文教時報）	文教局研究調査課	＊帆船（那覇連合区教育委員会事務局・謝花寛丞）

五五	文教時報　現行教育法令特集号（免許関係法規別冊）	文教局	
五六	琉球文教時報（文教時報）	文教局研究調査課	＊帆船（那覇連合区教育委員会事務局・謝花寛丞）
五七	文教時報（文教時報）	琉球　文教局研究調査課	子供たち（読谷中学校・石嶺伝郎）
五八	文教時報（文教時報）	琉球　文教局研究調査課	子供たち（読谷中学校・石嶺伝郎）
五九	文教時報（文教時報）	琉球　文教局研究調査課	子供たち（読谷中学校・石嶺伝郎）
六〇	文教時報（文教時報）	琉球　文教局研究調査課	＊貝（指導委員・東京教育大附小教諭・長谷喜久一）
六一	文教時報（文教時報）	琉球　文教局研究調査課	＊貝（指導委員・東京教育大附小教諭・長谷喜久一）
六二	文教時報（文教時報）	琉球　文教局研究調査課	＊貝（指導委員・東京教育大附小教諭・長谷喜久一）
六三	文教時報（文教時報）	琉球　文教局研究調査課	（高智四郎）
六四	文教時報（文教時報）	琉球　文教局研究調査課	（高智四郎）
六五	文教時報（文教時報）	琉球　文教局研究調査課	（高智四郎）
六六	文教時報（文教時報）	琉球　文教局研究調査課	先生（神原小学校三年・大嶺順正）
六七	文教時報（文教時報）	琉球　文教局研究調査課	先生（神原小学校三年・大嶺順正）
六八	文教時報（文教時報）	琉球　文教局研究調査課	すもう（前島小学校六年・嘉数武）
六九	文教時報（文教時報）	琉球　文教局研究調査課	すもう（前島小学校六年・嘉数武）
七〇	文教時報（文教時報）	琉球　文教局研究調査課	すもう（前島小学校六年・嘉数武）
七一	文教時報（文教時報）	琉球　文教局研究調査課	＊町並みのデッサン
七二	文教時報（文教時報）	琉球　文教局研究調査課	＊町並みのデッサン
七三	文教時報（文教時報）	琉球　文教局研究調査課	＊町並みのデッサン
七四	文教時報（文教時報）	琉球　文教局研究調査課	＊町並みのデッサン
七五	文教時報（文教時報）	琉球　文教局研究調査課	＊町並みのデッサン
七六	文教時報（文教時報）	琉球　文教局研究調査課	八百屋（六年・水田洋子）
七七	文教時報（文教時報）	琉球　文教局研究調査課	八百屋（六年・水田洋子）

七八	文教時報(文教時報)	琉球 文教局研究調査課	八百屋(六年・水田洋子)
七九	小学校・中学校・高等学校 昭和36年度学力調査のまとめ(文教時報特集号)	文教局教育研究課	*学力テスト問題 世界地図
八〇	文教時報(文教時報)	琉球 文教局調査広報室	琉球政府行政府
八一	文教時報(文教時報)	琉球 文教局調査広報室	琉球政府行政府
八二	文教時報(文教時報)	琉球政府文教局調査広報課	*平行四辺形の組み合わせ
八三	文教時報(文教時報)	琉球政府文教局調査広報課	*平行四辺形の組み合わせ
八四	文教時報(文教時報)	琉球政府文教局調査広報課	人づくり(真和志中学校教諭・赤嶺叡男)
八五	文教時報(文教時報)	琉球政府文教局調査広報課	人づくり(真和志中学校教諭・赤嶺叡男)
八六	文教時報(文教時報)	琉球政府文教局調査広報課	健康な初夏 清く正しく美しく そして強く生きよう(神原小学校教諭・富永信子)
八七	文教時報(文教時報)	琉球政府文教局調査広報課	健康な初夏 清く正しく美しく そして強く生きよう(神原小学校教諭・富永信子)
八八	文教時報(文教時報)	琉球政府文教局調査広報課	健康な初夏 清く正しく美しく そして強く生きよう(神原小学校教諭・富永信子)
八九	文教時報(文教時報)	琉球政府文教局調査広報課	*机上のランプと本(沖縄工業高校・保志門繁)
九〇	文教時報(文教時報)	琉球政府文教局調査広報課	*机上のランプと本(沖縄工業高校・保志門繁)
九一	文教時報(文教時報)	琉球政府文教局調査広報課	*机上のランプと本(沖縄工業高校・保志門繁)
九二	文教時報(文教時報)	琉球政府文教局調査広報課	*正方形の組み合わせ(浦添中学校教諭・稲嶺成祚)
九三	文教時報(文教時報)	琉球政府文教局調査広報課	*正方形の組み合わせ(浦添中学校教諭・稲嶺成祚)
九四	文教時報(文教時報)	琉球政府文教局調査広報課	*正方形の組み合わせ(浦添中学校教諭・稲嶺成祚)
九五	文教時報(文教時報)	琉球政府文教局調査広報課	*樹木(開南小学校・運天敏夫)
九六	文教時報(文教時報)	琉球政府文教局総務部調査計画課	*樹木(開南小学校・運天敏夫)
九七	文教時報(文教時報)	琉球政府文教局総務部調査計画課	*樹木(開南小学校・運天敏夫)

九八	文教時報(文教時報)	琉球政府文教局総務部調査計画課	泉崎橋(垣花小学校・謝花寛丞)
九九	文教時報(文教時報)	琉球政府文教局総務部調査計画課	泉崎橋(垣花小学校・謝花寛丞)
一〇〇	文教時報(文教時報)	琉球政府文教局総務部調査計画課	泉崎橋(垣花小学校・謝花寛丞)
一〇一	文教時報(文教時報)	琉球政府文教局総務部調査計画課	農連市場風景(前島小・大見謝文)
一〇二	文教時報(文教時報)	琉球政府文教局総務部調査計画課	農連市場風景(前島小・大見謝文)
一〇三	文教時報(文教時報)	琉球政府文教局総務部調査計画課	農連市場風景(前島小・大見謝文)
一〇四	文教時報(文教時報)	琉球政府文教局総務部調査計画課	沖縄の屋根(首里高校・末吉安久)
一〇五	文教時報(文教時報)	琉球政府文教局総務部調査計画課	沖縄の屋根(首里高校・末吉安久)
一〇六	文教時報(文教時報)	琉球政府文教局総務部調査計画課	沖縄の屋根(首里高校・末吉安久)
一〇七	文教時報(文教時報)	琉球政府文教局総務部調査計画課	石厨子(首里高校・佐久本嗣貞)
一〇八	文教時報(文教時報)	琉球政府文教局総務部調査計画課	石厨子(首里高校・佐久本嗣貞)
一〇九	文教時報(文教時報)	琉球政府文教局総務部調査計画課	石厨子(首里高校・佐久本嗣貞)
一一〇	文教時報(文教時報)	琉球政府文教局総務部調査計画課	がじまる(浦添高校・友利寛)
一一一	文教時報(文教時報)	琉球政府文教局総務部調査計画課	がじまる(浦添高校・友利寛)
一一二	文教時報(文教時報)	琉球政府文教局総務部調査計画課	がじまる(浦添高校・友利寛)
一一三	文教時報(文教時報)	琉球政府文教局総務部調査計画課	竜舌蘭(豊島貞夫)
一一四	文教時報(文教時報)	琉球政府文教局総務部調査計画課	*クバ
一一五	文教時報(文教時報)	琉球政府文教局総務部調査計画課	シーサー
一一六	文教時報(文教時報)	琉球政府文教局総務部調査計画課	喜屋武岬
一一七	文教時報(文教時報)	琉球政府文教局総務部調査計画課	パイン
一一八	文教時報(文教時報)	琉球政府文教局総務部調査計画課	島の夜あけ
一一九	文教時報(文教時報)	琉球政府文教局総務部調査計画課	サクラ
一二〇	文教時報(文教時報)	琉球政府文教局総務部調査計画課	守礼之門
一二一	文教時報(文教時報)	琉球政府文教局総務部調査計画課	エイサー

一二二二	文教時報(文教時報)	琉球政府文教局調査計画課	渡嘉敷の野生クバ
一二二三	文教時報(文教時報)	琉球政府文教局調査計画課	サバニ
一二二四	文教時報(文教時報)	琉球政府文教局調査計画課	北部の新緑
一二二五	文教時報(文教時報)	琉球政府文教局調査計画課	久部良海岸・与那国
一二二六	文教時報(文教時報)	琉球政府文教局調査計画課	与那国・東崎
一二二七	文教時報(文教時報)	琉球政府文教局調査計画課	伊良部島・通り池

(出典)原則として各号の記載にもとづくほか、以下を参照。「座談会　指導主事活動の草分け時代」文教友の会『戦後沖縄教育の回顧録―文教局思い出の記』一九九三年、八五頁。

(注記)①意匠のタイトルについて、筆者が仮称した場合、＊を付した。②意匠の作成者を付記した。沖縄文教関係要覧刊行会『沖縄文教関係要覧』一九六四年ほかに依拠して、記載内容を補訂した。③意匠として特記すべきことがない場合、あるいは不詳の場合は空欄とした。

Ⅲ　文教担当部局文献一覧

［文教担当部局文献一覧・凡例］

一、琉球政府文教局および同局各課により刊行された文献を可能なかぎり総覧した。琉球政府による関連刊行物を一部にふくむ。ただし、以下に該当する場合、いずれも対象からのぞいた。予算・法案などの内部文書、中央教育委員会などの教育委員会関係、教育研修センター関係、各種の研究大会や研修会などの要項、研究集録、紀要、設備・図書目録、史料編集室関係、博物館関係、および文部省による著作の転載。

二、著作者名および所蔵機関を省略するなど、書誌情報を簡略化した場合がある。あきらかな誤記は訂正した。刊行年が不詳の場合には記載しなかったが、内容にもとづき判明する場合には記載した場合がある。

三、留日琉球派遣研究教員、研究協力校・指定実験学校などに関しては、現行の調査水準にかんがみて、記載をひかえた。

四、沖縄戦終結以後に作成された、ガリ版刷り教科書について、今後の調査研究の参考に資するため、公共機関に所蔵され閲覧可能なものに限定し、可能なかぎりで、その一覧を末尾に付した。ガリ版刷り教科書の概念範疇は自明ではないが、ここでの目的に照らし、教師用図書などをふくめ収載した。以下の見出しに「ガリ版刷り教科書ほか」と記述したのは、この意味においてである。原則として教科目領域別に配置し、所蔵機関名などを付記した。同名称でありながら内容の異なる現物が複数、確認できる場合、重複して記載した。煩瑣を避けるため、書名に掲載された場合をのぞき、刊行年を省略した。『うるまじま』『郷土歴史』『私の郷土の観察』など、同時期の個人執筆教材は仮に除外した（いずれも那覇市歴史博物館所蔵）。複写のみが現存する場合があるが、とくに注記しなかった。なお、作成者が自覚できる範囲でも、すべてを捕捉できているわけではない。

当該教科書の翻刻あるいは復刻（部分をふくむ）として、以下の四点がある。①琉球政府文教局『琉球史料』三集、一九五八年、二六七―三一〇頁、②佐久田繁編『激動の沖縄百年』六巻、月刊沖縄社、一九八一年、③戦後八重山教育のあゆみ編集委員会『戦後八重山教育のあゆみ』一九八二年、五一―五三頁、④那覇市市民文化部歴史資料室『那覇市史』資料篇三巻二（戦後の社会・文化１）二〇〇二年。各収載分について、①「（琉球史料）」、②「（沖縄百年）」、③「（八重山）」、④「（那覇市）」として略記した。

（付記）個別の校合結果の提示はひかえたが、以下の各史料中にガリ版刷り教科書の頁単位での断片的な残存がある。いずれも公文書の裏紙として確認できる。『一九四七年四月以降　受領公文書綴文教部関係』（沖縄県史料編集室所蔵）、琉球政府文教局研究調査課『教育資料　一九五二年前後』（0000079095　R00000448B）。なお、ガリ版刷り教科書ほかの調査と分析に際し、萩原真美氏から専門的知見の提供を受けた。

1 教育要覧

『琉球教育概覧（統計編）』一九五三年
『教育概要』一九五五年
『琉球教育要覧』一九五五－一九六三年
『沖縄教育要覧』一九六六－一九六七年
『沖縄教育年報』一九六七－一九六八、一九七〇－一九七二年
「沖縄教育の概観」『東京都・琉球政府懇談会議題』一九七〇年

2 調査報告・教育白書

『教育の現況と反省　琉球教育の現状に於ける諸問題―指導課指導目標の資料』一九五二年
『学校基本調査報告書』一九五八－一九六一、一九六三－一九六八、一九七〇－一九七二年
『学校教員調査報告書』一九五七、一九六〇－一九六一、一九六三、一九六六年
『学校設備調査報告書』一九六四、一九六七、一九七一－一九七二年
『高等学校に関する実態調査（一）高校生の悩みの調査　高校生の知能検査』一九六五年
『教育白書―沖縄教育の歩みと将来の展望』一九六五年
『職場における学歴構成の調査報告書』一九六五年
『学校一覧表』一九六六、一九七〇－一九七一年
『目で見る教育の較差』一九六七年
『幼児教育に関する実態調査報告書』一九七一年

3 教育課程・教育評価・教科教育

『基準教育課程　目標篇　試案』一九五三年
『社会科の改訂に関する資料』一九五五年（石垣市立図書館）
『幼稚園基準教育課程』一九五七年

『小学校改訂社会科基準教育課程』一九五七年
『中学校改訂社会科基準教育課程』一九五七年
『小学校改訂体育科基準教育課程』一九五七年
『小学校改訂体育科基準教育課程　一・二年』一九五七年
『小学校改訂体育科基準教育課程　三・四年』一九五七年
『小学校改訂体育科基準教育課程　五・六年』一九五七年
『高等学校保健体育科基準教育課程』一九五九年
『教育課程資料編中学校保健体育科』一九五八年
『理科教育のための設備の基準に関する細目』一九六〇年
『指導のための教育評価』一九六三年
『小学校社会科年間指導計画書』一九六五年
『高校社会科政治・経済研究資料』一九六六年
『中学校英語科年間指導計画』一九六六年
『学習指導案事例集―家庭教育　教育課程編成資料』一九六七年
『高等学校社会科倫社年間指導計画』一九六七年
『高等学校社会科政経年間指導計画』一九六七年
『高等学校数学科年間指導計画』一九六七年
『高等学校理科地学年間指導計画』一九六七年
『高等学校理科化学年間指導計画』一九六七年
『学校教育指導指針』一九六七、一九七〇－一九七二年
『授業過程の構造化に関する研究―第一次中間報告』一九六八年
『小学校教育課程編成要領』一九七〇年
『中学校教育課程編成要領』一九七一年
『新教育課程における家庭に関する学科の指導内容（資料）』

『中学校技術、家庭基礎的技術に関する資料（男子むき）』
『中学校技術、家庭基礎的技術に関する資料（女子むき）』
『高等学校教育課程（基準）類型』
『小学校特別教育活動研究資料』
『小学校中学校、高等学校教科備品基準』
『中学校技術家庭（女子向き）年間指導計画』
『中学校技術家庭（男子向き）年間指導計画』
『小学校家庭科年間指導計画』
『高等学校家庭科年間指導計画』
『中学校理科移行措置要領並びに実験・観察指導の手引』

4 教育行財政・共済組合

『教育財政調査報告書』一九五七、一九五九－一九七二年
『教育財政調査資料　父兄が負担する教育費』一九六三年
『新しく生まれた公立学校職員共済組合とその業務について』一九六九年
『父兄が支出した教育費（父兄支出の教育費調査）』一九七〇年
『地方教育財政実務の手びき』一九七一年

5 教育法制

『教員、校長、教育長免許令並びに教員、校長、教育長免許令施行規則』一九五四年
『現行法令及び規則集』一九五五年
『教育法』一九五七年
『現行教育関係法令集』一九五八、一九六〇、一九六五年
『琉球教育関係法令』一九六八年

『教育職員免許法及び同法関係法令集』一九六二、一九六六、一九七〇年
『私立学校関係法令』一九六九年

6　道徳教育
『道徳性調査　付小学校4年生知能検査の実態』一九六五年
『小学校・中学校「道徳」実施要綱』
『中学校道徳指導資料』

7　家庭教育・教育相談・訪問教師
『学校に於ける生活指導とカウンセリング』一九五八年
『学校における教育相談の手引』一九六三年
『子どもに及ぼす家庭環境の影響』一九六四年
『補導のあゆみ―訪問教師補導事例』一九六四年
『家庭教育教育課程編成資料』一九七〇年
『問題行動児童生徒の実態調査―各学校の非行対策の状況』一九六七年
『カウンセリング』一九六六-一九六八、一九七一年
『カウンセリングの手引』一九六四、一九六九、一九七〇年
『訪問教師カウンセラーの手引』
『訪問教師カウンセラー実践録』

8　保健体育・衛生・安全教育・学校給食
『学校身体検査規程基準』一九五二年（R00000448B）
『学校衛生統計調査報告書』一九五八-一九五九、一九六一-一九六二年
『安全教育の手引』一九六〇年

『寄生虫に関する調査書』一九六〇年
『小学校保健に関する指導書』一九六一年
『学校給食指導の手引』一九六一年
『学校給食（資料編）』一九六一年
『養護教諭職務活動の手引』一九六一年
『保健主事職務活動の手引』一九六一年
『スポーツ振興法の解説』一九六三年
『中学校保健体育科年間指導計画』一九六四年
『学校保健管理の手引』一九六四年
『水泳指導の手引』一九六四年
『学校保健報告書』一九六四年
『学校保健統計調査報告書』一九六四、一九六六－一九七二年
『健康診断実施の手引』一九六五年
『小学校体育科年間指導計画』一九六五年
『学校給食管理の手びき』一九六六年
『わかりやすい学校給食の衛生管理』一九六七年
『学校給食を学校教育の中で定着させるためにはどうしたらよいか』一九六七年
『水泳事故防止の手引』一九七〇年
『スポーツテスト統計調査報告書』一九七〇年
『学校給食主任必携』一九七〇年
『学校安全教育の手びき』一九七一年
『学校給食における児童生徒の栄養摂取状況』一九七一年
『奥武山運動公園計画報告書』一九七一年
『青少年健全育成強化対策』一九七一年

『沖縄スポーツの現況』一九七二年
『小学校保健に関する指導書』
『集団行動の手引』

9 学力

『一九五四年度　小学校・中学校学力水準調査報告書』一九五五年
『小学校・中学校・高等学校　学力調査のまとめ』一九五七年
『学力調査団報告書―鹿児島派遣』一九六二年
『昭和三六年度　小学校・中学校・高等学校　学力調査のまとめ』一九六二年
『昭和三七年度　小学校・中・高校　全国学力調査（中間報告）』一九六二年
『昭和三七年度　全国学力調査報告書（小学校・中学校）』一九六三年
『学業不振児の診断』一九六三年
『教育条件と学力』一九六四年
『昭和三八年度　全国学力調査報告書（小学校・中学校）』一九六四年
『昭和三九年度　全国学力調査報告書　小学校五・六年国語・算数』一九六四年
『昭和三九年度　全国学力調査報告書　中学校二・三年国語』一九六四年
『昭和三九年度　全国学力調査報告書　中学校二・三年数学』一九六四年
『昭和三九年度　全国学力調査報告書　中学校二・三年社会』一九六四年
『昭和三九年度　全国学力調査報告書　中学校二・三年理科』一九六四年
『昭和三九年度　全国学力調査報告書　中学校二・三年英語』一九六四年
『昭和四〇年度　全国学力調査（中間報告）小学校社会・理科、中学校国語・社会・数学・理科・英語』一九六五年
『昭和四〇年度　学力調査報告書　英語』一九六六年
『昭和四〇年度　全国学力調査報告書　小学校五・六年社会・理科』一九六六年
『昭和四〇年度　全国学力調査報告書　中学校二・三年理科』一九六六年

『昭和四〇年度　全国学力調査報告書　中学校二・三年英語』一九六六年
『昭和四〇年度　全国学力調査報告書　追跡調査　中学校一・三年国語』一九六六年
『昭和四〇年度　全国学力調査報告書　中学校二・三年数学』一九六六年
『昭和四〇年度　全国学力調査報告書　中学校二・三年社会』一九六六年
『昭和四一年度　全国学力調査報告書　小学校五年国語科・算数科・音楽科』一九六六年
『昭和四一年度　全国学力調査報告書　中学校一・三年国語科』一九六六年
『昭和四一年度　全国学力調査報告書　中学校一・三年数学科』一九六六年
『昭和四一年度　全国学力調査報告書　中学校三年技術・家庭科』一九六六年
『学習指導法に関する研究―プログラム学習を中心として』一九六七年
『政府立高等学校入学者選抜学力検査結果の分析』一九六九、一九七〇、一九七一年

10

生活指導・生徒指導・進路指導

『生徒指導』一九六七年
『ホームルーム指導の手引』一九六九年
『ホームルームにおける進路指導の手びき』一九七一年
『生活指導の手引』

11

へき地教育・複式学級

『へき地教育の実態―一九五九年度へき地教育の調査報告書』一九六〇年
『複式学級　算数学習指導計画案（3・4年）』一九六四年
『複式学級　国語学習指導計画案（3・4年）』一九六四年
『複式学級　理科学習指導計画案』一九六五年
『小学校における複式学級理科学習指導計画案』一九六五年

12　社会教育

『社会体育指導の手引』一九六〇年
『青年学級関係資料』一九六三年
『教育隣組話題集』一九六四年
『青年学級関係資料』一九六五年
『学習指導案事例集』一九六七年
『沖縄社会教育の現況』一九六八年
『図書館の現況』一九六九年
『青年学級・社会学級教育課程編成資料』一九六九年
『社会教育の現況』一九七〇－一九七一年
『青年学級開設運営の手引』一九七一年
『社会教育　重点施策と指導の重点』
『公民館運営の手引』
『優良公民館の実態　資料一一号』
『沖縄青年内地教育研究活動実施報告書』
『沖縄婦人内地教育研究活動実施報告書』
『社会学級学習の手引』

参考　ガリ版刷り教科書ほか

（読方）
『ヨミカタ　一ネンセイ』（那覇市歴史博物館所蔵、沖縄百年）
『よみかた　上　一ねんせい』（那覇市歴史博物館所蔵）
『一ネンセイ』（琉球史料）
『二年生』（琉球史料）

『ヨミカタ　二年生』（那覇市歴史博物館所蔵、沖縄百年）
『よみかた　三　二年生』（八重山）
『よみかた　三年生』（那覇市歴史博物館所蔵）
『よみかた　3　初等校用』（沖縄県立図書館所蔵）
『よみかた　三年生』（国立教育政策研究所教育図書館所蔵）
『三年生』（琉球史料）
『よみかた　四年生』（国立教育政策研究所教育図書館所蔵）
『四年生』（琉球史料）
『五年生』（琉球史料）
『五年生　読方』（那覇市歴史博物館所蔵）
『よみかた　第六学年』上（沖縄百年）
『七年生』（琉球史料）
『八年生』（琉球史料）
『読方本　八年生』（沖縄百年）

（算数）
『算数　二年生』（那覇市歴史博物館所蔵）
『算数　三年生』（那覇市歴史博物館所蔵）

（理科）
『自然の観察　三年　教師用』（那覇市歴史博物館所蔵）
『理科　四年　教師用　第一学期六月上旬まで』（那覇市歴史博物館）
『理科　五年生　一九四六』（那覇市歴史博物館所蔵）
『理科　五年　教師用　第一学期』第一輯（那覇市歴史博物館所蔵）

『理科　第五学年　教師用　一九四六』(那覇市歴史博物館所蔵)
『理科　六年　教師用　一九四七年度』(那覇市歴史博物館所蔵)
『理科　六年　教師用　一九四七年第一学期後半』第二輯(那覇市歴史博物館所蔵)
『理科　六年　教師用　一九四七・八・三一』第三輯(那覇市歴史博物館所蔵)
『理科　七年　教師用　一九四七年四月二五日刊行』(那覇市歴史博物館所蔵)
『理科　七年　教師用　一九四七年六月一五日刊行』(那覇市歴史博物館所蔵)
『初等科七・八年　理科教材』第二輯(那覇市歴史博物館所蔵)
『理科　七年生兼八年生　教師用』(那覇市歴史博物館所蔵)
『理科　八年　教師用　一九四七年度一学期分』(那覇市歴史博物館所蔵)

(歴史)

『沖縄歴史』(鹿児島県立奄美図書館、うるま市立石川歴史民俗資料館、沖縄県立図書館所蔵、沖縄百年)
『沖縄歴史参考資料』(琉球大学附属図書館、沖縄県立図書館所蔵)
『沖縄年表』(那覇市歴史博物館所蔵)

(地理)

『地理　六年』(那覇市歴史博物館所蔵)
『地理　七年』(那覇市歴史博物館所蔵)
『沖縄地図』(沖縄県立図書館所蔵)
『世界地図』(那覇市歴史博物館所蔵)
『世界地図(その四)』(那覇市歴史博物館所蔵)

(公民)

『公民科教育資料　礼法要項』(那覇市歴史博物館所蔵、琉球史料)

（英語）

『英語のエホン』（沖縄県立博物館・美術館所蔵）

『Let’s Learn English　初等学校用』（うるま市立石川歴史民俗資料館、那覇市歴史博物館所蔵、那覇市）

『Let’s Learn English　Book1』（八重山）

『Let’s Learn English　Book2』（八重山）

『English-book　英語読本　初等学校用（１）』（うるま市立石川歴史民俗資料館、那覇市歴史博物館所蔵、那覇市）

『English-book　英語読本　初等学校用（２）』（沖縄県立博物館・美術館、うるま市立石川歴史民俗資料館、那覇市歴史博物館所蔵、那覇市）

『English-book　１　初等学校用』（うるま市立石川歴史民俗資料館所蔵）

『English-book　２　初等学校用』（うるま市立石川歴史民俗資料館所蔵）

（体育）

『初等学校体錬科要項』（うるま市立石川歴史民俗資料館所蔵）

『排球競技規則』（那覇市歴史博物館所蔵）

（音楽）

『音楽』（那覇市歴史博物館所蔵）

『音楽遊戯補習教材』（那覇市歴史博物館所蔵）

『初等学校音楽題目録』（那覇市歴史博物館所蔵）

（その他）

『国語教育の目標』（うるま市立石川歴史民俗資料館所蔵）

『家庭学習書　新しい国語の手引　六年（１）』（うるま市立石川歴史民俗資料館所蔵）

『国語の手引　家庭学習書　第六学年（上下）』（うるま市立石川歴史民俗資料館所蔵）
『初等学校六年（中）　国語の手引（中）』（うるま市立石川歴史民俗資料館所蔵）
『高等学校　文学教材　二』（うるま市立石川歴史民俗資料館、那覇市歴史博物館所蔵）
『数学　高等学校用　第一類　一・上』（うるま市立石川歴史民俗資料館所蔵）
『社会科について』（那覇市歴史博物館所蔵）
『初等科社会科の単元　第一学年用』（那覇市歴史博物館所蔵）

Ⅳ　補論・コラム

補論　訪問教師

藤澤健一

占領下における児童・生徒の問題行動について筆者は、さきに解説中に触れた。それらの問題行動の発生は一般に校内にかぎられず、むしろ校外での補導や保護施設との連携を必然化していた。それらは通常の教師の職務内容としては捕捉しきれない傾向をもつ。そこで配置されたのが、本稿が対象とする訪問教師である。内務局や厚生局、法務局など青少年の非行防止には琉球政府内の多くの部局がかかわったが、訪問教師については文教局指導課が所掌した。(1) その職務内容は、問題行動を起こした児童・生徒への特別な指導として概括できる。

ところで、一般に訪問教師とは、入院や療養中であり、心身の障害のため通学して教育を受けることができない児童・生徒への教育機会の確保を目的に配置された教育担当職員をいう。(2) 同語でありながら、ここで取り上げる訪問教師は当該職員のことではない。この点をあらかじめ注意していただきたい。先駆けて指摘すれば、訪問教師の配置や職務内容にかかわる基礎的な研究蓄積は乏しい。本稿では、『文教時報』を主な素材として、訪問教師の配置数の推移、および配置方式に焦点化して解説をくわえる。こうした基礎的な分析を提示することで、これからの研究の進展を促す契機としたい。

まず、配置数については、その推移を通時的に総覧できる史料は『文教時報』をふくめ、管見のかぎり存在しない。このため次善の策として、沖縄教職員会『沖縄教育関係職員録』に依拠することで、その傾向をみる（以下、職員録）。ここで確認すれば、職員録は一九五二年から刊行されはじめた。同年以前にかかわる同格の網羅的な職員録は存在しない。ただし、一九五三年までは宮古・八重山の両地区にかかわる記載を欠く。くわえて職員録の内容は各学校単位に編成されており、教育委員会など学校以外に配置された訪問教師は掲載されていない。のちに配置方式としてみるように、訪問教師の配置は学校単位にとどまらないため、職員録の精査を通じてさえも、訪問教師の配置数の推移が正確にあきらかになるわけではない。そのうえでも、職員録に依拠することで、配置数の通時的な推移について傾向としてたどることはできる。それはおおむね以下のように推移した。いずれも小・中学校への配置にかぎられる(以下、小・中学校への配置数を合算)。すなわち、一九五二年から一九五三年において、訪問教師として配置された教員は職員録には確認できない。ただし、職員録以外の資料から、同年以前にすでに那覇地区で配置がはじまっており、その後、他地区に波及したとの記述が確認される。[3] 職員録では一九五四年に一名が配置されはじめた(具志川中学校・幸地長幸)。[4] 一九五〇年代において沖縄全域で一名から四名で推移した。一九六〇年代前半には最大で一〇名を数え、同年代後半には五名から七名の配置が確認できる。このかぎりにおいて配置数のピークは一九六〇年代前半であったといえる。その反映と推定されるが、一九六二年には訪問教師連絡協議会が設立され、従前にはなかった組織性を備えた研修や連絡体制が整備されている。[5]

つぎに配置方式についてみる。おなじく詳細な検討は今後の調査をまつことになるが、この場合、『文教時報』収載の関連記事が参考になる。あくまでひとつの事例にとどまるが、「長期欠席児童生徒の実態」を特集した、一九五五年一月刊行の『文教時報』一二号には三名の訪問教師が寄稿している。それぞれの肩書は「胡差地区訪問教師」「那覇地区訪問教師」「前原地区訪問教師」とされる。[6] このほかの同様の事例として、一九六〇年時点において当間賀助は「那覇地区訪問教師」として『文教時報』に寄稿している。[7] 以上で挙げた訪問教師は、いずれも各年の職員録には見出すことができない。これらの素朴な事実から、訪問教師は各学校単位で配置されるにとどまらず、一定の地区ごとに配置される場合があったことがわかる。たとえば、配置数は一〇名として職員録で算出された一九六二年の場合において、実際の配置数は一五名である。したがって、すくなくとも五名については学校

以外に配置されていたことになる。(8)

さらに以上とはべつの配置方式が、配置数の量的ピーク期となった一九六〇年代の『文教時報』に確認できる(八四号)。同記事によれば、連合区教育長が配置を決定することとされ、総員で一五名の訪問教師は、以下のような内訳により連合区教育委員会(以下、連合区)単位で配置されていた。(9) すなわち、北部連合区(二名)、中部連合区(六名)、那覇連合区(三名)、南部連合区(二名)、宮古連合区と八重山連合区(各一名)である。同記事から、つぎの三点を読み取ることができる。①配置方式は、すくなくとも当該時点において連合区単位であったこと。ゆえに配置はかならずしも単一ではなく、いくつかの方式が併用されていた可能性がある。②さらに一部地域に偏在せず、同時点では沖縄全域への配置がなされていたこと。③全配置数の四割が中部連合区に差配されていることである。③に関連して、ここで留意すべきことがある。それは訪問教師の配置数は各連合区に在勤する教職員数とは単純に連動しないということである。この点を論証しよう。上掲の表では、ほぼ同時期における各連合区に配置された公立小中学校の教職員数を合算のうえ相対比率で示した。

同表にみるように、中部連合区と那覇連合区はほぼおなじ程度の教職員数であったにもかかわらず、両区における訪問教師の配置数には二倍もの懸隔がある。また、宮古、八重山の両連合区では、それぞれ五九二名、五三三名の教職員数に対し、各一名の訪問教師が配置された。平均化すれば、五六〇名程度に一名の割合で訪問教師が配置されたことになる。同様の基準では一八五一名の教職員数が配置された中部連合区には三名程度の配置が見込まれる。しかし、

各連合区の小中学校教員定数の相対比率(1963年)

単位(%)

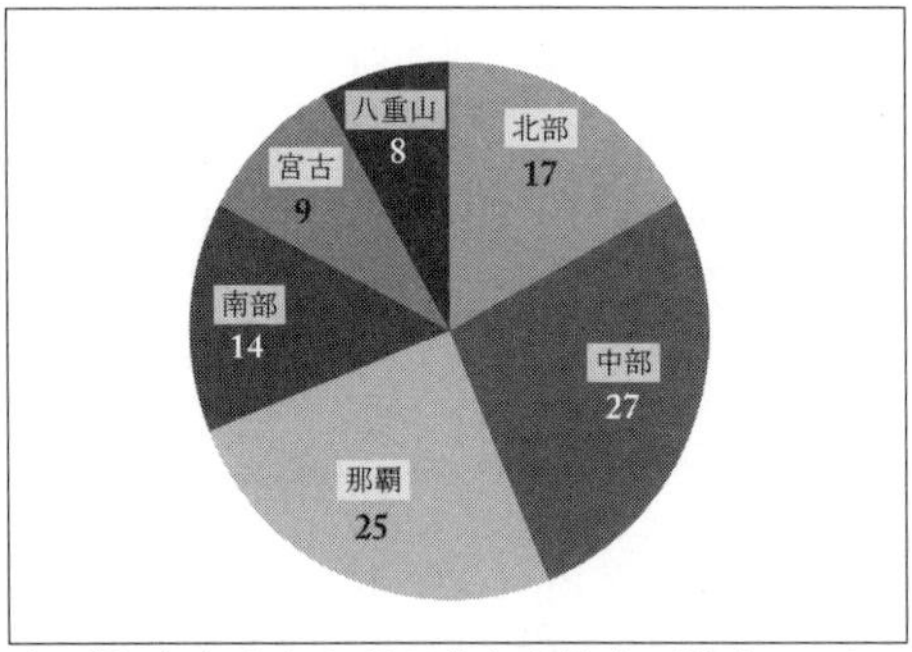

(出典)琉球政府文教局『琉球教育要覧』1963年、55頁。

実際にはその二倍もの配置がなされた。したがって、同年のかぎりでは、訪問教師は中部連合区において重点的な配置をみていた。通時的な変化をふまえたうえで、この現象がどこまで一般性をもちうるのか、この点は今後の調査の進展をまつほかない。一般に訪問教師にかかわる記事は、貧困化、都市化や基地周辺の経済・文化などが複合的に起因することで、児童・生徒の問題行動に結び付いていると見立てる傾向をもつが、この点をふくめつつ、今後の検証が不可欠である。

本稿では個別に検討できないが、『文教時報』には訪問教師の職務内容にかかわる、記事が確認される。[10] それらは児童・生徒の長期欠席、暴力行為、窃盗や恐喝、家出について、貧困、家族の不在、家庭の不和、虐待、児童労働などの原因とともに切実な内容として報告する。訪問教師に期待されたのは、学校と家庭を往還しつつ、これらの問題行動に対応し、それを緩和・解消することであった。

周知のように現時の日本における学校と家庭をめぐる問題状況は、教育と福祉の連携を強く促しており、こうした観点から訪問教師に託された職務内容との類縁性を指摘することは不可能ではない。他方、訪問教師を取り囲んでいたのは、軍事が最優先された占領下の沖縄社会であり、そこでの児童・生徒の問題行動は一般的な意味における問題行動とかさなりつつも決して同一視できない固有性をもつ。問題行動が発生する根源が異なるためである。このことをわたしたちは忘れる訳にはいかない。

さいごに沖縄における訪問教師の淵源に触れたい。占領下にあった沖縄において訪問教師は米国によって政策的に導入されたことが容易に推定される。この推定は軍事的な強権を発動するとともに、米国民政府が家庭や保健分野の「近代化」にも意識的に取り組んでいたという事実経過からも支持できる。とはいえ、どのようなルートを通じてだれがどのように沖縄で実施するにいたったのか。さらに導入に際し、沖縄側の主導性はどの程度あったのか。これらの疑問をはじめ、制度の実施にいたるまでの具体的な経緯、ならびに事後の推移と変容、そして、制度としての実効性について委細は不明な点があまりに多い。また、訪問教師制度の事実上の付帯事業であり、琉球政府文教局の支援にもとづき推進された、「教育隣組」[11]をふくめ、精細な実証的研究は今後の課題としてのこされる。

〔参考文献〕

新垣博子「琉球大学における家政学教育―その推移と背景」『琉球大学教育学部紀要』二三集二部、一九七九年

沖縄生活指導研究会『沖縄・生活指導を切り拓く』国土社、二〇〇一年

兼城和「訪問教師の訴え―売春行為を許容する社会を糾弾」『季刊　沖縄の社会福祉』二五号、沖縄社会福祉協議会、一九七一年五月

倉石一郎『アメリカ教育福祉社会史序説―ビジティング・ティーチャーとその時代』春風社、二〇一四年

小林孝良「訪問教師制度の実際」『文部時報』九一二号、一九五三年八月

小林文人・平良研一編『民衆と社会教育―戦後沖縄社会教育史研究』エイデル研究所、一九八八年

鈴木文吾「訪問教師」『教育心理』四巻八号、日本文化科学社、一九五六年七月

鈴木安太郎「訪問教師の手記」静岡大学教育学部教育研究所『文化と教育』二巻一二号、一九五一年一一月

鳥居和代「神戸市の方面教育の始まり―その前史から一九五〇年代までの展開」神戸史学会『歴史と神戸』五三巻五号、二〇一四年

比嘉昌哉「沖縄における訪問教師制度（スクールソーシャルワークの萌芽）―終戦直後から本土復帰までに焦点をあてて」『沖縄女子短期大学紀要』二〇号、二〇〇七年

宮城悦二郎『占領者の眼』那覇出版社、一九八二年

[補注]

1 「青少年の非行防止に直接あたる政府内の諸機関」『文教時報』八五号、一九六四年四月(一二巻)。

2 この場合の訪問教師(一般に訪問指導員とも称される)は沖縄県では一九七四年五月からはじまった。金城順亮「訪問教師制度の実現」沖縄県教育委員会『教育沖縄』一〇号(三巻二号)、一九七四年九月、沖縄県教育委員会『訪問教師一年の実践記録―その問題解決にあたって』一九七五年参照。

3 一九五二年八月の那覇地区における二名の配置がそのさきがけとなり、各地区に波及していったとの指摘。宮良用倫「地区教育委員会(後の連合区教育委員会)の制度について」沖縄大学地域研究所『那覇市教育史研究(資料編)』二〇〇八年、四頁。

4 沖縄教職員会『沖縄教育関係職員録』一九五四年、九五頁。

5 琉球政府文教局『琉球教育要覧』一九六二年、一〇三-一〇四頁。

6 同前順に、山田朝良「長欠児の実態とその対策」、宮城仁吉「長欠児を訪ねて」、幸地長弘「カウンセリングの悩み」『文教時報』一二号、一九五五年一月(三巻)。

7 当間賀助「学園内の刺傷事件を契機として」『文教時報』七一号、一九六〇年一二月(一〇巻)。

8 松田州弘「訪問教師の補導月報の中から」琉球政府文教局『補導のあゆみ―訪問指導補導事例』一九六四年。

9 「訪問教師の役目」『文教時報』八四号、一九六四年四月(一二巻)。

10 これまでに引照しなかったものに限定のうえ、いくつかを号単位で以下に列挙する(特集名を付記する)。『文教時報』五八号(青少年不良防止)一九五九年九月(九巻)、『文教時報』七一号(少年非行防止)一九六〇年一二月(一〇巻)、『文教時報』八五号(環境浄化週間)一九六四年四月(一二巻)、『文教時報』九八号(生活指導と非行児問題)一九六五年一二月(一四巻)。

11 『文教時報』に収載された、教育隣組の実践例について、嘉数芳子「提唱　教育隣り組みと母性の結びつき」『文教時報』七一号、一九六〇年一二月(一〇巻)のほか、『文教時報』八五号、一九六四年四月(一二巻)、『文教時報』八八号、一九六四年六月(一三巻)収載の記事を参照。

コラム　『文教時報』の執筆者たち

近藤健一郎

『文教時報』には、多くの人々によって執筆されたり、語られたりした記事が収められている。ここでは、その執筆者について論じよう。

一　執筆者の職務と役割—執筆者の肩書に注目して

総目次と索引を手がかりにすれば、『文教時報』に執筆した数多の人びとはその職務に応じて次のように区分できよう。

第一に、文教局長をはじめとした文教局職員であり、彼らは多数の記事を執筆している。文教局関係者が執筆したそれらの記事の一例として、道義高揚週間特集が組まれた八四号、一九六四年四月（一二巻）において、当時は指導課指導主事であった松田州弘が、巻頭論文「学校における道徳教育」を執筆し、続く座談会「道徳教育を支えるもの」にも指導課長の比嘉信光らとともに文教局の一員として加わり発言していたものがあげられる。また、文教局社会教育課職員による社会教育関係記事も多く、たとえば六九号、一九六〇年九月（一〇巻）では社会教育特集を組んでおり、そこで同課職員の嶺井百合子が「新生活運動」について執筆していた。『文教時報』にこのような文教局職員による執筆記事が多く見られるということは、文教局が教育関係者に同誌を通じて指導を行なうということであり、同誌が指導書の性格を有していたことを示している。

第二に、沖縄在住の学校教員をはじめとした教育関係者である。多数の記事を執筆した代表的な人物として、久米島で小中学校長を務めていた仲間智秀、那覇高等学校教諭であった饒平名浩太郎がいる。仲間は教育論を、饒平名は歴史・民俗に関する論考や社会科教育論を多く執筆している。これは、『文教時報』が一号、一九五二年六月(二巻)以来、「原稿募集」を掲げ、読者に投稿を促していたことによっている。

第三に、沖縄の学校教員のうち、日本各地の学校に派遣された研究教員である。『文教時報』は、彼らの各地での経験を五号、一九五三年六月(二巻)のような座談会によって、また五六号、一九五九年六月(九巻)の研究教員だより欄のような小特集として、広く伝えていた。これらには、『文教時報』を通じて研究教員の日本各地での経験を広く伝えるという、同誌の広報誌としての性格が示されている。なお、研究教員としての報告にとどまらず、帰任後もしばしば執筆した人々もいた。

継続的な居住地でいえば、これらの執筆者は沖縄在住者であった。その一方で、以下のように区分しうる一時的に沖縄に居住、滞在していた人々による執筆も多く見られる。

第四に、米国民政府に属する執筆者が、決して多くはないが散見される。五〇号、一九五九年一月(七巻)に掲載されている、ボナー・クロフォード「一九五九年の琉球に対する十の期待」などである。これは、『文教時報』を編集した文教局は「米国民政府の布告、布令および指令に従う」とされていた機構上の位置によっている。

第五に、文部省からの執筆者である。文部官僚でへき地教育に携わっていた沖縄出身の山川武正、学校建築に携わっていた技官の菅野誠などがあげられる。一三号、一九五五年三月(三巻)には、山川による「へき地教育について」と題する講演要旨が掲載されている。関連して、『文部広報』『初等教育資料』をはじめとする文部省などの刊行物からの抜粋により、日本の教育動向等を紹介する転載記事が非常に多くみられ、それらは『文教時報』の特徴的な記事群となっている。

最後に、学校教員の現職研修にかかわり、日本から派遣された招聘講師や教育指導委員たちである。前者は、教員免許状にかかわる認定講習の講師であり、日本各地の大学教員や文部官僚などである。そのなかには、沖縄出身で横浜国立大学教授であった宮城栄昌もおり、彼は二六号、一九五六年九月(四巻)に掲載された招聘講師を囲む座談会に出席し、発言していた。後者は、一九五三年度以降、学校教育に直接指導を行なった各県の指導主事や教諭などである。六一号、一九五九年一二月(九巻)では、東京都教育委員会指導主事の山川岩五郎など七名の教育指導委員が見た沖縄の学校、教育の現状と問題点が述べられていた。

二　執筆者の広がり──一つの記事だけの執筆者に注目して

上記のように区分しうる人々が『文教時報』に執筆していた。ここで索引を一覧すれば明らかなとおり、十本を超えるような多数の記事を執筆していた人々の一方で、一つの記事だけを執筆した人々が多くを占めていることも『文教時報』に関する特徴として見逃せない。前者は、前に言及した松田州弘や仲間智秀のように、特定の執筆者がいたことを示している。後者は、特定の課題に対して執筆、発言を求められた人が多かったことを物語っている。沖縄在住の学校教員のなかから一つの記事だけの執筆者をあげれば、へき地教育にかかわり自らの学校について執筆した、与那国中学校長の前新加太郎(「へき地における学校経営」、六〇号、一九五九年一一月、九巻)や、石垣島の川原小学校真栄里山分校主事の大浜用幸(「陸の孤島に生きる」、一一一号、一九六八年三月、一六巻)がいる。彼らは、『文教時報』においてこれを執筆したのみであった。さらに、学校教員以外にも、一つの記事だけを執筆した人々がいた。それらのうち何人かの職種や役割と論題とをあわせて例示し、『文教時報』の執筆者の広がりを指摘しよう。

まず、学校教育にかかわり、学校教員の立場にない人々が執筆していることが注目される。一八号、一九五七年一月(五巻)に掲載された「座談会　定時制高校を語る」では、真栄城正子など九名の定時制高校卒業者ならびに在学者が、その立場から定時制高校について語っていた。また、四七号、一九五八年一〇月(七巻)のように、しばしば児童生徒の作文や絵画などの作品が掲載されていた。さらに、六七号、一九六〇年六月(一〇巻)では、前述の教育指導委員の行なった指導について、石垣小学校ＰＴＡ会長の宮良高司などが感想、批評を執筆していた。くわえて、那覇区教育委員会栄養士の金城里子は、「座談会　学校給食十周年にちなんで」九一号、一九六四年一一月(一三巻)に参加し、発言していた。さらに児童福祉施設の立場からの学校への要望を寄稿したものもみられる。沖縄実務学園長の知名定亮は、「児童福祉施設の立場から教育界に要望する」七一号、一九六〇年一二月(一〇巻)を執筆しており、教護施設(現在でいうところの児童自立支援施設に相当)職員の立場から、施設に入所している児童生徒への配慮、要望を述べていたのであった。このように、児童生徒あるいは卒業生の立場から、また保護者の立場から、さらには児童福祉施設の立場、栄養士の立場などから、学校教育に関して執筆していた。

次に、卒業生を雇用する経営者の立場からの執筆者もいた。大阪の文房具店経営者で沖縄出身の二名を雇用していた岡田芳は、「両君への口ぐせ—雇用主として」五一号、一九五九年二月(七巻)を執筆し、そのなかでいつも諭しているという、誠実に働くことを述べるとともに、集団就職する卒業生を送り出す沖縄の学校教員たちに受け入れ先での仕事内容を研究するよう求めていた。また、沖縄経営者協会の新里次男は、スタンフォード大学の高瀬保との対談「沖縄の職業教育振興を願って」九三号、一九六五年二月(一三巻)において、経営者の立場から職場と学校とが職業人を育てるために連携することなどを要望していた。

これらは学校教育に関する成果や課題、さらには要望を述べるものであり、編集部局が企画を設定し、執筆を依頼したと考えて良い。それにより、主要な読者である学校教育関係者は、自らの課題等を学ぶことになったと思われる。

そして、それは学校教育にとどまらず、当然にも社会教育に及んでいた。このような観点から、執筆者の広がりとして最後に、社会教育関係者があげられる。前述したように、文教局社会教育課の執筆が多く見られるほかに、公民館、青年会などの関係者がその実践などを執筆していた。たとえば玉城村青年連合会副会長の当山美知子が文教局主催の第一八回社会教育総合研修大会で行なった実践発表が、「青年会活動を活発にするための部活動の強化について」と題して、一二四号、一九七一年六月（一八巻）に掲載されていた。

以上のように、『文教時報』には、文教局職員などの教育行政関係者、学校教員およびその指導にあたる招聘講師等が中核となる執筆者陣として位置づき、さらに保護者、児童福祉施設、経営者など、また社会教育関係者がその周辺に執筆者として広がっていたのであった。

V　総目次

[総目次・凡例]

一、本総目次は、通牒版、通常版、号外を刊行年月日順に、その後に別冊を号数順に配列することにより、復刻版の配列と一致する順序で掲載した。

二、原則として、各号に掲げられる目次からではなく、本文における表記および順序性に従って作成した。ただし、本文の題目や執筆者名の表記に誤りがあると考えられる場合や、底本に欠損がある場合など、各号に掲げられる目次に基づいて修正等を施した場合もある。これに伴い、復刻版には収録されていない記事が総目次に記載されている場合が一件(号外四号)生じている。なお、頁数等の明らかな誤記は修正した。

三、目次、奥付、欠損部位などは、いずれも割愛した。

四、各号の冒頭に、印刷日、発行日、特集名を可能な限り掲げた。なお、年月日の明らかな誤記は修正した。

五、各号の本文および目次に照らして、欄が設けられている場合、欄を「 」で示し、各記事を次の行から一字下げてその欄に属する記事であることを示した。また、欄の記事が続くなかにその欄に含まれない記事が置かれている場合、一字下げないことによって他の記事と差異化した。なお、欄の設定は各号ごとで異なるため、総目次においても一貫性を確保しがたいが、連載記事については、連載のすべてについて欄が設定されているものとして取り扱った。

六、写真を中心にして、そのキャプションないし短文が本文に掲載されている場合は、〈写真〉とし、そこに掲げられている写真の内容も示した。ただし、多数の写真が掲載されている場合には、一点一点の写真を掲げず一括した表記とした場合がある。なお、各号の目次において扉、グラビアとされている記事についても、〈写真〉とした。

七、本文に題目が記載されていない記事については、内容に照らして作成者が付し、《 》書きとした。

八、執筆者について、その肩書が明記されている場合、それも示した。その際、各府県への派遣教員の場合、沖縄での所属校と、その期間の派遣されている配属校の両者あるいは一方が記されている場合がある。両者が記されている場合、沖縄での所属校（その期間の配属校）と表記した。配属校のみが示されている場合には、丸カッコ内に配属校名を示した。

九、執筆者名が二文字以上のイニシャルで表記されている場合、イニシャルの間に中黒点を一律に付した。

一〇、掲載されている広告については掲げなかった。この広告のなかには、刊行物一覧や次号予告も含まれる。ただし、内容紹介を伴った図書紹介など、内容に即して記載した場合もある。

一一、本復刻付録1に収録したリーフレット『琉球の教育』『沖縄の教育』については、総目次の対象としなかった。

一二、読みやすさを優先させ、旧字体を新字体に、旧仮名を新仮名に改めて表記した。

一三、現在の観点からは明らかに不適切な用語も見られるが、歴史的用語としてそのまま収載した。

（作成・近藤健一郎、補助・藤澤健一）

通牒版一号
一九四六年二月二六日
《文教時報の性質》 1
教育機構 1
義務教育ノ実施 3
授業時数 4
軍事的国粋的教育訓練ニ就イテ 5
学用品 6
報告文書 8

通牒版二号
一九四六年一一月二〇日
新教育指針大要
はしがき 文教部 1
目次 2
第一部 前ぺん 新日本建設の根本問題 3

通牒版三号
一九四七年四月二二日
《学徒援護会より教育関係図書寄贈》
附録「合衆国遣日教育使節団報告書抜粋」

通牒版四号
一九四七年六月一七日
新教育指針大要（承前）
はしがき 文教部 1
第一部 後篇 新教育の重点 2

通牒版五号
一九四七年九月一日
新仮名遣と略字 1

通牒版六号
一九四七年一一月五日

新教育指針大要（承前）
はしがき　文教部　1
第二部　2

通牒版七号
一九四七年一二月
芸術としての教育　1
民主社会の児童生活　7

通牒版八号
一九五〇年二月
教育委員会規程　1
アメリカに於ける教育委員会と教育長制度　4

一号
一九五二年六月二〇日印刷
一九五二年六月三〇日発行
創刊号に寄せて　文教局長　奥田　愛正　1
図書紹介　木　宮　2
身辺雑記　豊平　良顕　3
宮古訪問雑感　指導主事　金城　順一　4
八重山訪問の感想　指導主事　大城真太郎　4
文教局機構表　5
《各課事務分掌表》　6
中央教育委員会概要　10
教育委員会について　学務課長　小波蔵政光　12
読書の方向　研究調査課長　比嘉　博　13
新学年に於ける算数・数学指導の準備　指導主事　比嘉　信光　14
交友関係の調査とその方法　研究調査課主事　安里　盛市　15
［研究報告］
学習不振児指導の機会とその具体的方法

本年度指導課指導目標設定の資料　研究調査課　18
教育の現況とその反省　指導課　19
一校一研究、一人一研究、一人一製作等の奨励について　21
図書紹介　初等教育課　22
編集後記　23

二号

一九五二年八月一〇日印刷
一九五二年八月二〇日発行

子供は大切にされているか　那覇地区教育長　真栄田義見　1
職業指導のためにどんな経営組織がほしいか　職業教育課主事　大庭　正一　3
知能検査の結果とその利用について　研究調査課　7
口をきかない子供　23
(埼玉県大宮市立大宮小学校)　福島　吉郎　14
[研究資料]
学校評価基準資料活用のための手引　研究調査課　18
学校評価基準資料の追加について　研究調査課　22
体育指導への希望　健康教育課主事　比嘉　徳政　23
研究教員便り　(横浜市北方小学校)　上原　実　24
徳之島訪問雑記　主事　守屋　徳良　24

三号

印刷日・発行日　不詳

巻頭言　三つの反省　指導課長　中山　興真　1
東京のこと　城前小学校　島袋　栄徳　3
夏の学校(小学校一年生)　奄美小学校　福山　功　6
[研究資料]
三年生単元「お魚」　久茂地小学校社会科研究部　17

夏休み実務訓練実施記録　宮古女子高等学校　19
先島教育管見　研究調査課主事　守屋　徳良　23
私の学級　伊良部小学校　国仲　恵彦　25
社会教育振興上の問題　金城　英浩　31
学校読書実態調査　文教局研究調査課　34
校長候補考査問題　学　務　課　37
一九五三年度校舎建築に就いて　施　設　課　41
便利な教育百貨店公民館について　社会教育主事　清村　英診　51
第二回琉球研究教員配置名簿　52
新教育は如何様にして生れたか　研究調査課　比嘉　博　54
編輯後記　56

四号

印刷日・発行日　不詳

就任のことば　文教局長　真栄田義見　1
高等学校入学考査の諸問題　文教局次長　小波蔵政光　3
入試問題作製経過　4
附録　高等学校入学試験問題　1
あとがき

五号

一九五三年六月二五日印刷
一九五三年六月三〇日発行

一九五三年度重点目標について　中央教育委員会　1
特集　本土の教育　沖縄の教育
座談会　研究教員の観た本土の教育
知念高等学校　山城　亀延
糸満小学校　長嶺　ハル
大道小学校　多嘉良行雄
糸満小学校　保久村昌伸
糸満中学校　宮里清四郎
宜野座中学校　知名　定善
西原中学校　平敷　静雄
大道小学校　松田　州弘

辺土名小学校　大城徳次郎
知念地区社会教育主事　山口　沢正
北中城中学校　安里　永誠
城北小学校　兼島朝太郎
具志川中学校　幸地　長弘
高良中学校　上勢頭　勇
大里中学校　石原　ヨシ
石川地区指導主事　島袋　栄徳
本部中学校　仲松　源光
伊豆味中学校　大城　盛吉
中城中学校　仲真　良盛
北部農林高等学校　玉城深次郎
首里中学校　平良　良信
与那城小学校　金城　フミ
知念高等学校　与那嶺仁助
古堅中学校　松田　盛康
文教局局長　真栄田義見
文教局次長　小波蔵政光
研究調査課長　比嘉　博
指導課、研究調査課各主事

司会・指導課長　中山　興真　3
新学年に臨む指導課の態勢　指導課　15
[学校訪問]
ことばの教育を通して―田場小学校研究会参観記　主事　守屋　徳良　18
誰のための先生となるか―政治と経済と教育　山形県山元中学校教諭　無着　成恭　22
座談会　沖縄の教育を語る―小見山教授を囲んで
司会・東京教育大学教授　小見山栄一
文教局次長　小波蔵政光
文教局指導課長　中山　興真
那覇地区指導主事　砂辺　正孝
首里中学校長　真栄城朝教
那覇中学校教諭　国吉　順質
沖縄教職員会事務局長　新里　清篤　24
旧教育三態　N・M　29
育英事業雑記　琉球育英会副会長　島袋　全幸　30
[講演要旨]
新教育に魂を入れるもの　京都大学教育学部長　文学博士　下程　勇吉　31

投稿歓迎 34
沖縄の鼠 S・A 34
良書の紹介 35
[調査報告]
学校におけるカリキュラムの構成について
研究調査課主事(静岡県安東小学校) 平良 仁永 36
一九五三年度年間事業計画予定表 48
局内人事 53
中央教育委員紹介 53
編集後記 安 里 53
百万人の合唱 沖縄行進曲
友寄景勝(作詞)/金井喜久子(作曲) 54
百万人の合唱 沖縄行進曲
中地弘英(作詞)/金井喜久子(作曲) 55

六号

一九五三年八月二七日印刷
一九五三年八月三一日発行

アルバイトの子供達を想うて
文教局長 真栄田義見
女教師の皆様へ
中央教育委員 照屋 秀 1
座談会 教育の諸問題について—梅根教授を
かこんで
東京教育大学教授 梅根 悟
文教局長 真栄田義見
司会・指導課長 中山 興真
研究調査課長 栄 忠哉
指導課全主事、研究調査課全主事 3
夏休みの理科学習とその処理
指導主事 金城 順一 12
じょろうぐも(小学校低学年作文集)
守屋 徳良 19
[随想]
お早うございます
人事委員 元奄美連教組長 美原 秋穂 20
子供スケッチ あさともり一 21
アメリカの社会教育を視て 金城 英浩 24
村おこし運動の母胎—公民館の歩み
社会教育課 27
学校図書館運動の振興—豊川小学校の場合と

今後の問題　指導課主事　永山政三郎　34
天文教材の取扱いについて　研究調査課　安谷屋玄信　38
国語指導の反省　首里高等学校　赤嶺　亀三　41
工業教育の目標について　指導主事　大庭　正一　44
座談会　教育評価について—小見山、長島両先生を囲んで
東京教育大学助教授　小見山栄一
東京教育大学助教授　長島　貞夫
文教局長　真栄田義見
文教局次長　小波蔵政光
司会・指導課長　中山　興真
研究調査課長　栄　忠哉
指導課全主事、研究調査課全主事　49
躍進する八重山教育界の展望　指導主事　西平　秀毅　54
良書紹介　57
「琉球の歴史」について　仲原　善忠　59
原稿募集　59
関東地区初等教育研究会に参加して—社会科の問題点　(静岡市立安東小学校)　平良　仁永　65
就任のあいさつ　研究調査課長　栄　忠哉　74
あいさつに代えて　施設課長　喜久山添采　75
中央教育委員会々議録抄　76
一九五四学年度高等学校入学者選抜の方法に対する助言　中央教育委員会　77
編輯後記　S・A　生　78

七号

一九五四年二月一三日印刷
一九五四年二月一五日発行

特集　作文教育
巻頭言　文教局長　真栄田義見　1
人間育成の作文観　豊平　良顕　4
作文教育への考察　船越小学校長　新垣　庸一　9
作文の時間と作文の教室　新屋敷幸繁　12
作文教育の実態とその盲点　阿波根朝松　14
作文について　琉大助教授　嘉味田宗栄　16
作文指導の基盤　文教局指導主事　伊礼　茂

［随筆］
句作の道芝　那覇高校教諭　数田　雨条　20
私の作文指導の一端　美東小学校　神村　芳子　22
［文部省初等教育資料］
学校の作文　東京教育大学文学部長　福原麟太郎　24
作文指導の動向　石森　延男　25
ぐみの木のある原っぱ―低学年の作文教室
秋田県仙北郡六郷小学校長　福田　恭三　29
教科書と関連した作文の指導―中学年の作文教室　東京教育大学附属小学校　森下　巌　31
わたしは作文をこのように書かせこのように処理した―高学年の作文教室
東京都杉並区立杉並第七小学校教諭　吉田　友治　34
作文カリキュラム試案（六年）
大道小学校　赤嶺　康子　36
創作の舞台裏―「流れる銀河」をめぐつて
大城　立裕　42
中央教育委員会だより　45
文教審議会だより　46
編輯後記　46

おすすめしたい図書

八号

一九五四年三月一三日印刷
一九五四年三月一五日発行

特集　産業教育
一つの声　岡山大学教育学部　坂元彦太郎
問題の子等を訪ねて　指導課長　中山　興真　1
［産業教育特集］
産業教育優先を何故叫ぶ？
文教審議会委員　亀川　正東　3
産業教育計画について―文教審議委員会議事録より　5
産業教育振興に関する答申　文教審議会　7
アメリカ農業教育記　琉球大学　島袋　俊一　12
職業教育について　文教局指導課　山内　繁茂　16
中学校職業、家庭科について―宮原誠一先生講演内容　27
北農の取組んでいる問題

本校の農業クラブの活動　北部農林高等学校　仲田　豊順　32
本島内にある茶園の酸度検定について　農業クラブ会長三年　比嘉　英俊　33
　工芸作物研修会員　34
タマナの腋芽苗の利用について　第三学年　神谷　諄二　35
気象概況報告　気象研究会　36
私のホームプロジェクト　三年　知念　文保　37
学習指導について　指導課　大庭　正一　39
これからの食生活　胡差中校　喜屋武みつ　40
家庭生活指導の取扱い(四年)　与那城小学校　安里　芳子　42
中学校職業・家庭科及び職業指導施設の基準　文部省初等中等教育局　44
教育学研究の方法　琉大助教授　安里　彦紀　46
座談会　本土教育の状況と沖縄教育に望むもの―第三回研究教員を囲んで
　司会　中山　興真
　名護中校　岸本　幸二
　金武中校　奥間　松蔵
　本部小校　中村　正己
　石川中校　比嘉　静
　与那原中校　富川はる子
　真壁小校　山城　正助
　真和志中校　屋良　朝惟
　首里中校　宮里　朝光
　壺屋小校　友寄　隆徳
　コザ中校　中根　正治
　文教局　平良　仁永
　文教局指導課、研究調査課各主事　47
赤いペンと教師　北谷中校教諭　金城　文子　55
私のあゆむ作文教育　大道小学校教諭　赤嶺　康子　58
一九五四年度校舎建築割当方針　施設課　65
局内人事異動　70
文教時報原稿募集　70

九号

一九五四年六月二五日印刷（奥付のママ）
一九五四年六月一五日発行（奥付のママ）

［主張］
突つこみの深い問題解決学習を　K
小、中学校学力水準の実態―一九五四年三月調査　研究調査課　1
学力水準調査を終えて　研究調査課　知念　繁　49
座談会　研究教員の見た本土の教育―第四回研究教員を囲んで
北谷中学校（東京都台東区下谷中学校）　宮里　朝吉
金武小学校　伊芸　ヨシ
首里中学校（埼玉県浦和市立仲町小学校）　照屋　寛功
文教局　中山　重信
玉城中学校（千葉県銚子市清水小学校）　喜名　盛敏
上田小学校（静岡県熱海市立第一小学校）　比嘉松五郎
大里中学校（静岡県浜松市中部中学校）　与那嶺善一
嘉数中学校（長野県長野市立西部中学校）　崎間　義郷
知念小学校　具志堅三重
稲田小学校（名古屋市立白金小学校）　渡久地　繁
文教局指導課長　中山　興真
学務課長、文教局指導課、研究調査課各主事
那覇地区教育長　阿波根朝松　50
基準教育課程（小学校）について　54
英語学習指導の実際を訪ねて　永山政三郎　55
辺土名地区教育懇談会より　61
おすすめしたい図書　63
本校の視聴覚教育の歩み　平良第一小学校　64
一年生の図画指導　美東小学校　笠井美智子　84
静岡の友達を迎えて―名護における交歓会
名護における交歓会をみて　研究調査課　86
新潟市雑感―研究教員のメモ　研究調査課　与那嶺　進　88
（新潟市立二葉中学校）　富名腰義幸　89
［研究教員だより］
熊本の職業高校をみて
熊本農業高校　石垣　長三　91
社会科の指導計画に関する資料―初等教育資

料より　同　仲井間八重子 92
文教時報原稿募集 95
編輯後記 95

一〇号

一九五四年九月一〇日印刷
一九五四年九月一三日発行

特集　運動会
[主張]
楽しい運動会を　望ましい運動会の運営　指導課　屋部　和則 1
新しい運動会の在り方　沖縄教職員会事務局次長　喜屋武真栄 6
座談会　反省期に立つ運動会
指導課長　中山　興真
首里中学校長　真栄城朝教
大道小学校長　中里　喜俊
那覇地区社教主事　赤嶺　貞義
那覇地区教育委員　又吉　嘉栄
指導課、研究調査課各主事 11
特別教育活動としての運動会の運営　指導課　安里　盛市 15
最近の運動会傾向　指導課主事　与那嶺仁助 21
座談会　運動会をめぐる諸問題
司会・琉球大学　小橋川　寛
琉球大学　新里　紹正
文教局　与那嶺仁助
首里高等学校　石川　逢英
工業高等学校　玉城　幸男
首里高等学校　平仲　孝栄
知念高等学校　花城　清功
仲西中学校　佐川　正二
宮古伊良部中学校　川満　恵元
西原中学校　石原　佑哲
北山高等学校　仲里マサエ
読谷高等学校　伊波　邦子
古堅中学校　大湾　芳子
楚辺小学校　大田　一夫

真和志中学校　東江　慶雄
同　宮城　治男
那覇高等学校　富原加代子
首里中学校　新垣　久子　25
運動会の企画と実践—我が校の企画
中城中学校教諭　知念　清　30
運動会に感多し　指導課　中山　興真　34
運動会のダンス指導について　古堅中学校　大湾　芳子　37
運動会雑感　与那原小学校　安谷屋　勇　39
学校身体検査統計について(一九五四年度)　学務課　謝花　喜俊　41
私のおすすめしたい本—体育関係図書紹介　指導課　与那嶺仁助　47
編輯後記　K　47

一一号

一九五四年一二月一五日印刷
一九五四年一二月二〇日発行

研究教員を迎えて思うこと　指導課長　中山　興真　2
第五回研究教員座談会
小禄中校　高良　弘英
那覇高校　世嘉良　栄
開南小校　登川　正雄
大道小校　上地　安呈
真和志小校　前城　仁幹
糸満中校　宮平　正春
南農高校　石垣　長三
古堅中校　松田　正精
野嵩高校　比嘉　篤仁
具志川中校　田場　盛徳
南原中校　親田　勇
山田中校　比嘉　昇一
石川中校　島袋ハル子
宜野座高校　仲地　清雄
名護高校　比嘉　良子
天底小校　運天　政宏
名護中校　富名腰義幸
本部中校　名城　久男

津波中校　金城　祥栄
久米島高校　安村　昌雄
具志川中校　嘉手苅喜朝
多良間小校　大山　春翠
石垣小校　宮良　芳
登野城小校　新崎　善仁
竹富中校　前新　透
南風原中校　中村　栄助
知念中校　屋我　嗣幸
玉城小校　比嘉　敏子
伊良部小校　福里　秀雄
西辺中校　仲間　哲雄　4
英語学習指導への一つの提言　指導課主事　永山政三郎　10
日本講師団を迎えて
教員の養成　文部省視学官　上野芳太郎　15
環境を整える　横浜国立大学　鈴木　清　16
教師の自己研修　東京教育大学　井坂　行男　17
教育成果の責任者は　横浜国立大学　橋本　重治　18
幼児教育と科学的教育技術　大阪市立大学　大西　憲明　19
教職員が思い切って研究できるように　奈良学芸大学　上田　敏見　20
総合的研究組織を　福井大学　安丸　一郎　20
精神的安定感を　横浜国立大学　金井　達蔵　21
イデオロギーに対する無関心　広島大学　上代　晃　21
劣等感をなくせよ　愛知学芸大学　種橋　正徳　22
指導者養成と社会教育の徹底　茨城大学　岡山　超　23
沖縄の青年に希望を与えよ　大阪学芸大学　都留　宏　23
沖縄の畑には草がはえている　東北大学　村瀬　隆二　24
青年教師資質の向上をはかれ　広島大学　新堀　通世　25
私の俳句指導　伊江中学校　内間　武義　27
一九五四年度　高等学校入学試験の結果をみる　研究調査課主事　与那嶺　進　31

高等学校入学者選抜方法研究会を終えて　研究調査課　38
余談　耳垂い馬—教育長研修会　知　念　40
推薦図書　41

一二号

一九五五年一月二五日印刷
一九五五年一月三一日発行

特集　長期欠席児童生徒の実態
〈写真〉よい校舎
《校舎に関する短歌》　俊　成　迂　士
年頭の辞　文教局長　真栄田義見　1
就任にあたって　研究調査課長　比嘉　信光　2
長期欠席児童生徒の実態　研究調査課　3
おすすめしたい図書　8
長欠児の実態とその対策　胡差地区訪問教師　山田　朝良　9
長欠児を訪ねて　那覇地区訪問教師　宮城　仁吉　12
カウンセリングの悩み　前原地区訪問教師　幸地　長弘　13
［学校紹介］
辺土名地区　人間形成をめざし地域の課題と取りくむ生産教育の実態　喜如嘉小中学校　大庭　正一　15
よい校舎　文教局施設課主事　端山　敏輝　23
西日本初等中等教育研究集会に参加して　指導主事　安里　盛市　26
おすすめしたい図書　32
［抜粋］
Kは「悪い子」じゃない—非行児ならざる非行児の指導記録　下館市立第一中学校教諭　宮本　三郎　33
日本教育大学協会第三部会編著『教育実習の手引』より　38
研究教員を迎えて思うこと（つづき）　指導課長　中山　興真　46
投稿案内　50
［学校めぐり］
久米島に拾う　指導主事　金城　順一　51

〈写真〉工夫すれば廃品も教具となる　52
中央教員委員会々議概況（自一九五四年一月
　至一九五四年一二月）　53
琉球育英会だより（一）　53
各課だより　研究調査課　55
編集後記　K・T　55

一三号

一九五五年二月一八日印刷
一九五五年三月七日発行

特集　特殊児童生徒の実態
〈写真〉崇元寺の石門
大浜信泉先生早大総長就任を祝う「祝辞」
　行政主席　比嘉　秀平　1
あいさつ　早大総長　大浜　信泉　2
へき地教育について（講演要旨）
　文部事務官　山川　武正　4
故郷へ帰って　文部事務官　山川　武正　6
［特殊教育］
特殊児童生徒調査に際して
　研究調査課長　比嘉　信光　8
盲ろう教育の目標　盲ろう学校長　又吉　康福　15
沖縄盲ろう学園　沖縄盲ろう学校案内　16
短歌—折にふれて　又吉　康福　17
ろう部の青い眼のモーリン先生　17
眼の衛生　医師　石川　敏夫　18
ろう児の取扱いに就いて
　盲ろう学校教諭　勝連シズ子　19
N子さんを詠む　盲ろう学校教諭　池　蓮子　20
ろうの子等と　盲ろう学校教諭　池　蓮子　20
盲ろう教育の困難性　20
不遇な我が子のために
　玉城小学校教諭　比嘉　敏子　21
「児童はどのように守られているか」
　K・T　生　22
［追悼］
志喜屋先生の思い出　琉大助教授　中今　信　23
誠意の人　毎日新聞沖縄通信部記者　池宮城秀意　24
追憶二題　琉球育英会副会長　島袋　全幸　25

[社会教育]
社会教育振興上の諸問題　社会教育課長　金城　英浩　26
よい教育環境はまず公民館をつくることから　社会教育主事　清村　英診　30
P・T・Aはどのように活動しているか　社会教育主事　山元芙美子　31
社会教育課便り　親泊　生　36
教研大会を省みて　沖縄教職員会教文部長　喜屋武真栄　38
小学校学習指導要領体育科編改訂の方向　指導主事　与那嶺仁助　41
最近における学校体育の諸問題—その解決をめざして(其二)　指導主事　与那嶺仁助　42
[研究]
生いもで回虫駆除が出来るか　宮古地区　久松小学校　45
遅れた子と進んだ子の作文指導　名護地区稲田小学校　渡口　繁　49
新年ほか詩六篇　六年　山城　房子
金城　孝子
松川　順子
玉城　盛義　51
一人一人の子供を伸ばす教育—宜野座小学校発表会参観記　指導主事　桑江　良善　53
[抜粋]
改善された高校　教育課程審議会の答申　56
教科以外の活動の計画と指導—文部省初等教育パンフレットより　61
[学校めぐり]
へき地の子等を訪ねて(その一)　指導主事　金城　順一　68
[随筆]
茶飯事　那覇高校教諭　数田　雨条　71
琉球育英会だより(二)　72
あとがき　K・T生　74
投稿案内　74
図書紹介

一四号

一九五五年四月一日印刷
一九五五年四月一五日発行

特集　知能検査
〈写真〉園比屋武お嶽石門
温い手をのべよう　文教局長　真栄田義見　1
児童相談所と欠席児童について　中央児童相談所長　外間　宏栄　2
入学試験の存廃について　那覇地区教育長　阿波根朝松　4
[知能検査]
知能検査の発表に際して　研究調査課長　比嘉　信光　5
知能検査の結果はどうあらわれたか　研究調査課　6
[研究]
本校の飼育部経営の実際　羽地中校教諭　新島　俊夫　20
[詩]
放課後　中城中校　小渡　康慶　21
[研究]
私の読書指導　新城小学校教諭　当原　しげ　24
一年生の作文指導の歩み　美里小学校教諭　石川　哲子　26
文化財保護強調運動を回顧して　社会教育主事　玉木　芳雄　30
全国婦人教育指導者会議に参加して　社会教育主事　嶺井百合子　33
最近における学校体育の諸問題—その解決をめざして（其二）　指導主事　与那嶺仁助　37
スポーツの正常化　社会教育主事　屋良　朝晴　41
[抜粋]
環境論を越えて　山口大学教育学部長　玖村　敏雄　42
国語学習における教師の発問法　宮崎大附小教官　川添　孝行　43
教育評価と記録　東京教育大学助教授　小見山栄一　46
教科以外の活動の計画と指導（其の二）—文

部省初等教育パンフレットより 49
［学校めぐり］
へき地の子等を訪ねて（その二）
指導主事　金城　順一 55
［詩］
幸の門出に（卒業生を送る）　比嘉　俊成 59
琉球育英会だより（三） 60
［研究調査課だより］
歴史資料収集についてお願い 62
中学校基準教育課程の配布について 63
教育要覧の編集を完了す 63
あとがき　K・T　生 64
投稿案内 64
おすすめしたい図書

一五号

一九五五年六月四日印刷
一九五五年六月二四日発行

〈写真〉今帰仁街道の琉球松並木、福嶺中学校

特別教育活動
見たいもの、見たくないもの
文教局次長　小波蔵政光 1
通知票のあり方―相対的評価と絶対的評価について
琉球大学講師　赤嶺　利男 2
座談会　本土の教育を語る
司会・指導課長　中山　興真
美東中（豊島区立高田中学校）　当真　正典
胡差中（静岡県沼津第一中学校）　高良　甚徳
金武中（東京台東区下谷中学校）　安富祖安江
上之山中（大阪桜の宮中学校）　与那嶺典全
嘉手納良徳
嘉手納良一
占堅中校（千葉県末広中学校）　松田　正精
石垣中（東京教育大学附属中学校）　大堂　安清
与那城中校（神奈川県鵠沼中学校）　比嘉　栄吉
開南小（埼玉県所沢小学校）　登川　正雄
首里中（静岡市立伊東中学校）　上江洲安雄
北山高校（奈良県丹波市中学校）　黒島　直太 6
高等学校入学選抜に関する統計（一九五五年度）

本地区の教育計画案　研究調査課　11
水無月のできごと　知念地区教育長　平田　善吉　16
[新学年度の抱負をきく!!]　17
「あら、おい」の呼び方をなくしたい　奥間小学校長　知花　高信　18
本年度の努力目標と計画について　北山高等学校長　田港　朝明　18
本年度の努力点　伊豆味小学校長　島袋　喜厚　19
私達の抱負　真和志市安謝小中学校　20
一日のコースを完全に　屋部中学校長　喜納　政明　21
学校経営の本年度の抱負　中城中学校長　東恩納徳友　21
学校経営の抱負　名護小学校長　岸本　貞清　22
へき地の子等のために　久高小中学校長　吉元　仙永　22
望ましい方向に　佐敷中学校長　渡名喜元尊　23
そうありたいとすすめている事　美東中学校長　宮里　信栄　24
強！正！美！　与那原小学校長　吉田　安哲　24
[研究]
学校に於ける話し言葉の指導と今後の計画について　与那城中学校教諭　上地　安宣　25
一年の算数指導について　美東小学校　神村　芳子　28
[学校めぐり]
特別教育活動の成果—福嶺中学校参観記　指導主事　安里　盛市　31
八重山の印象　指導主事　西平　秀毅　35
本校校内放送の立場　登野城小学校　36
紙芝居を利用した社会科学習　黒島　廉智　40
教育三考　久米島具志川中学校長　仲間　智秀　41
[抜粋]
新学校経営論　東京教育大学教授　石　三次郎　42
遊びとしつけと体育　東京教育大学附小教頭　中田豊太郎　45
教科以外の活動の計画と指導（その三）—文部省初等教育パンフレットより　47

高等学校の農業に関する「教育課程改訂」について　51
［随想］
視聴覚教育あれこれ　社会教育主事　慶世村英診　55
病床に苦しむ人々に寄す　勝連小中学校長　東門　松永　57
琉球育英会だより(四)　58
学務課あれこれ話　学務課主事　佐久本嗣善　63
投稿案内　64
あとがき　K・T　64
文教時報のあゆみ　65

一六号

一九五五年八月一八日印刷
一九五五年八月三〇日発行

〈写真〉史跡中城々址、一九五五年夏季講座に来島の本土講師団、沖縄水産高等学校
琉球の水産経営と学校の立場　山口　寛三　1
一九五六会計年度文教予算について　研究調査課　7
［社会教育］
本年度の社会教育計画　社会教育課長　金城　英浩　12
混血児調査　文教局研究調査課　14
一九五五年琉球大学夏季講座地区別受講者数　19
本土講師団を囲む教育懇談会　20
健康優良児の審査をおえて　謝花　喜俊　24
［研究］
本校に於ける教育評価の実際　宮古高等学校　27
［詩］
真を求めて―首里高校　養秀文芸より　宮沢優美子　32
［研究］
私の学習計画　開南小学校教諭　嶺井　政子　33
さて、あなたの座標は？　久米島地区社会教育主事　宮里　正光　36
［社会教育］
青年学級の問題点　社会教育主事　大宜味朝恒　38

［抜粋］
学校体育におけるスポーツの地位―特に対外競技について　東京大学教授　加藤　橘夫　40
私の学級経営―〃心のポスト〃の実施　栃木県塩谷郡大宮村立大宮小学校　手塚　幸由　43
教科以外の活動の計画と指導（その四）―文部省初等教育パンフレットより　45
［回顧］
戦後の学校つくり―我校を中心として　真和志中学校長　比嘉　俊成　51
研究調査課たより
あとがき　K・T

一七号

一九五五年九月二一日印刷
一九五五年九月三〇日発行

〈写真〉久米島の古陶器、夏季施設の学習成果、地域社会の施設と直結する水産高等学校
水産高等学校における教育課程　水産高等学校教諭　玉城　盛正　1
諸標準検査の学習指導への利用　研究調査課　15
経済振興第一次五ヶ年計画に対する教育のあり方　夏期講習（教育課程）研究グループ第一班　20
［研究］
図工科教育について　真和志区楚辺小学校　23
子供はどう導けばよいか！　石垣中学校教諭　大堂　安清　28
〈写真〉天然記念物のぐちげら　29
［民俗行事］
「いざいほう」と「しぬぐ」について　社会教育主事　玉木　芳雄　30
学力水準調査の結果にみる算数の問題点（小学校の部）　指導主事　桑江　良喜　34
夏季施設の反省から　真和志中学校　T・H生　35
美人の位置　桑江生　36
鎖夏展をかえりみて　那覇中学校　37
［抜粋］
近代学習の立場―教育福岡より

京都大学教育学部教授 文学博士　下程　勇吉　38
教科以外の活動の計画と指導（その五）─文部省初等教育パンフレットより　51
本土出張余録　島袋　全幸　55
中央教育委員会だより　57
推せん図書「沖縄の地位」　59
あとがき　K・T　59
投稿案内　59
日本本土における高校入学選抜方法─文部省編「日本教育のしくみ」より　60

一八号

一九五五年一〇月八日印刷
一九五五年一〇月三一日発行

〈写真〉古染付鹿絵皿、楽しい運動会風景！
一九五六学年度高等学校入学者選抜法改善の趣旨　研究調査課長　比嘉　信光　1
文教審議会答申─高等学校入学選抜方法の改善について　2
一九五六学年度高等学校入学者選抜要項　中央教育委員会　3
教育測定調査委員会規程　中央教育委員会　7
小学校社会科に於ける地理的指導について　指導主事　西平　秀毅　8
沖縄水産高校における漁撈航海科のカリキュラムについて　水産高校教諭　西島本信昇　13
［研究］
体育科教育の課題　与那原小学校　大城　道吉　21
運動会の反省　金武中学校教諭　新里　清　33
［抜粋］
高等学校社会科の改訂について　教材等調査研究会高等学校社会科小委員会中間発表　36
純潔教育について　社会教育主事　山元芙美子　47
新教育と教育新語　久米島具志川中学校長　仲間　智秀　49
あとがき　50

一九号

一九五五年一一月二八日印刷
一九五五年一二月一〇日発行

〈写真〉崇元寺門前の下馬碑
[本土における改訂教育課程の解説]
高等学校教育課程の改善―『文部時報』昭和三〇年三月号より　文部省中等教育課長　杉江　清　1
高等学校教育課程の改善について　いわゆるコース制の採用について―『中等教育資料』昭和三〇年二月号より　文部省中等教育課長　杉江　清　6
高等学校の改訂教育課程実施上の問題点―『中等教育資料』昭和三〇年五月号より　中等教育課　15
都道府県指導部課長会議における協議事項　23
[本土派遣教員報告記―その二]
小学校における作文指導の計画について　金武小学校　池原　弘　28
本土教育の現況　宜野湾中学校　普天間朝英　31
奈良より帰って　那覇市上山中学校　与儀　利夫　33
研究報告発表内容　屋部中学校　中村　秀雄　35
国語水準調査雑感（一）―文法指導を　指導主事　伊礼　茂　38
一九五四学年度卒業生動向調　学　務　課　42
[研究]
生徒の計算技能の向上を図るにはどうすればよいか　前原地区与那城中学校　比嘉　栄吉　43
歌で育てる私の人間像　久米島具志川中学校　仲間　智秀　45
生活指導偶感　指導主事　安里　盛市　47
校舎建築現況　施　設　課　49
現在生徒数を国勢調査の数に補正した生徒数　学　務　課
投稿案内

二〇号

一九五五年一二月二九日印刷
一九五六年一月一四日発行

特集　長欠児童生徒調査
年頭にあたって　真栄田義見　1
年賀状の快味　指導課長　中山　興真　2
教員と正月　比嘉　俊成　3
[調査]
長欠児童生徒調査―一九五五年九月二十日現在　文教局研究調査課　4
[本土派遣教員報告記―その二]
本土におけるガイダンスの実践―沖縄教育に如何に生かすか　沖縄名護地区伊江村伊江中学校(静岡県浜松市立北部中学校)　内間　武義　15
職業家庭科について　具志川中校教諭　当山　正男　26
特別教育活動について　照屋　忠英　30
教育調査を手がけて　福里　文夫　35
正月のことば　37
[抜粋]
経験と指導　京都大学教育学部教授　倉石　一精　38
沖縄水産高等学校における製造養殖科の教育課程について　水産高校教諭　東江　幸蔵　42
社会科教室　51
人事案内　52
研究調査課だより　52
あとがき　K・T生　52
投稿案内　52
文部省機構図

二一号

一九五六年一月二五日印刷
一九五六年二月一三日発行

特集　特殊児童生徒の調査
〈写真〉南蛮唐草張付半胴かめ
知能検査に関する考察二題

能力差に応ずる学習指導法　琉球大学教育学部　教授　与那嶺松助　助手　東江　康治　1
進路指導はどう行なわれていたか　（広島県尾道市立長江中学校）　名嘉　正哲　12
体育科の学習評価　羽地中学校教諭（愛知県一宮南部中学校）　金城　信光　17
子ども銀行のあり方―教育活動の一環として　前田　真一　19
私の学級経営　指導主事　安里　盛市　29
新教育をはばむ一面　川崎小学校教諭　安里　ヨシ　31
強い信念　久米島具志川中学校長　仲間　智秀　33
［抜粋］　大道小学校五年六組　翁長　和枝　35
指導要録の改訂　初等中等教育局視学官　大島　文義　36
ジュースの味　大阪府教育研究所　森田長一郎　46
診断座席表によせて　研究調査課　K・T　生　48
［調査］
特殊児童生徒の実態　研究調査課　52
人事案内
あとがき　T・K　生

二二号

一九五六年三月一〇日印刷
一九五六年三月一五日発行

〈写真〉英祖王の石棺
沖縄水産高校における機関科の教育課程について　具志堅松一　1
入試選抜法改正をこう迎えた　久米島具志川中学校　仲間　智秀　11
［研究教員報告記―その四］
国語教育について　（静岡県清水市立第一中学校）　普天間朝英　12
六ヶ月の経過を顧みて　（東京目黒第一中学校）　新垣　久子　27
［研究　沖縄学校農業クラブ大会］
ホーム・プロジェクトとして花やさいの栽培

北部農林高等学校三年生　真栄田啓史　31
協同プロジェクトによる荒蕪地解消と甘蔗の増収について
南部農林高等学校三年生　井口　康一　33
ふ卵器の製作と育ヒナについて
宮古農林高等学校畜産科二年　嘉味田　実　35
第六回全国農業クラブ大会に参加して
北農高校（三年生）　徳本　行雄　37
[抜粋]
算数教育における暗算の位置
島根大学教育学部付属小学校教諭　浜田　正矩　39
児童読物のゆくえ―特に児童雑誌とこどもの現状分析から
東京都立教育研究所員　中山　桂一　41
正常分布と五段階評点法ものがたり
練馬区大泉中学校　私次　庄一　46
卒業式と入学式
久米島具志川中学校　仲間　智秀　49
校地計画について
施設課主事　中山　重信　54
中央教育委員会だより　62

指導要録記入のための関係図書
投稿案内

二三号

一九五六年四月一一日印刷
一九五六年四月二三日発行

〈写真〉龍潭池、子供博物館
指導要録改訂要領　1
問題児の診断と指導
前原地区具志川中学校　幸地　長弘　8
子供博物館によせて
沖縄ＰＴＡ連合会子供博物館事務局長　安村　良旦　27
紀年の取扱と歴史教育
那覇高等学校教諭　饒平名浩太郎　30
[研究]
特別教育活動として
奥間　信一　32
文字力を伸すには
船越小学校教諭一年担任　川崎　ゆき　49

理科教育について　読谷中学校教諭　新崎　盛繁　51
[抜粋]
改訂指導要録と評価　教育研究所主事　小河　正介　53
古い卵と新しい卵　社会教育課長　木本　喜一　55
校外補導と親たちの気構えについて　福光町立北山田小学校ＰＴＡ　荒井美蔦香　56
中央教育委員会だより　60
人事異動
投稿案内

二四号
一九五六年五月二〇日印刷
一九五六年五月三一日発行

〈写真〉天然記念物しまちすじのり
三度びっくり　文教局次長　小波蔵政光　1
中学校ホーム・ルームに於ける教育測定と教育診断　壷屋小学校教諭　名嘉　喜信　2

平敷屋事件の背後にあるもの　那覇高校教諭　饒平名浩太郎　21
新生活運動要綱　25
[抜粋]
教研式学力知能検査―知能・学力検査の結果の解釈　27
教研式学年別知能検査の特色―なぜ学年別が必要か　32
教研式学力知能検査―標準検査の結果はどのように利用すべきか　32
改訂児童指導要録の解説　38
中央教育委員会だより　51

二五号
一九五六年六月二三日印刷
一九五六年六月三〇日発行

特集　教育施設
かえりみて　文教局長　真栄田義見　1
戦後十年

百名小学校 2
宮森小学校 5
久茂地小学校 6
大道小学校 8
糸満小学校 10
小禄小学校 11
石垣小学校 12
真和志小学校 14
与那原小学校 15
辺土名小学校 16
大浜小学校 17
白保中学校 17
喜如嘉中学校 18
中城中学校 20
大里中学校 21
名護中学校 22
西城中学校 24
那覇高等学校 25
野嵩高等学校 28
宮古水産高等学校 30
工業高等学校 32
商業高等学校 34
中部農林高等学校 36

二六号

一九五六年九月二〇日印刷
一九五六年九月二八日発行

〈写真〉運動会
新学期によせて―自信ある目標と確実な実践 指導課長 中山 興真 1
産業教育振興計画に関する答申 文教審議会 2
夏休みの想出 与那原小学校六A 辺土名邦子 4
道徳教育の反省とその測定評価実施の難点 真和志中校長 比嘉 俊成 5
琉球における青少年不良化の防止対策―琉大心理学クラブ機関誌より 政井 平進 8
沖縄の理科教育 真壁小校教諭（千葉県派遣研究教員） 譜久里広徳 13
かごしまにいったこと

よなばる小がっこう二A　城間　成美　15
座談会　夏季講習―招聘本土講師を囲む
長崎大教授　沢　英久
東京教育大助教授　榊原　清
大阪学芸大助教授　大西　佐一
東京教育大教授　中野　佐三
京都学芸大教授　四方　実一
福岡学芸大助教授　徳永　至
お茶の水女子大助教授　津守　真
一橋大教授　多田　鉄雄
広島大助教授　佐藤　正夫
鹿児島大助教授　篠原　優
東京学芸大助教授　小栗　弘
横浜国立大教授　宮城　栄昌
横浜市立大教授　鮎沢信太郎
戸板女子短大講師　沢口　美穂
お茶の水女子大講師　林　雅子
文部省事務官　水口　統夫
熊本大教授　木場　一夫
東京学芸大助教授　小島喜久寿　16
一九五六年夏期大学講座招聘講師名　20
あなたは保守的か？進歩的か？　20
[特集　賞罰のあり方(抜粋)―文部省初等教育課編集〃初等教育資料〃より]
賞罰行使上の問題点
九州大学教育学部教授　原　俊之　21
賞罰の心理　広島大学教育学部教授　三好　稔　24
沖縄の子守歌　27
指導事例　しかり方、ほめ方の反省―低学年
東京都世田谷区立東大原小学校教諭　望月　稔　28
指導事例　しかり方のくふう―中学年
お茶の水女子大学付属小学校教諭　宮崎　幸子　30
指導事例　しかり方、ほめ方の調査―高学年
長野県伊那小学校教諭　下島　節　33
あなたは保守的か？進歩的か？―解答によせて
研究調査課主事　名城　嗣明　36
バスの窓から―アルバイトの記
首里高校三年　上原　忠治　37
産業教育シリーズ(其の一)―醸造業の巻　38
著書紹介

あとがき　S・N 生

二七号

一九五六年一二月一八日印刷
一九五六年一二月二三日発行

教育予算について　文教局庶務課長　金城 英浩　1
道徳教育の問題　饒平名浩太郎　3
石油豆知識　10
運動会の反省と実際　南風原小校教諭　大城 道吉　11
精神薄弱児を主体とする特殊教育　前原地区具志川中学校　横田 裕之　17
夏季講習を省みて　琉大教育学部講師　文沢 義永　21
英語教育雑感─現場教師の悩みを通して　首里中校教諭　平良 信良　23
［抜粋］
生活指導の領域における課題　教育大学教授　山田 栄　27
同音の漢字による書きかえ　29
学校図書館のあらまし　東恩納徳友　31
台風を潜って─第六回課題展を了えて　真和志中学校長　比嘉 俊成　34
［随筆］
思い出の旅日記　首里高校三年　儀間 節子　37
陸の河童─首里中学校水泳部紹介　首里中校教諭　新垣 侑　38
一九五七年度文教局年間行事計画　中央教育委員会　39
産業教育シリーズ（其の二）─食品加工　42
図書紹介（其の二）
あとがき　S・N 生
投稿案内

二八号

一九五七年一月五日印刷
一九五七年一月一五日発行

年頭挨拶　偏見を棄てよう

年頭挨拶　文教局長　真栄田義見　1
一九五七年度高等学校入学者選抜及び高等学校定員制について　民政府情報教育部　ケネス・エム・ハークネス　2　4
ふなつり　名護地区野甫小学校二年　新里　清正　12
昭和三十一年度中部日本生活指導研究協議会に臨んで　胡差高校　仲曽根　寛　13
文化的投影　琉球大学講師　東江　康治　16
学校給食について　学務課主事　新垣　真子　19
幼児の物の考え方　琉大教育学部講師　文沢　義永　21
故郷訪問雑感　民政府情報教育部　ロイド・エル・エバンス　24
座談会　定時制高校を語る
首里バス・定時制首里高校卒　真栄城正子
琉銀壷屋支店・定時制商業高校卒　上間　昇
琉球政府文教局学務課・定時制首里高校卒　新垣　良雄
琉球政府文教局庶務課・定時制首里高校卒　桃原　理子
定時制首里高校四年・琉球大学教務課　池原　興祐
定時制商業高校四年・丸弘タクシー　平山　信子
定時制商業高校四年・山形屋　新城　朝助
定時制首里高校三年・首里高校図書館　江田　君子
定時制首里高校四年・首里高校購買部　金城　光子
司会・文教局研究調査課主事　徳山　清長
文教局研究調査課主事　親泊　輝昌　25
文教十大ニュース　30
［抜粋　へき地教育―文部省初等教育資料より］
へき地教育の基本問題　国立教育研究所員　手塚　六郎　31
へき地児童の性格的特性　宮崎大学助教授　福田　正次　34
へき地教育の実態　文部省初等・特殊教育課　山川　武正　38
座談会　へき地教育を育てるために
千葉県夷隅郡西畑小学校田代分校教諭　浅野　正二
山梨県東八代郡境川小学校寺尾分校教諭　小沢はる子
群馬県教育委員会勢多出張所佐波出張所所長　佐野　金作
教育評論家　重松　敬一
教育映画作家　中村　麟子

［連載小説］
村の子・町の子（第一回）　文部省初等・特殊教育課　山川　武正　43
［学校紹介］　宮里　静子　48
知念地区玉城村百名小学校　50
中教委だより　56
図書紹介
人事だより
投稿案内
あとがき　S・N　生

二九号

一九五七年二月五日印刷
一九五七年二月二八日発行

〈写真〉高等学校体操大会
巻頭言　文教局研究調査課長　比嘉　信光　1
五五年度義務教育学力測定結果の解説（其の一）—英語・職業家庭科　研究調査課　2
高等学校体操大会を観て　指導主事　屋部　和則　24
社会科地理教育　那覇高等学校　饒平名浩太郎　26
「歌人」恩納ナベ女　社会教育課　新城　徳祐　37
［抜粋］
アメリカの教師の負担量—日本とくらべて　東京都立教育研究所員　宮地　誠哉　38
英語を学ぶ移民たち　研究調査課主事　名城　嗣明　42
［随想リレー］
旅で感じたこと　宜野座地区教育長　大城　崇仁　43
第一走者の弁—停年制に異議あり　坂田小中校長　わたり宗公　44
落穂拾ひ　指導主事　大城真太郎　45
義務教育学力測定成績速報　研究調査課　46
産業教育シリーズ（其の三）—水産業
魚はもっととらなければならない　琉球水産株式会社調査課長　大浜　英祐　47
［連載小説］
村の子・町の子（第二回）　宮里　静子　51
図書紹介

あとがき　S・N生
投稿案内

三〇号

一九五七年四月一〇日印刷
一九五七年四月三〇日発行

巻頭言　教師の第一義　指導課長　中山　興真　1
一九五五年度義務教育学力測定結果の解説（其の二）―図工科・音楽科・社会科　研究調査課　2
不就学長期欠席児童生徒の対策に就いて―一九五六年一一月二七日　於教育長研修会　宜保　徳助　22
本土に於ける長期欠席の実態　文部省　24
中学校社会科における道徳教育　本村　恵昭　25
雑感　北中城小校長　新里　章　32
ふるさとのわらべうた　久米島美崎小学校長　仲原　善秀　33
［連載小説］
村の子・町の子（第三回）　宮里　静子　35
［抜粋］
高等学校に於けるカウンセリングの計画と実践―コザ高校研究発表より　37
長期欠席児童生徒調査―一九五六年九月二〇日現在　文教局研究調査課　45
中学校第一学年単元配当表―社会科地理的内容を主とするもの　研究調査課　57
小学校・各学年社会科単元配当表　研究調査課　58
あとがき　S・N　60
投稿案内　60

三一号

一九五七年四月三〇日印刷
一九五七年五月一〇日発行

［研究］
地域差について―児童の知能と環境の発達刺激価値　琉球大学教育学部講師　東江　康治　1
甘藷の伝来と集落の変遷（郷土教育資料）

新しい学校　那覇高校　饒平名浩太郎　14
高学年の遠足について　若狭小学校五年生　中原美智子　18
糸満地区東風平小学校教諭　中山　俊彦　19
遠足に就いて　那覇市城西小学校生活指導部　20
低学年の遠足　金武小校長　新里　孝一　26
[随想]
校長は楽しい仕事か　仲西中校長　親富祖永吉　29
PTA　いまの子供たちをどうする？―教師と親は自信をもつこと　佐敷小学校PTA会長　宮城　鷹夫　30
伊豆味小中校訪問記　S・N　生　31
[連載小説]
村の子・町の子（第四回）　宮里　静子　34
[抜粋]
学年ということをどのように考えて指導したらよいか―文部省編　複式学級の指導より　36
[人事便り]
各地区校長異動名簿（一九五七年四月一日現在）　43
第十一回（昭和三二年度前期）研究教員候補者名簿　46
第二回研修教員（琉大）名簿　48
産業シリーズ―煙草製造の巻　附録1
図書紹介
あとがき　S・N　生

三二号

一九五七年六月一日印刷
一九五七年六月一五日発行

[研究]
改訂指導要領に拠る中学校郷土の学習計画　那覇高校教諭　饒平名浩太郎　1
構成教育研究の小さなまとめ　仲本　賢弘　10
簡易理科実験器具による実験方法　瀬喜田中学校　15
言語科学の応用としての英語教授及び学習　琉大文理学部講師　成田　義光　22
研究教員便り　具志堅興喜　23

本土のインフルエンザ近況　23
［夏をひかえて］
安全教育を主とした水泳指導　琉大教育学部助教授　新里　紹正　24
刊行物紹介―文部広報より　25
水難防止について　首里中校教諭　新垣　侑　26
夏の食生活上の注意　琉大農家政学部講師　外間　ユキ　27
夏の栄養と七つの基礎食品　琉大農家政学部講師　名城　弘子　29
夏をひかえての生活指導―少年の性犯罪の実態（教育愛知より）　愛知県警察本部防犯部長　菅沼　謐　32
不良文化財と青少年―映画の影響と指導について（教育愛知より）　愛知県学校教育課　辻　洲二　35
釣り　金城　秋夫　37
終戦直後の教育　39
［随想］
学校長の離任と就任　久米島美崎小学校長　仲間　智秀　40
新入生を迎えて　石垣中学校第一学年担任　宮良　ルリ　41
想い出　那覇高校教諭　世嘉良　栄　42
［抜粋］
かなづかい論争について―神戸大学教育学部研究集録より　神戸大学教育学部教授　楠　道隆　43
PTA財政のあり方―東京「教育じほう」より　PTA談話会代表幹事　黒田　麗　52
日本及び琉球の児童生徒一人当たり教育費　54
五月のできごと（前半）
あとがき　S・N
投稿案内

三三号

一九五七年六月一〇日印刷
一九五七年六月二五日発行

［論説］

地方教育財政と教育税の問題
文教局研究調査課主事　安谷屋玄信　1
琉米人間の理解の促進は可能か?―コミュニケーションの諸問題を通しての考察
琉球大学講師　大田　昌秀　10
［研究］
綱引の民俗　那覇高校教諭　饒平名浩太郎　16
新教育と視聴覚教育　前泊　朝雄　19
分数領域に於ける計算技能の実態
与那城中学校教諭　比嘉　栄吉　22
［保健教室］
夏季伝染病と公衆衛生
那覇保健所医師　金城　和夫　27
［随想］
夜間英語講座を担当して
琉大文理学部講師　屋比久　浩　29
［書評］
物の見方について―文化の土壌と思考の方式
琉大助教授　亀川　正東　30
［抜粋］
資料　各国の道徳教育の現状―文部省・初等教育資料より　32
［研究教員だより］
わたしのくらし―特殊児童と共に
那覇市城北小学校（千葉県市川市立小学校）
屋部　洋子　39
本土の学校をみたまゝ感じたまゝ
勝連小学校（大阪市立鷺洲小学校）　前原　武彦　40
秋田へ来て
開南小学校（秋田市立中通小学校）　嶺井　政子　42
東京都公立学校職員適性検査問題（昭和三十二年度第一回）　43
一九五七年度夏季講座招聘教授名　50
五月のできごと（後半）
お知らせ
図書紹介
あとがき　S・N　生

三四号

一九五七年八月一〇日印刷
一九五七年八月二〇日発行

〈写真〉楽しい臨海学校—真和志小学校
旅と民俗—沖縄の昔の旅（小四単元）　那覇高校教諭　饒平名浩太郎　1
人間成長のためのクラブ活動—現場の疑問に答えて　指導主事　安里　盛市　8
軍作業と現職教育—柿本氏の談話から　S・N生　11
生物科における野外活動の望ましい指導　石川高校教諭　伊波　秀雄　14
［随想］
心理学遍歴—たどたどしいわが歩み　琉大教育学部教授　与那嶺松助　16
教師一年生—先生ならぬ先生として　読谷高校教諭　宇座　幸子　18
生きたことば　琉球水産会社調査課長　大浜　英祐　20
［連載小説］
村の子・町の子（第五回）　宮里　静子　26
［研究教員だより］
図画工作実践記録の中から—概念くだきについて　那覇市小禄小学校（横須賀市立豊島小学校研究教員）　渡口　盛男　28
国語科学習指導、見たまま聞いたままたより　（茨城県明野町立大村小学校研究教員）　石川　栄喜　30
宮古西城中学校（京都市立岡崎中学校）　山城　弘　32
［抜粋］
全国学力調査まとめ—文部広報より　33
中教委だより　35
PTAと経費のあり方—文部広報より　36
座談会　沖縄の嶺井政子先生を囲んで—教育秋田より　秋田県教育長　尾見鐐次郎　研究教員・那覇市開南小学校教諭　嶺井　政子　日新中学校教諭・沖縄出身　宜野座道男　中通小学校教諭　浅野　ヒナ　指導主事　栗谷　弘子　38

一学期をかえりみて―私は新入生に職業科を
このように導入した　東風平中学校　永山　清幸　42
楽しい臨海学校　真和志小学校　宮平　清徳　44
おしらせ―一九五八年度実験・研究学校指定校　46
我が校の一学期間の歩み―女子コース
東風平中学校教諭　新垣　初子　47
視聴覚教室　49
中教委だより　50
六月のできごと
あとがき　S・N　生

三五号

一九五七年一〇月五日印刷
一九五七年一〇月二八日発行

〈写真〉教育長研修会、辺士名高校遠征アルバム
一九五八年度　文教局予算について
文教庶務課長　金城　英浩　1
[郷土史資料]
琉球の珍書『双紙』に就いて
宮古図書館長　稲村　賢敷　5
文教局組織規則の改正に伴う人事異動　7
[特集]
夏休みを省みて　コザ高等学校　8
夏休みを省りみて　コザ高校二年　古波蔵正昭　9
夏休みを省みて
アルバイト　コザ高校二年九組　金城　光則　9
二年四組　渡名喜光子　10
夏休みをかえりみての雑感
一年　福田　義有　12
夏休みを省みて　豊見城中学校　宜保　キミ　13
[懇談会]
高山団長大いに語る
夏季講習本土招聘講師団長・文部省視学官
高山　政雄　16
[コント]
誇り高き子供　名城　嗣明　24
英語教育の過去現在―フリーズ・メソットを
中心に　琉大文理学部助教授　上間　亀政　25

［研究教員だより］
フリーズ・メソッドについて
源河中学校（埼玉県大宮市東中学校） 祖慶 良賢 28
中学校に於ける生活指導の基本問題について―モラル・バックボーンの考察
宜野座中学校（東京都文京区立第二中学校） 仲間 功 29
雑感
伊野波中学校（静岡市立籠上中学校） 国場 幸喜 31
座談会 運動会のありかた
琉球大学教授 小橋川 寛
城西校ＰＴＡ会長 安村 良旦
琉球大学助教授 前泊 朝雄
文教局社会教育主事 山元芙美子
前原地区教育長 兼城 賢松
石川中学校長 粟国 朝光
仲西中学校教諭 玉城 幸男
首里中学校教諭 新垣 久子
文教局指導主事 屋部 和則
司会・文教局研究調査課長 比嘉 信光 33
［連載小説］
村の子・町の子（第六回） 宮里 静子 41
［随想］
国語教育界に望む
東京教育大学教授 石井 庄司 44
本土講師が語る「夏季講習」への反省の中から二つ
指導課 安里 盛市 46
雑感
東風平中学校 大小堀松三 48
視聴覚教室
社会教育主事 中山 重信 49
今月の映画フイルム 49
［中央教育委員会便り］
教育法に基く規則、基準等 49
七月のできごと

三六号

一九五七年一一月一日印刷
一九五七年一一月一〇日発行

特集 社会教育の現況
「社会教育特集号」によせて

一九五八年度重点目標　社会教育課長　佐久本嗣善　1
一九五八年度年中行事計画　2
社会教育の現況　3
青少年教育　4
婦人教育　5
成人教育　11
公民館　31
図書館　37
博物館　60
視聴覚教育　61
体育レクリエーション　63
新生活運動　74
関係法規抜粋　79
後がき　95
八月のできごと　104

三七号

一九五八年一月一一日印刷
一九五八年一月三〇日発行

巻頭言　教育四法の民立法を祝しその成長を
期待する　文教局長　真栄田義見　1
法的にみた児童生徒の懲戒と体罰について
文教局学校教育課　知念　繁　2
水　4
［教育法］
教育基本法　5
教育委員会法　6
学校教育法　18
社会教育法　25
民立法（四法）と布令（一六五号）との比較
学校教育課　29
［抜粋］
懲戒は教育的配慮で―文部広報より　35
体罰について―文部広報より　35
第五五回中教委だより　36
秩序と体罰―初等教育資料より
初等中等教育局視学官　鳥巣　通明　37
［資料編］

小学校中学校高等学校　環境緑化の教育計画と実施要領　大庭　正一　38
九月、十月、十一月のできごと　58

一九五八年二月一日印刷
一九五八年二月一九日発行

三八号

〈写真〉研究する学園
巻頭言　萌芽　職業教育課長　比嘉　信光　1
生物研究会のあゆみ　沖縄生物研究会長　玉代勢孝雄　1
稲の民族史（一）―小四単元「くらしのうつりかわり」資料　饒平名浩太郎　2
[研究する学園]
しりけんいもりの尾の再生についての観察　辺土名高等学校（報告者）第一学年　宮城　幸三　（共同観察）平良　盛市　9
蝶を主とした昆虫の生態　那覇高校第三学年　瀬底　勝　10
蝿の死因と化学薬品に対する抵抗性　コザ高等学校第二学年　宮城　弘光　17
人間も動物である　19
アフリカマイマイについて　知念高等学校三年　平田　義弘　20
血液型について　那覇高校三学年　安里　為任　25
淡水魚の呼吸について　首里高等学校二学年　泉　朝興　29
ミミズの再生について　中部農林高等学校第三学年　玉元　武一　32
トラフカクイカについて　首里高等学校　日越　博信　33
球根類の染色体について　首里高等学校一年　善国　幸子　松川　和子　38
石川近郊に於る鱗翅目の分布状態と出現期　石川高校二年　知花　包徳　39
「花粉」　首里高等学校　島袋　邦尚　44
読谷村に於ける植物分布　読谷高等学校三年　沢岻　安喜　54

炭酸同化作用と光の関係　首里高校二年　大山　隆　56
人の遺伝　北山高校一年　下門　陽子
仲宗根房子
シダの前葉体形成と養分　渡久地政子　60
人工衛星の歴史―時事週報より　北山高校二年　中里　正次　63
[随想]　63
四十年の僻地教育を省みて　八重山西表網取校　入伊泊清光　64
国語問答―文部広報より　65
[抜粋]
資料　各国の道徳教育の現状―初等教育資料より　66
十二月、一九五八年一月のできごと

三九号

一九五八年三月一九日印刷
一九五八年三月三〇日発行

はち巻して五〇点　学校教育課長　中山　興真　1
教員異動方針についての助言案―全琉教育長会（五八・三・五日）における協議事項　文　教　局　3
[実験学校・研究校の発表の中から]
生徒指導のための教育調査　与那原中学校　4
米ソ人工衛星の比較　17
本校社会科指導における道徳教育　塩屋小・中学校　18
単元　私たちの学校　小一　宮城　園子　21
社会科のグループ学習の場における道徳教育　小五　宮城　敬子　22
民主的な生徒を育てるのに社会科でどのように指導して来たか　中学校　宮城　松一　26
職業指導―個人の理解と個人資料の活用　津堅小学校　30
とうもろこしの調理研究　岸本　公子　36
粘土工作を指導して　真喜屋小学校　宮平　初枝　40

ホームルームにおける集団指導　福嶺中校（研究校）　下地　恵一　42
［私の意見］
道徳教育について　美崎小学校　仲間　智秀　46
［抜粋］
沖縄の教育を視察して―文部広報より　調査局長　北岡　健二　49
学年当初の学級編成上の問題―初等教育資料より　福島大学教授　古籏　安好　52
第五六回（定例）中教委だより　55
二月のできごと　55
投稿案内　56

四〇号

一九五八年三月二五日印刷
一九五八年四月一九日発行

特集　社会科・理科学力調査のまとめ
社会科理科全国学力調査　解説と問題別の成績　文教局調査課
第一部　調査実施の概要　1
第二部　調査結果の概要　5
第三部　問題別の成績　35

四一号

一九五八年四月一五日印刷
一九五八年四月三〇日発行

就任のことば　文教局長　小波蔵政光　1
離任にあたって　前文教局長　真栄田義見　2
［研究教員―研究録から］
数学教育における能力別指導の実際　伊野波中学校　国場　幸喜　3
職業家庭科の計画と実践　沖縄宮古地区城辺中学校（千葉県松戸市立小金中学校）　砂川　徳市　13
［子供の記録］
赤エンピツ　稲田小学校　S・I　生　30
ぼくの記録ノート　六年　大城　恵次　30
記録ノートをふりかえって

人間の尊さ　六年　津波和子　31
人のねうちと私たち　六年　玉城時枝　31
小学校中学校の道徳教育の強化について　六年　大城恵次　31
公立義務教育諸学校の学級編制及び教職員定数の標準に関する法律案　文教局　32
[抜粋]
教育課程審議会答申中等部会―時間配当に結論　34
[私の意見]
水産高校実習船の使命と建造について　沖水高校　玉城盛正　38
知能検査及び義務教育学力測定　研究調査課　40
琉球育英会調査資料(一九五七年度)　琉球育英会　43
第五十七回(臨時)中央教育委員会だより　48
三月のできごと　55
　　　　　　　　　　　　　　　　　　　　　　56

四二号

一九五八年五月二〇日印刷
一九五八年六月一〇日発行

特集　道徳教育
ごあいさつ　文教局次長　阿波根朝次　1
就任のあいさつ　保健体育課長　喜屋武真栄　2
座談会　新しい道徳教育の在り方について―
井坂先生を囲んで
東京教育大学助教授　井坂行男
開南小　赤嶺貞義
玉城小　前川守皎
座安小　赤嶺茂
北中城中　安里永誠
上山中　与儀利夫
局長　小波蔵政光
保健体育課長　喜屋武真栄
学校教育課長　中山興真
司会・研究調査課長　喜久山添采
主事　安里盛市

宮里　栄一
石川　盛亀
与那嶺　進
金城　順一
親泊　輝昌
徳山　清長
登川　正雄　5

資料・かながきする文字　15

道徳教育における生活指導の役割
学校教育課主事　安里　盛市　16

〔研究教員〕

社会科における道徳教育
宜野座小学校（横浜国立大附属横浜小学校）　中山　興健　17

小学校における生活指導
八重山小浜小学校（東京都文京区誠之小学校）　慶田盛正光　29

〔抜粋〕

小学校中学校教育課程の改善　39

昔の修身教育にならぬよう―文部省内藤初中局長説明要旨　46

〔連合教育委員会事務局めぐり〕

那覇連合区　一九五八年度努力目標について
教育長　阿波根朝松　47

知念連合区　教育方針―一九五八年度　48

糸満連合区　教育の努力目標―一九五八年度　50

宜野座連合区　本年度の努力点　51

普天間連合区　学級経営について
東　俊三郎　51

実験学校紹介　53

原稿募集　54

投稿規程　54

あとがき　M・N　54

四月のできごと　55

四三号

一九五八年六月一六日印刷
一九五八年七月八日発行

特集　保健体育

保健体育の諸問題　保健体育課長　喜屋武真栄　1
沖縄の子供たちの栄養
徳島大学医学部教授 医学博士　黒田嘉一郎　4
貴重な報告をみて　琉大助教授　外間　ゆき　8
学校身体検査の実施と結果の処理
保健体育課主事　謝花　喜俊　11
［実技指導］
マット、跳箱運動の技術指導　屋部　和則　22
ある日の体育の授業
保健体育課主事　与那嶺仁助　27
水泳の安全指導について
保健体育課主事　屋部　和則　29
［指導の記録］
児童の自主性はどう育てたらよいか
城前小学校　36
わが校の給食の歩み　百名小学校　喜名　盛敏　45
当用漢字音訓の制限―国語シリーズより　48
第三回アジア大会聖火沖縄リレー
保健体育課主事　屋良　朝晴　49
沖縄に於ける民族意識の発達　島　まさる　53
［研究教員だより］
本校の教育研究の一面
（福岡学芸大学田川分校附属田川市立伊田中学校）
福治　友清　57
本土職家教師の声をきいて
（千葉県千葉市立加曽利中学校）　大湾　澄子　58
孤窓展望一月余　派遣初期における研修生活の感想
那覇市壷屋小学校（東京都杉並区永福小学校）
大嶺　弘子　60
清新な気持で学校生活
（静岡県浜松市立県居小学校）　波平　広　62
恵まれた本土の先生方　伊佐　常英　64
大森第三中校の教育概要について
（東京都大田区大森第三中学校）　横田　裕之　67
［抜粋］
学校「道徳」年間計画例B案―単元・題目　69
中学校「道徳」年間計画例C案―題目　目標　72
［教育委員会めぐり］
五七年度辺土名地区一ヶ年の歩み

あとがき　教育次長　上原　亀吉　76
五月のできごと　M・N　80
81

四四号

一九五八年七月五日印刷
一九五八年七月一五日発行

特集　夏季施設
巻頭言　親しまれる教育誌に　喜久山添采　1
夏休みの健康指導　保健体育課主事　与那嶺仁助　2
夏休みの友について　沖縄教職員会教文部長　平敷　静男　4
文教局移転　6
[夏休みの計画]
ことしの夏休みの計画　越来小学校　7
[銷夏随想]
心の旅路〃学校づくり〃　真和志中学校長　渡久地政功　8
銷夏法ということ　川平　朝申　9
児等を見守りながら　謝花小学校長　小橋川カナ　9
小学校在職三ヶ月　屋部小学校教頭　富名腰義幸　10
夏季二題　宮森小学校教諭　浦崎　律子　10
ハンシーとタンメー　山元芙美子　12
[指導事例]
学級会活動を育てるための発言の指導　白保小学校　久高　利男　14
進学指導のための資料　名護中学校教諭　中村　秀雄　19
[人物史]
牧志朝忠の生がい　那覇高等学校教諭　饒平名浩太郎　21
[講座]
和こう遺跡と青磁考　稲村　賢敷　27
[研究教員だより]
道徳教育をめぐって　（東京都品川区立芳水小学校）　玉那覇正孝　31
投稿案内　31

赴任校の様子
（東京都新宿区立淀橋第六小学校） 金城 唯勝 32
基礎的生活態度の実践を期す城山中学
下地中学校（静岡県磐田市立城山中学校）
砂川 恵正 33
歩みと歩み
松川小学校（横浜市立日枝小学校） 米田 精仁 38
職業指導全国協議大会に参加して
静岡県清水市立有度中学校 永山 清幸 39
東京都の農業教育について
東京都立農芸高等学校 藤田 長信 42
東京都中学校英語指導の実情
東京都豊島区立高田中学校 真栄平房敬 43
研究経過
東京都渋谷区立広尾中学校 棚原 良雄 44
［教育委員会めぐり］
前原連合区 一九五八年度指導努力点 46
文教局発行の諸印刷物（六月） 46
六月のできごと

四五号

一九五八年九月一四日印刷
一九五八年九月二〇日発行

特集 運動会
巻頭言 健康を育てるために
保健体育課長 喜屋武真栄 1
運動会の理想像 琉球大学助教授 新里 紹正 2
運動会報告資料の中から（1）
八重山地区某小学校 4
運動会はこうありたい
保健体育課 6
英語の学習指導と実生活
学校教育課主事 吉浜 甫 8
運動会のマスゲームについて
保健体育課主事 屋部 和則 9
運動会の音楽について
保健体育課主事 新垣 真子 16
運動会の反省と評価
保健体育課主事 与那嶺仁助 17
［教育視察記］

東京都の運動会を見聞して　那覇市壷屋小学校　天川　幸一　20
社会科教室経営―壁間の利用　平安座中学校　松田　州弘　22
[教育計画と指導例]
運動会のもち方(小学校)　大道小学校教諭　那覇　政一　23
児童のための運動会の計画と運営　城前小学校教頭　前田　真一　26
運動会のあり方(中学校)　首里中学校教諭　新垣　久子　32
運動会(高校)　北部農林高等学校教諭　岸本　巌　36
屋良先生の功績を讃えて―第二回沖縄タイムス社文化賞　文教局長　小波蔵政光　38
タイムス文化賞に輝く〃屋良先生の功績〃　沖縄P・T・A連合会長　徳元　八一　38
信念の人　真の教育者　那覇連合区教育長　阿波根朝松　39
[随想]
運動会の今昔　中央教育委員　上原　敏範　40
運動会今昔を想う　崎浜　秀主　41
運動会報告資料の中から(3)　辺土名地区某小中校　糸満地区某小学校　某高校　42
体育と健康　沖縄P・T・A連合会長　徳元　八一　43
私達の運動会　佐敷中学校二年　瀬底美佐子　44
[指導事例]
創作指導―いなごの大旅行をよんで　六年　当間　富　45
山川武正氏社会教育課長へ　46
運動会報告資料の中から(2)　那覇地区某小学校　46
[研究教員だより]
流行を追う子供達　(東京都江戸川区立平井南小学校)　与那城　茂　47
[講座]
和寇と青磁考　稲村　賢敷　49

形容詞の送りがなの法則　52
実験学校、研究学校紹介　52
［教育委員会事務局めぐり］
名護連合区　一九五八学年教育方針　53
局内人事だより　54
あとがき　M・N　54
七月のできごと

四六号

一九五八年九月一九日印刷
一九五八年九月三〇日発行

特集　教育関係法令
教育職員免許法　1
教育職員免許法施行法　12
へき地教育振興法　18
学校教育法の一部を改正する立法　19
教育委員会法の一部を改正する立法　19
第六十二回（定例）中央教育委員会議事日程（案）　20
［抜粋］
学習指導要領各教科改訂案の要点　21
教員養成制度の改善方策―中教審議会答申
全文　31
あとがき　34

四七号

一九五八年一〇月一四日印刷
一九五八年一〇月二九日発行

巻頭言　一九五九会計年度に思う　文教局次長　阿波根朝次
〈写真〉甲子園の土を踏んで　首里高校選手の健斗、宮古農高校の善戦
立法院における文教局長の予算説明―一九五九年度　1
表紙図案募集　3
学校教育課というところ　学校教育課　4
保健体育の推進策について　保健体育課　5
一九五九年度の教育施設について　施設課　7

一九五九年度社会教育事業計画　社会教育課　9
一九五九年度事業計画　研究調査課　10
国語　観賞詩の取扱い―稲田小学校「教壇実践記録」より　12
安田小中校の発表会にのぞんで　学校教育課　金城　順一　21
[指導例]
私のホーム・ルーム活動の実際　東風平中学校　知念　豊子　23
〃英語指導における無駄〃の考察　学校教育課主事　吉浜　甫　26
[夏季作品]
おおきいが　じょうがくしょうがっこう一ねん　よぎとおる　27
ナハ行き　あがりえ小学校二年　大しろ正人　27
〃ふうりん〃　盲聾学校盲四年　仲宗根敬子　27
さんぽとふうせん　じょうがく小学校三年　国吉　克正　28
世界平和　具志川中学校一年　富山　米子　28
ビール会社　東江小五年　日好由美子　29
おばあさん　具志川中学校二年　金城　健夫　29
海　東江小校六年　比嘉　静子　30
夕焼け　石川中学校三年　石川美代子　30
《絵・家》　盲聾学校聾部小学六年　伊佐　真昭　30
黒い道　盲聾学校盲中二年　真喜屋実蔵　31
新庁舎に移って　研究調査課主事　石川　盛亀　32
第二庁舎各局（院、委）配置略図―一九五八年七月二五日現在　33
[連載小説]
町の子・村の子（第七回）　宮里　静子　34
[研究教員だより]
入門期指導と能力に応ずる個人指導（東京都北区堀舟中学校）　久田　友明　36
道徳教育指導者講習会に出席して　前原地区具志川中学校（東京都大田区大森第三中学校）　横田　裕之　38
道徳教育二題（東京都江戸川区立平井南小学校）　与那城　茂　39
中教委だより　42
動詞送りがなの法則　43

八月のできごと 45

四八号

一九五八年一一月一五日印刷
一九五八年一一月二四日発行

特集　夏季講習
眉　茨城大学助教授　木村　俊夫
現代の道徳教育　北海道学芸大学助教授　松田　義哲 1
沖縄の印象　河野　太郎 2
生活指導と道徳教育　宇都宮大学助教授　篠崎　謙次 3
琉球、変らざるもの　愛知学芸大学教授　森田　清 5
ありがとうさようなら　茨城大学助教授　木村　俊夫 6
雑感　東京学芸大学助教授　大野　量平 7
一九五八年夏季講座招へい講師名一覧 8
[私の研究]
指導者の態度がパーソナリティー形式に及ぼす影響について　コザ高校教諭　大湾　芳子 9
メートル法の歴史 12
[受講メモより]
ことばと道徳教育　城南小学校教諭　安里　盛吉 13
主体性のある学校教育　若狭小学校教頭　山田　弘 13
忘れ得ぬことば　首里中校教諭　照屋　寛功 14
[感想]
受講雑感　保健体育課長　喜屋武真栄 15
カンフルの記（教育心理）　那覇中校教諭　高橋　通仁 16
[講師の横顔]
須藤先生　伊江村西小学校教諭　山城　修 18
赤松先生―児童心理学　名護中校教諭　中村　文子 19
教育行財政学三単位　松田小学校長　仲地　清徳 20

生地のふれあい―永杉先生の横顔　久茂地幼稚園教諭　大浜　貞子　21
［夏季講座反省録］
受講の反省　浦添小学校教諭　久場　里亀　22
舞台裏の仕事をして　那覇連合区教育長事務所主事　平良　良信　22
一九五八年度標準検査の結果をかえりみて　研究調査課主事　与那嶺　進　24
大浜早大総長の再選に当って―道徳教育推進の一助　研究調査課主事　石川　盛亀　29
社会科のノート使用について一考　研究調査課主事　登川　正雄　30
［論文］
民族の自由と独立―世界史上におけるユダヤ人　那覇高等学校教諭　島　まさる　32
［人物史］
農政の先駆者　儀間真常　饒平名浩太郎　35
表紙図案募集　39
［連載小説］
町の子・村の子（第八回）　宮里　静子　40
［中教委だより］
中央教育委員会の委員の選挙執行に関する規則　42
教育委員会法（抜粋）　45
一九五九学年度高等学校入学者選抜要項　46
［研究教員だより］
好ましくないマスコミへの抗議（東京都江戸川区立平井南小学校）　与那城　茂　49
［夏季作品］
はちのす　城岳小学校二ねん　かみやつとむ　51
うちのねこ　東江小学校三年　ひがよしひろ　51
社会見学　盲小四年　山内　常幸　52
オキコ工場の音　盲小二年　末秋　和　52
《絵・工場》　聾中一年　赤嶺　春夫　52
油虫　城岳小学校四年　入江　明美　52
《短歌》　盲小六年　玉城　達夫　53
《短歌》　盲小六年　下地　明　53
けむり　東江小学校六年　比嘉　正子　53
おかあさんにはお兄さんがあった　城岳小学校五年　神谷　直子　53

《絵・民家》　聾小六年　新垣とみ子　54
やっかいな人生　盲部中二年　伊地知一昭　54
ひな鳥　石川中学校三年　渡口　章子　54
平和はどこから　具志川中学校三年　佐久川洋子　55
《絵・民家》　聾小六年　宮城喜代子　55
あとがき　M・N　55
九月のできごと　56

四九号

一九五八年一一月二八日印刷
一九五八年一二月二四日発行

特集　地域社会と教育・道徳教育
巻頭言　青少年問題について　文教局社会教育課長　山川　宗英　1
座談会　別府における道徳教育講習会に参加して　司会・那覇連合区教育次長　大城真太郎
宜野座小学校長　浦崎　康吉
屋嘉小中学校長　阿波連宗正
兼城中学校教諭　当銘　利光
上山中学校教諭　宮城　良三
美崎小学校長　仲間　智秀
文教局学校教育課主事　安里　盛市
すき間を利用して　M・N　5
[記録]
文部省主催道徳教育講習会受講記録　久米島美崎小学校長　仲間　智秀　6
[文教審議会答申]
ドル切換と教育についての答申　18
安全教育問題　18
青少年問題と対策　21
青少年問題とその対策　社会教育課　清村　英診　22
教研会場スナップ　S・I　28
[実践記録]
辺地における学校教育の困難点とその打開　楚洲小中学校長　大城　貞賢　29
長浜公民館と児童生徒の結びつきについて　読谷中学校　与久田幸吉　30
P・T・A活動と学校教育　名護小学校　33

[研究]
各種楽器の発達変遷(その一)　名護高等学校　崎山　任　35
日本人の発育　38
[人物史]
琉球教育の先蹤　名護親方(程順則)　饒平名浩太郎　39
Readingの指導について　学校教育課主事　吉浜　甫　43
[研究教員だより]
中学理科の基本的実験観察の選定とその効果的指導法　沖縄コザ市コザ中学校(千葉県茂原市立茂原中学校)　玉城　吉雄　46
漢字の誤字誤用現象の追求とその対策　羽地村稲田小学校(愛知県愛知郡鳴海町立鳴海小学校)　比嘉　次夫　46
計算力をたかめるための指導　中頭郡具志川村田場小学校(千葉県千葉市立院内小学校)　座間味良勇　48
信濃だより(長野市立西部中学校)　大山たかし　49
教研集会場スナップ　52
昭和三三年度全国学力調査問題別正答率　53
文教時報総目録―一九五八年一月(三七号)より一九五八年一二月(四九号)まで　56
一〇月のできごと　58
一一月のできごと

五〇号

一九五八年一二月一六日印刷
一九五九年一月一二日発行

巻頭言　教育財政確立を推進しよう　庶務課長　金城　英浩　1
年頭のことば　小波蔵政光　1
《新年のごあいさつ》　琉球政府文教局
一九五九年の琉球教育に対する十の期待　民政府教育部長・教育博士　ボナー・クロフォード　2
年頭に当って　琉球大学学長　安里　源秀　5
教研会場スナップ　職業教育課　T・S　5

年頭所感
沖縄教職員会・沖縄教職員共済会会長　屋良　朝苗　6
新春よせがき　猪年に思う
施設課　端山　敏輝　6
イノシシに寄せて　石川　盛亀　7
正月の民俗　那覇高校教諭　饒平名浩太郎　8
新春よせがき　次長　阿波根朝次　9
中央教育委員七氏決定・新春の喜びと共に新委員に期待！　10
[随筆]
某月某日　南連事務官　田中　久夫　12
新春よせがき　研究調査課　徳山　清長　13
[新春随想]
正月のリズム　コザ中学校　米盛　富　14
新年におもう　八重山登野城小学校　大山　とよ　15
「教研集会より」　研究調査課　S・T　生　16
こんなことを思う　与那城小学校教諭　富里　良一　17
青少年の不良化傾向について思う
読谷高等学校教諭　津波古孝了　18
新春よせがき「雑感」　砂川　宏　18
昭和三三年九月二五日実施された全国学力調査の中間報告の一部として点数段階別にみた得点者の比率　19
時は非情なり　屋部中学校教頭　上間　泰夫　20
寄宿舎の古つるべ　首里中校長　比嘉　俊成　21
今年こそは　船越小学校教諭　比嘉　敏子　22
子ども等と共に　喜名小学校教諭　玉城　幸徳　23
雑感　兼城小学校教頭　徳山　清志　24
第八回沖縄健康優良児童について　謝花　喜俊　25
地区教研集会に出席して　保健体育課長　喜屋武真栄　27
[私の研究]
版画の技法と指導―研究教員報告書の中から
那覇市前島小学校　島袋　文雄　28
表紙絵の説明　読谷中学校教諭　石嶺　伝郎　33
目的に応じた読みの指導（六年）―研究教員報告書の中から
壷屋小学校教諭　大嶺　弘子　34

一九五八年度教育十大ニュース 34
各種楽器の発達変遷（その二） 名護高等学校 崎山　任 37
集団少年工職場訪問 久米島美崎小学校長 仲間　智秀 41
教研会場スナップ 研究調査課 M・N 43
[研究教員だより]
信濃だより（二） （長野市立西部中学校） 大山たかし 44
私の観た「道徳」の授業 前原地区具志川中学校（東京教育大学附属中学校） 横田　裕之 46
道徳の時間とロールプレイン（役割演技） 与那城　茂 47
新春よせがき　ことしのトップニュース 屋良　朝清 48
新春よせがき 研究調査課 徳山　清長 49
一九五九年度入学者定員決まる 50
編集後記 M・N 50
お知らせ 研究調査課 50
一二月のできごと

五一号

一九五九年一月二一日印刷
一九五九年二月五日発行

特集　進路指導・気象教育研究会発足に当って
巻頭言 職業教育課長 比嘉　信光
〈写真〉第一回本土就職のみなさんを追って　カメラルポ
進路指導における就職指導の現状 編集部 1
学校における進路指導について 職業教育課 大庭　正一 6
進路指導と事例（一）―進学希望から就職に仕向ける 津堅中学校 比嘉繁三郎 7
進路指導について想う―高校教育面からの一・三の手記 沖縄工業高等学校 川平　恵正 8
進路指導に積極策を 前原地区A生 9
中校の進路指導に想う 名護中学校教諭 中村　秀雄 10

卒業生へのアンケート①—工業高校電気課程 10
進路指導と事例（二）—母は教員に、本人は銀行員になりたいと考えるT君 津堅中学校 比嘉繁三郎 11
高校における被服指導 糸満高校 国吉 清子 12
中学校における職家技術指導の具体例 永山 清幸 15
進路指導アンケート
コザ中 安里 哲夫
糸満高等学校 前田 政敏
那覇高等学校 仲宗根盛栄
普天間高校 新垣 秀雄
与勝中学校 安里 清信
本部中校 金城 節
辺土名高校 渡慶次貞子
コザ高等学校 泉川 寛清 20
進路指導事例（三）—将来の希望が漠然としていたC君 21
卒業生へのアンケート②—工業高校機械課程 24
全国商業高校長協会 珠算実務検定試験について 商業高校 前田 博之 25
［職業高校紹介 商業高校］
普通課程 与世田兼光 26
金融課程の方針 島袋 由博 26
貿易課程 上間 隆則 26
英文タイプライターの使命と英文タイプ検定について 新垣 清 27
両君への私の口ぐせ—雇用主として 大阪市南区・長堀堂 岡田 芳 28
現代の道徳教育 北海道学芸大学助教授 松田 義哲 29
［研究教員だより］
浦和と学校紹介 （埼玉県浦和市大原中学校研究教員） 仲村 守男 33
気象研究会発足に当って 沖縄気象教育研究会長 比嘉徳太郎 34
沖縄気象教育研究会会則 34
沖縄気象教育研究会発足のいきさつ 35
一九五八年度第一回理事会 36
宮古支部発足する 36
八重山支部結成 36

与那国支部結成状況について　37
学校気象調査　研究テーマ（参考案）　38
沖縄気象教育研究会の誕生を喜ぶ
琉球気象台長　具志　幸孝　39
本校の気象クラブ　首里高校教諭　吉浜　朝幸　39
高等学校全国普通、職業課程卒業後の状況（比率）―昭和三三年三月　39
沖縄と気象教育　島本　英夫　40
文教審議会　教員交流に関する答申　一九五九年五月　41
一九五九年度　教員異動方針の助言（案）　41
第十五回琉球派遣研究教員決定　42
［随筆］
環境の整理　嘉手納中学校　松田　盛康　44
全国商業高校協会主催　簿記実務試験について
商業高校　本田　富男　44
道徳教育の底を流れるもの
真和志小学校長　阿波根直英　45
［連載小説］
町の子・村の子（九）　宮里　静子　46
各種楽器の発達変遷（その三）
名護高等学校　崎山　任　48
質問欄　具志川村　K
職業教育課　大庭
あとがき　編集子　52
一九五九年一月のできごと　M・N　52

五二号

一九五九年二月一六日印刷
一九五九年三月五日発行
巻頭言　春と成長　学校教育課長　中山　興真
新入学児童について　琉大講師　名城　嗣明　1
卒業式・入学式のあり方
研究調査課主事　石川　盛亀　4
かな書きの例　その一　5
一九五八学年度の反省にたって　各教科・教科外学習の展望　指導主事・現場職員　6
職業家庭科　大庭　正一　6

特別教育活動　安里　盛市　6
算数科　桑江　良善　7
図工科　当銘　睦三　7
道徳指導の現状　安里　盛市　8
保健・体育科　屋部　和則　8
音楽　中山　興信　9
国語　中山　興真　10
気象談話室　石嶺　安進　10
過去一ヶ年の学校訪問を省みて　学校教育課主事　吉浜　甫　11
理科教育の反省と来年度への展望　北中城中学校教諭　下地　清吉　13
体育保健教育の反省と展望　下地小学校教諭　奥平　玄位　15
お知らせ　文教局研究調査課　16
英語教育の反省　仲里中学校教諭　盛長　絜文　17
図工科教育を省みて　奥間小学校教諭　神山　林　18
個人差による学習指導の一形態　安謝中学校教諭　中山　一　19
地名の呼び方と書き方（その一）　21
評価について　与那原中学校教諭　喜友名盛範　22
編集計画　23
開校一ヶ年を顧みて―中の町小学校　中の町小学校長　城間　善春　24
私の学級づくり―話し合い活動を通して　真壁小学校教諭　大城　雅俊　26
かな書きの例　その二　30
［随筆］
過去を顧みて　浜元小学校教諭　饒平名知高　31
［連載小説］
町の子・村の子（十）　宮里　静子　32
投稿歓迎　33
［私の研究］
世添おどんおきやか（尚円王妃）　饒平名浩太郎　34
かな書きの例　その三　37
気象観測教育―環境整備とその活用　垣花小学校教諭　三島　勤　38
天気図の見方　気象台　糸数　昌丈　43

［研究教員だより］
日本理科教育学会第八回総会および全国大会に参加して
コザ中校（茂原市立茂原中学校） 玉城 吉雄 46
教育費のすがた 研究調査課 52
二月のできごと

五三号

一九五九年四月二日印刷
一九五九年四月六日発行

巻頭言 新学年に希望を寄せて 施設課長 佐久本嗣善
沖縄の教育事情 対談 北岡健二文部省調査局長 阿波根朝次文教局次長 1
漢字を用いないでかな書きにすることば 4
新学期を迎えて 研究調査課主事 徳山清長 5
教育講習会 7
一九五九年度アンケート—教育行政に対する要望
渡名喜小中校 比嘉松五郎
宮古高等学校 砂川 米
辺土名高校 平良 泉幸
工業高等学校 比嘉 政章
K中学校 K・N
金武湾中学校 高良 勝美 8
アンケート—学校経営について
大里中学校長 中村 義永
塩屋小中校長 宮城 久勝
今帰仁小学校長 島袋 喜厚 10
「道徳の時間」特設の問題について
琉大 安里 彦紀 12
こうほう 14
小学校の歴史教育 饒平名浩太郎 15
［教育計画］
算数科 今帰仁小学校 19
職業家庭科 主力点 山田中学校 上原 茂 20
生活指導 真壁小学校 大城 政一 21
道徳指導 玉城小学校 前川 守皎 22
地名の呼び方と書き方（その二） 23

図工科教育の年間計画について—年度当初における　真和志中学校　具志堅以徳　24
理科の指導計画の観点（No.3）
理科　東江小学校　小橋川松明　25
本校の科学教育　与勝中学校教諭　中里　勝也　26
地域性を生かした理科施設教具の研究　那覇中学校　仲松　邦雄　28
勝連村浜小中学校　松田　正精　32
週案について　学校教育課　金城　順一　39
私の学校経営—校長二年目を迎えて　諸見小学校長　山田　朝良　40
学校経営に当って—教頭二年目を迎えて　仲西中学校　玉城　幸男　41
なんだい—盲聾学校生徒と共に歩んで　盲聾学校教頭　宮城　康輝　42
資料　学校要覧の内容には（他県広報資料より転載）　43
健康教育　地域に即した計画とその実践　北美小学校長　田中　市助　44
文教時報編集計画　47
国語科の個人研究をひきうけて　伊波小学校　伊波　政仁　48
学校図書館の概要と運営の実際　上山中学校　本村　恵昭　49
私の主張　道徳教育—時間の特設は問題ではない　コザ市越来小学校教諭　田里　松吉　50
天気図の見方—その二　気象台　糸数　昌丈　52
気象相談室　気象台　伊志嶺安進　54
みどり音頭　兼次美和子（作詞）、平良健（作曲）　55
みどり行進曲　兼次美和子（作詞）、山里将秀（作曲）　56
一九五九年度異動後　校長名一覧　57
高等学校教員年令別構成（率）　58
高等学校教員経験年数別構成（率）　59
学校教育費の生徒一人当り経費　60
学校教育費の児童一人当り経費　61
教育費のすがた（続）　研究調査課　62
図書紹介　62
三月のできごと

五四号

一九五九年四月一二日印刷
一九五九年四月一五日発行

はしがき　文教局研究調査課長　喜久山添采　1
Ⅰ　調査対象について　1
Ⅱ　得点別にみた結果　1
一　全国平均と全琉平均　1
二　児童生徒の得点の分布　1
三　学校の平均点の分布　6
四　高等学校課程別の生徒平均点　7
五　地域別にみた平均点　8
Ⅲ　問題のねらいとその結果　8
一　小学校　8
二　中学校　12
三　高等学校　14
一九五九年度教員異動後の校長名一覧（宮古）　16
昭和三三年度　小学校調査問題　全国学力調査　17
音楽科　17
図画工作科　19
家庭科　21
教科以外の活動　24
昭和三三年度　中学校調査問題　全国学力調査　26
英語科　26
職業・家庭科　30
昭和三三年度　高等学校調査問題　全国学力調査　38
英語科　38
保健体育科　43
小学校教育課程　移行措置を通達　50
つづり方兄妹の野上丹治君と僕　久米島高校一年　喜久村　準　56
あとがき

五五号

一九五九年六月発行

特集　現行教育法令（免許関係法規別冊）

教育基本法（一九五八年立法第一号） 1
教育委員会法（一九五八年立法第二号） 4
学校教育法（一九五八年立法第三号） 35
社会教育法（一九五八年立法第四号） 52
へき地教育振興法（一九五八年立法第六三号） 62
へき地教育振興法施行規則（一九五九年中央教育委員会規則第四号） 65
中央教育委員会の委員の選挙執行に関する規則（一九五八年中央教育委員会規則第七〇号） 67
学校教育法施行規則（一九五八年中央教育委員会規則第二四号） 74
社会教育法施行規則（一九五八年中央教育委員会規則第四四号） 84
中央教育委員会会議規則（一九五八年中央教育委員会規則第一六号） 89
中央教育委員会傍聴人規則（一九五八年中央教育委員会規則第一七号） 91
中央教育委員会公告式規則（一九五八年中央教育委員会規則第一八号） 92
幼稚園設置基準（一九五八年中央教育委員会規則第二〇号） 93
小学校設置基準（一九五八年中央教育委員会規則第二一号） 95
中学校設置基準（一九五八年中央教育委員会規則第二二号） 98
高等学校設置基準（一九五八年中央教育委員会規則第二三号） 101
各種学校設置規則（一九五八年中央教育委員会規則第二九号） 107
短期大学設置基準（一九五八年中央教育委員会規則第四八号） 112
短期大学を設置する財団法人設立等認可基準（一九五九年中央教育委員会規則第一五号） 118
教育に関する寄附金募集に関する規則（一九五八年中央教育委員会規則第九号） 119
教育に関する寄附金募集認可基準（一九五八年中央教育委員会規則第一〇号） 121
教育調査委員会規則（一九五九年中央教育委員会規則第二号） 123
教育統計調査規則（一九五八年中央教育委員会

規則第七号） 124
教育財政調査要項 125
学校基本調査要項 127
学校衛生調査要項（一九五八年中央教育委員会規則第四七号） 130
学校教員調査要項 138
学校身体検査規則（一九五八年中央教育委員会規則第三〇号） 139
学校伝染病予防規則（一九五八年中央教育委員会規則第三一号） 149
学校の保健に関する保健所の協力等の基準（一九五八年中央教育委員会規則第三二号） 158
結核性疾患教員の休暇並びに補充教員に関する規則（一九五八年中央教育委員会規則第三三号） 159
公立学校教育職員給料補助金交付に関する規則（一九五八年中央教育委員会規則第三四号） 160
政府立学校入学料授業料及び入学検定料徴収規則（一九五八年中央教育委員会規則第一三号） 161
公立高等学校授業料等徴収認可基準（一九五八年中央教育委員会規則第一四号） 162
政府立学校施設使用に関する規則（一九五八年中央教育委員会規則第一五号） 163
教育補助金交付規程（一九五八年中央教育委員会規則第一九号） 164
校舎建築に関する基準（一九五八年中央教育委員会規則第二五号） 165
公立学校教科書補助金割当基準（一九五八年中央教育委員会規則第二六号） 166
公立学校備品補助金の額の算定基準（一九五八年中央教育委員会規則第三八号） 167
公立学校教育職員の公務災害補償のための補助金交付に関する規則（一九五八年中央教育委員会規則第二七号） 168
公立学校教育職員の退職手当補助金交付に関する規則（一九五八年中央教育委員会規則第三六号） 169
研究教員の休暇及び補充教員に関する規則（一九五八年中央教育委員会規則第三七号） 176

女子教員の出産休暇及びその補充教員に関する規則（一九五八年中央教育委員会規則第三八号） 177
教科用図書目録編集委員会規則（一九五八年中央教育委員会規則第三九号） 178
教育課程審議会規則（一九五八年中央教育委員会規則第四〇号） 178
学校教育課程の基準（一九五八年中央教育委員会規則第四一号） 179
教科用図書目録編集委員の手当（一九五八年中央教育委員会訓令第四号） 178
中央教育委員会委員の報酬及び費用弁償等に関する規則（一九五九年中央教育委員会規則第一八号） 180
教育長の選任に関する規則（一九五八年中央教育委員会規則第六〇号） 181
養護教諭の任用並びに給与補助金割当基準（一九五八年中央教育委員会規則第五八号） 181
社会教育主事の任用並びに給与補助金割当基準（一九五八年中央教育委員会規則第五七号） 182
宿日直手当支給規則（一九五五年中央教育委員会規則第六号） 183
特殊勤務手当支給規則（一九五五年中央教育委員会規則第七号） 184
補助金交付に要する公立の小学校及び中学校の学級数及び教員数の算定基準（一九五八年中央教育委員会規則第四二号） 184
政府立学校学生生徒児童懲戒規則（一九五八年中央教育委員会規則第四三号） 185
社会教育のための講座並びに事業等に関する補助金交付に関する規則（一九五八年中央教育委員会規則第四五号） 186
教育振興奨励金交付規程（一九五五年中央教育委員会規則第六号） 187
新生活運動推進協議会設置規程（一九五六年訓令第一二号） 191
公立学校教育職員のへき地勤務手当補助金交付に関する規則（一九五八年中央教育委員会規則第一二号） 192
公立学校教育職員の単位手当補助金交付に関 194

する規則（一九五八年中央教育委員会規則第六四号） 197
公立学校職員の積立年次休暇に相当する金額の補助金交付に関する規則（一九五九年中央教育委員会規則第一九号） 199
政府立学校職員の勤務時間及び勤務時間の割振に関する規則（一九五七年中央教育委員会規則第六号） 201
政府立学校職員の日額旅費の支給を必要とする旅行並びに額及び一般職俸給表の適用を受けない者の日額旅費（一九五六年文教局訓令第一号） 201
政府立学校生産物処理規則（一九五六年中央教育委員会告示第四号） 202
教員志望学生奨学規程（一九五三年告示第一三九号） 204
留日琉球派遣研究教員制実施要項 210
学校対外競技の基準 211
文教地区建築規則（一九五八年規則第八四号） 215
文教局組織規則（一九五八年中央教育委員会規則第五号） 216
文教局処務規程（一九五六年中央教育委員会訓令第三号） 219
文教局委任規則（一九五八年中央教育委員会規則第六号） 233
文教局表彰規程（一九五八年中央教育委員会訓令第二号） 234
懲戒審査規程（一九五六年中央教育委員会訓令第一号） 236
文教審議会規程（一九五三年告示第七三号） 237
文教局職員の積立年次休暇に相当する金額の支給の方法に関する規則（一九五七年中央教育委員会規則第四九号） 239
超過勤務手当支給規則（一九五七年中央教育委員会規則第五〇号） 240
文教局文書種目の定（一九五八年中央教育委員会訓令第四号） 243
政府立学校文書種目（一九五八年中央教育委員会訓令第六号） 253
政府立図書館博物館文書種目（一九五八年中央

教育委員会訓令第七号）　255
文教局公印規程（一九五九年中央教育委員会訓令第三号）　258
出勤簿整理保管規程（一九五七年中央教育委員会訓令第一号）　261
休暇取扱細則（一九五八年人事委員会細則第一号）　262
盲学校、ろう学校の学級編制及び教職員定数の算定に関する規則（一九五九年中央教育委員会規則第三号）　264
義務教育学令児童及び学令生徒の就学義務の猶予及び免除に関する規程（一九五九年中央教育委員会規則第一七号）　265
琉球大学（一九五二年琉球列島米国民政府布令第六六号の第一四章）　277
琉球育英会法（一九五二年立法第三五号）　278
琉球育英会法施行規則　282
行政事務部局組織法（一九五三年立法第九号）　283
琉球政府公務員法（一九五三年立法第四号）　290
一般職の職員の給与に関する立法（一九五四年立法第五三号）　306
財政法（一九五四年立法第五五号）　312
会計法（一九五四年立法第五六号）　319
予算決算及び会計規則（一九五四年規則第八九号）　326
補助金等に係る予算の執行の適正化に関する立法（一九五七年立法第五七号）　349
補助金等に係る予算の執行の適正化に関する立法施行規則（一九五七年規則第一〇六号）　356
琉球政府公務員の退職手当に関する立法（一九五六年立法第三号）　359
琉球政府公務員の退職手当に関する立法施行規則（一九五六年規則第三八号）　362

五六号

一九五九年六月八日印刷
一九五九年六月一〇日発行

巻頭言　教育財政の確立を期待する

文教局庶務課企画係長　安谷屋玄信
〈写真〉水産高校実習船海邦丸の威容、〃教育環境の構成〃にとっ組んで参会者に多大の感銘を与えた喜如嘉小中校のＰＴＡ発表会
立法院に提出した文教局才入予算案の説明—一九六〇年度　文教局長　小波蔵政光　1
一九六〇年度文教局才出予算案の説明　2
一九五九年度研究学校紹介　6
一九五九年度実験学校紹介　6
本土の体育状況（琉大招へい講師）東京教育大学教授　前川　峰雄　7
職業興味検査　中・高校へ実施　8
結核性疾患教員について　保健体育課主事　謝花　喜俊　9
第六回社会教育総合研修大会　10
新しい道徳理解のための一方策　糸満高等学校　福元　栄次　11
気象相談室　伊志嶺安進　14
川原小学校　体格体力測定の結果と今後の指導方針　本若　静　15
新刊図書紹介　20
成長をあすに期待する盲ろう教育　盲ろう学校長　与那城朝惇　21
ろう児の生活意識に関する調査　沖縄盲ろう学校（ろう部）　仲村渠三郎　23
高等部新設と視覚障害者の職業教育　沖縄盲ろう学校教諭　町田　実　26
一九五九年度教員異動後の糸満地区学校長一覧　30
喜如嘉小中校ＰＴＡ研究発表会にのぞんで　社会教育課主事　山元芙美子　31
沖縄ユネスコ（国際連合教育科学文化機関）協会発会の辞　会長　山田　有幹　32
ユネスコはどんなことをするか　32
昭和三四年度全国学力調査は国語、算数に決定　33
社会教育の場に国際理解を　指導者用の「手引書」を編集　34
本土ユネスコ便り　34
日本のユネスコはどんな仕事をしたか　35
ユネスコ一行知識　35
［随筆］

寄宿舎の古つるべ（二）—教護連盟のお巡りさん　首里中学校長　比嘉　俊成　36
鎖夏随筆　居眠りと民主教育　学校教育課指導主事　吉浜　甫　38
霧島、宮崎の旅に思う　琉球育英会副会長　真栄田義見　39
［研究教員だより］
本土での雑感
（神奈川県高座郡海老名町立海老名中学校）
配属校の概観
那覇市垣花小中学校（埼玉県熊谷市立熊谷東小学校）　長嶺　栄一　42
赴任校の紹介　三島　勤　42
（東京都中野区立第四中学校）　砂川　淳一　43
信濃教育から　行動の再現をとおして
（長野市城山小学校）　大城　雅俊　44
東京の印象一つ
（東京都葛飾区立金町中学校）　本成　善康　46
私の研究計画
沖縄北中城村北中城中学校（東京都武蔵野市立武蔵野第三中学校）　下地　清吉　46
本土みたまま感じたまま
（千葉県千葉市立緑町中学校）　新城　繁正　47
編集子より　48
みどり音頭　平良健（振付）　49
新生活の歌
友寄景勝（作詞）、伊志嶺朝次（作曲）　50
四月のできごと　52
五月のできごと

五七号

一九五九年八月一七日印刷
一九五九年八月一九日発行

巻頭言　教育を生かすもの　大城真太郎
夏休みの学校管理と生活指導について　学校教育課　1
沖縄に対する文部省からの教育援助費　4
発達研究方法上の二・三の問題　文沢　義永　5

雷の力はどのぐらいのものか　9
[本地区の教員研修の動向]
八重山　指導主事　伊良皆高成　10
宮古　指導主事　砂川　恵保　12
本校における教員研修　粟国小中学校長　山城　幸吉　14
校内の自主的研修を高めるために　島袋小中学校長　具志　幸善　15
高等学校における教育研修　中部農林高等学校　町田　宗吉　17
へき地の教育研修におもう　伊平屋村野甫小中校　金城　哲雄　21
教育研修に望む　波照間中小校　黒島　廉智　22
私の当面している課題―移行措置について　伊江小学校長　仲松　源光　23
私の当面している課題　開南幼稚園　渡慶次ハル　25
体育施設用具の充実と活用　南風原小学校教諭　大城　道吉　26
日本音階からみた君が代の研究(一)　崎山　任　37
沖縄の民家史(一)　饒平名浩太郎　41
[随筆]
形見の哀傷　比嘉　俊成　46
わたり鳥の記　島本　英夫　47
麦わら帽は涼しいか　北村　伸治　49
[研究教員だより]
配属校の概観　(浦和市立大原中学校)　又吉　光夫　53
本土の第一印象　(東京都港区立愛宕中学校)　宮城　真英　53
信濃教育から　(長野市城山小学校)　大城　雅俊　54
私の研究計画　(愛知学芸大学付属岡崎小学校)　比嘉　初子　57
配属校の概観　(東京都港区立三光小学校)　中山　俊彦　59
「研究教員」についての研究報告　(東京都中野第十中学校)　徳山　三雄　60
六月のできごと　62
表紙に因んで　題　子供たち

読谷中学校　石嶺　伝郎　62

五八号

一九五九年八月二六日印刷
一九五九年九月一四日発行

特集　青少年不良防止
東恩納寛惇先生「海邦養秀」に題すより抜粋
[対策]
児童生徒の不良化防止策―学級担任教師への期待　文沢　義永　1
児童生徒の不良化防止について　那覇地区訪問教師　当山　賀助　2
[実態]
児童生徒不良化の実態　コザ中学校　照屋　正雄　5
児童生徒の不良化傾向の実態　諸見小学校長　山田　朝良　7
[主張]
不良化防止について思うこと　コザ連合区教育次長　宮里　信栄　9
青少年の不良化と家庭　小禄中学校教諭　嘉数　正一　10
[補導]
問題児の家庭を訪ねて　那覇連合区教育委員会訪問教師　嘉数　芳子　12
一九五九年夏季認定講習会招へい講師名簿　文　教　局　15
[随想]
形見の哀傷　比嘉　俊成　16
国語問答　17
日本音階からみた君が代の研究(二)　名護高等学校教諭　崎山　任　18
沖縄の民家史(二)　饒平名浩太郎　20
青年学級の教育構造と振興策　文教局主催社会教育主事講習会　27
[研究教員だより]
道徳指導における実践上の諸問題　付属長野小学校研究会に参加して　大城　雅俊　28
温泉猿ヶ京に旅して

（千葉市立緑町中学校）　新城　繁正
文教審議会答申第十二号の内容（原文）　33
七月のできごと　35
八月のできごと　36

五九号

一九五九年一〇月八日印刷
一九五九年一〇月一〇日発行

特集　実験学校
巻頭言　実験学校の歩み
学校教育課主事　仲本　朝教
実験学校の歩みから　金城　順一　1
送りがなのつけ方（一）―文部時報より　2
[実験学校のもよう]
本校における生活指導
真壁小学校　砂川　玄公　3
研究後の考察　金武小学校長　新里　孝市　5
一九五九年度前・後期招へい教育指導委員の配置計画　文教局　6
社会科における道徳指導
宜野座小学校　中山　興健　7
純漁村における職業教育
宮古地区　池間小中学校　9
気象談話室　伊志嶺安進　14
健康生活の習慣化　コザ小学校長　知花　俊吉　15
身体検査並体力テスト実施と結果の処理活用展開
下地小学校長　友利　完一　19
全国学力テスト終わる　昭和三四年度　国語・算数（数学）　23
研究テーマと主なる研究内容
仲泊中学校　伊波　忠子　24
全国学校・先生・生徒の数―文部統計速報より　25
読解指導をどのようにするか
豊見城中学校　上原　政勝　26
送りがなのつけ方（二）　29
[研究教員だより]
道徳における具体問題とその対策
学級指導の実態　大城　雅俊　30

（東京都港区立三光小学校）　中山　俊彦
楽しみを求めて　31
（千葉市立稲丘小学校）　島袋　晃一　36
原稿募集　36
表紙画募集　36
［広報］
一九六〇年度地方教育区に交付すべき教育補助金の交付額の算定に用いる測定単位及び補正係数に関する規則　37
一九六〇年度公立学校単級複式手当補助金交付に関する規則　38
学校運営補助金の交付に関する規則　39
へき地教育振興法施行規則の一部を改正する規則　45
へき地教育振興補助金交付に関する規則　47
一九六〇年度地方教育委員会行政補助金の交付額の算定に関する規則　48
公立学校教育職員の退職手当補助金交付に関する規則の一部を改正する規則　50
［対談］
新しい教育の目ざすもの—文部広報より
文部大臣　松田竹千代
東京都誠之小学校長　権野　開蔵
八王子の一母親　長里　静子
司会・評論家　今村　武雄　53
送りがなのつけ方（三）　55
一九六〇年度　年間行事計画　文教局　56

六〇号

一九五九年一一月一二日印刷
一九五九年一一月一四日発行

巻頭言　大田新主席に期待する
研究調査課主事　石川　盛亀　1
へき地教育振興について
学校教育課主事　知念　繁
送りがなのつけ方（四）—文部時報より　3
へき地における学校経営
与那国中学校長　前新加太郎　4
原稿募集　6

へき地教育を語る　渡嘉敷中小学校長　糸数　昌吉　7
[アンケート]
へき地教育で健闘する先生方の声
久高中小学校長　与那嶺義孝
伊平屋中学校長　中村　正巳
与那国中学校教諭　川崎　富子
水納中小学校長　島袋　盛慎
宮古多良間小学校
来間中小学校教頭　花城　とし
鳩間中小学校長　仲本　正貴
波照間中小学校長　黒島　廉智
渡嘉敷中学校教頭　吉川　嘉進　9
本校の状況　島中小学校長　仲盛　清一　14
私の好きな先生　与那国中学校一年　真田　正洋　14
和久君　水納中校三年　島袋　候栄　15
「へき地教育」を刊行　15
[随筆]
かわいいボスの目覚め
城岳小学校　松井　恵子　16
[広報]
本土におけるへき地級別指定基準―文部広報より　17
中学校の移行措置を通達―文部広報より　20
送りがなのつけ方(五)―文部時報より　20
中学校教育課程移行措置要領(全文)　21
新しい教育課程　24
[研究教員だより]
学校行事の演劇化
(長野市立城山小学校)　大城　雅俊　31
お見えになられました……では　32
道徳主題と取り組んでの反省と自覚点
(東京都港区立三光小学校)　中山　俊彦　33
「施行」「世論」の読み方　38
「へき地教育指導講座」東部会場から
(千葉市緑町中学校)　新城　繁正　39
案外大事にされない貴重な資料　M・N　41
昔の姿なかりけり　宮田　俊彦　41
昔の姿なかりけり
宮田俊彦(作詞)、田場盛徳(作曲)　42

九月のできごと

六一号

一九五九年一二月一〇日印刷
一九五九年一二月一二日発行

巻頭言　教育指導委員を迎えて　学校教育課長　大城真太郎　1
指導委員にきく　沖縄教育の問題点　学校教育課　2
産業教育総合大会
[教育指導委員]
沖縄の教育を現地に見て　沖縄派遣教育指導委員（東京都教育委員会指導主事）　山川岩五郎　3
沖縄の教育を現地に見て　沖縄派遣教育指導委員（山口県教育委員会指導主事）　原田　彦一　5
沖縄の教育を現地に見て　沖縄派遣教育指導委員（愛知学芸大学付属岡崎中学校教諭）　中島　彬文　7
音楽科指導にあたって　沖縄派遣教育指導委員（静岡大学教育学部付属浜松小学校教諭）　富永　忠男　8
音楽における指導計画について　沖縄派遣教育指導委員（広島県教育委員会指導主事）　梶山　逸夫　9
指導計画　名護地区指導委員　中島　彬文　10
数学教育の動向と課題　沖縄派遣教育指導委員（埼玉県教育委員会指導主事）　尾崎馨太郎　11
安保先生を迎えて　宜野座地区連合教育委員会指導主事　奥間　松蔵　13
気象相談室　伊志嶺安進　15
本土より指導委員を迎えて―宮古教育の転換期　松川　恵伝　16
教育指導委員を迎えて　名護小学校教科指導員　富名腰義幸　17
教育指導委員を迎えて　具志川中学校教科指導員　中里　勝也　19

［随筆］
秋日断想　新城小学校長　上原良知　21
［研究］
学級活動を通しての生活指導　ゲームをとりまく指導　伊野波小学校　比嘉初子　22
社会科学習スナップ　M・N　23
［抜粋］
三年生の特性を考えた道徳指導の実際（主題男女の交際）　宇都宮大学学芸学部付属中学校　24
むらしばい　みんな小校二年　なかそねかず子　32
［広報］
わが国の教育水準―文部広報より　33
［研究教員だより］
配属校の「道徳教育」展望　（千代田区立番長小学校）　糸洲守英　40
歓迎会を受けて　（新宿区立西戸山小学校）　山城実　42
年少労働者の中学校に対する要望について―特に中小企業における　（静岡県熱海市立小嵐中学校）　与那覇光男　43
原稿募集　44
初のへき地教育調査　十二月に実施　44
十月のできごと

六二号

一九五九年一二月二四日印刷
一九五九年一二月二六日発行

巻頭言　一九五九年の職業教育をかえりみて　職業教育課主事　玉城深二郎
地域社会における実験実習の在り方　沖縄工業高等学校機械課程主任　具志堅政芳　1
本校における進路指導について　阿嘉中学校教諭　新城啓弘　5
［広報］
高等学校における産業教育の改善―中央産業教育審議会建議全文（文部広報より）　6
こうほう　11
沖縄教育を現地に見て

沖縄派遣教育指導委員（福岡県教育委員会指導主事）　才所　敏男　12
声　糸満Ｓ・Ｓ　13
那覇地区の学校を訪問して
沖縄派遣教育指導委員（千葉市立稲丘小学校教頭）　川島　茂　14
宮古地区理科教育研修指導計画
沖縄派遣教育指導委員（東北大学教育学部付属小学校教諭）　秋葉　和夫　16
［随筆］
指導助言　社会教育課　清村　英診　17
教育指導委員を迎えて　辺土名地区教科指導員　平良　長康　18
本土より指導委員を迎えて　コザ中学校　米盛　富　19
本土より指導委員を迎えて　石川地区　宮城　邦男　21
教研スナップ　23
［研究］
学級会活動を通しての学級作り　伊野田小学校　島田　尚子　24
放送学習の実際　羽地中学校　喜屋武清昭　27
文教十大ニュース　30
養護教諭一か年をかえりみて　仲西中学校養護教諭　山里　洋子　31
養護教諭一か年をかえりみて　城前小学校養護教諭　宇座　厚子　33
みんなで新正を祝いましょう　34
〈写真〉第一四回国民体育大会のスナップ
第一四回国民体育大会に参加して　沖縄選手団総監督 保健体育課長　喜屋武真栄　39
一九五九年沖縄教育十大ニュース　42
一九六〇年（昭和三十五年）三月　本土卒業予定者名　琉球育英会東京事務所　43
教研スナップ　Ｋ・Ｉ生　49
［研究教員だより］
価値葛藤の場における道徳の指導―第十回全国大会道徳教育研究協議大会に参加して　（京都府木津小学校）　松原　聡　50
特設時間「道徳」の指導方法について

（東京都港区立三光小学校）　中山　俊彦　52
文教時報総目録―一九五九年一月（五〇号）より一九五九年十二月（六二号）まで　58
去年のお正月　松川小学校三ノ一　崎浜たか子　60
十一月のできごと

六三号

一九六〇年一月二四日印刷
一九六〇年一月二六日発行

巻頭言　教育課程改訂に際して　研究調査課長　喜久山添采
年頭のあいさつ　小波蔵政光　1
謹みて新年のごあいさつを申し上げます　琉球政府文教局　1
［学校行事特集］
紙上座談会　改訂指導要領における「学校行事等」について　編集部　仲本　朝教
安里　盛市
当銘　睦三
与那嶺仁助
石川　盛亀　2
新しい学校行事の年間計画　普天間小学校長　大里　朝宏　6
原稿募集　7
儀式運営上の問題点　知念中学校長　渡名喜元尊　8
〈写真〉宮古教職員会館完成　9
児童全員の参加をねらった本校学芸会の特色　城前小学校教諭　大山　力　10
教研スナップ　登　川　12
ネズミのなはし　石川　盛亀　13
子どもにしてあげる話　厄年について　15
松竹雑感　山内　茂月　16
ひとりごと　K・T　生　16
一九六〇年こそ新しい息吹を　沖縄盲ろう学校長　与那城朝惇　17
新春の希望　松川小学校六年　城間　勲　18
本校児童の災害の状況　普天間小学校養護教諭　山城富美子　19

五八年度高中校生の卒業後の状況調査 21
学園の緑化計画と実践について
北谷小学校長　比嘉　恒夫 22
[研究]
新しい指導要領によるローマ字のとりあつかいについて　仲里中学校　おおやまたかし 25
鼓笛隊の指導　城西小学校　玉木　繁 30
[随筆]
無から有を作る　越来小学校　松岡　みね 36
生活雑感　美里村高原小学校　喜納　文子 37
見たもの・思ったこと・望むもの
伊波小学校　伊波　政仁 38
ほめられた「ことば」
松川小学校教諭　東恩納美代 39
女教師の喜び　美里小学校　仲本　とみ 40
機械　社会教育課主事　清村　英診 41
[研究教員だより]
基礎学力の低下と訓練の意義
(千葉市緑町中学校)　新城　繁正 42
新しい学習指導要領における数学教育の批判と検討　(熱海市立小嵐中学校)　与那覇光男 43
《教研スナップ》 44
道徳と学芸会との関連
(千代田区立番長小学校)　糸洲　守英 44
脳中掲示用年表はいかが―歴史年表への疑問
X・Y・Z 47
十二月のできごと 50

六四号

一九六〇年二月二六日印刷
一九六〇年二月二七日発行

巻頭言　パン給食の実現
保健体育課長　喜屋武真栄
〈写真〉実験学校　健康生活の習慣化―コザ小学校
[学校給食特集]
二十万人のパン給食
保健体育課長　喜屋武真栄 3
どんなパンがよいか　学校給食コッペの場合 5

ミルク給食からパン給食へ　謝花　喜俊　6
これからの学校給食　与那嶺仁助　10
学校給食用パン審議会　12
本校の学校給食の実状と今後の計画
コザ小学校　伊波　英子　13
パンきゅう食　城北校五年二組　比嘉　勇　19
よろこんでミルクを飲ませるためにこんなことをした　嘉手納中学校　大湾　芳子　20
私達のミルク給食
嘉手納中学校二年　山城ヨシ子　20
学校給食用パン委託加工契約書　21
学校給食用製パン委託加工工場の認可並びに学校給食用パンの審査に関する規則　22
東日本学校給食研究集会　分科会記録―文部広報より　24
赤ん坊から年寄までの食物―特に学童の栄養について　農博　川島　四郎　28
算数数学における診断と治療
宜野座地区教育指導委員　安保　宏　34
中学校　新編新しい数学　一年　三五年度移行のための指導計画原案
那覇地区移行措置研究委員会　38
［一年のまとめ］
教師生活一年めをかえりみて
津堅小学校　安里日出光　45
よちよち先生―一か年を省みて
宮前小学校　喜友名正輝　46
給食用パン及びミルクの一日一人当りの熱量表　48
六年　国語科学習一年間のまとめに当って
浦添小学校　知念　たま　49
中学三年　国語科学習指導一年間のまとめ
那覇中学校　花城　有英　53
(六年)社会科学習一年間のまとめに当って
松川小学校　森田　清子　54
体育科学習と評価の活用について
津覇小学校　知念　清　57
体育評価について　浦添中学校　佐川　正二　60
沖縄学校建築に関する覚書(案)
文部省教育施設部助成課課長補佐文部技官
菅野　誠　66

一月のできごと
あとがき　正

六五号

一九六〇年三月一二日印刷
一九六〇年三月一五日発行

巻頭言にかえて　はじめに　編集部
［職業指導特集］
〈写真〉台湾の工業教育視察　1
台湾の工業教育　職業教育課主事　城間正勝　3
中学校職業指導の年次、月次計画（試案）
進路知識・情報について　新屋広　7
個人調査資料の概要　赤嶺貞行　11
カウンセラーが相談する場合の望ましい態度
浜中学校　松田正精　12
啓発経験　前津栄位　13
職業選択の指導　浜中学校　松田正精　14
中学校における職業指導と就職あつ旋について　下地純　19
就職後の補導（追補導）　垣花中学校　上原信造　21
図工教育雑感（その一）―指導委員の手紙
知念連合区指導委員　高智四郎　27
創造性を育てる教育へ
久米島連合区教育指導委員 文部省指導要領編集委員　長谷喜久一　29
〈写真〉焼窯つくり　31
〈写真〉文教局主催　全琉図工展作品紹介　34
第四回全琉児童生徒作品展を終えて　当銘睦三　37
昭和三十五年度の初等・中等教育の行事展望
―文部広報より　40
昭和三五年度初等中等教育局事業計画予定一覧―文部広報より　41
児童期の道徳性発達　琉球大学　文沢義永　43
第十七回（昭和三十五年前期）留日琉球派遣研究教員候補者名簿　47
［研究教員だより］
八丈島に旅して

（東京都千代田区立永田町小学校）　松田美代子　48
のぞましい職員室づくり
（千葉市立緑町中学校）　新城　繁正　50
日々の断片（京都市立明徳小学校）　古堅　英子　51
あとがき　53
二月のできごと　54

六六号

一九六〇年四月二五日印刷
一九六〇年四月二六日発行

特集　全国学力調査中間報告
はしがき　研究調査課長　喜久山添采
昭和三四年度全国学力調査中間報告
調査の目的　1
調査の対象　1
調査の教科と期日および時間　2
調査結果の概要　2
一　児童生徒の平均　2
二　児童生徒の得点の分布　3
三　学校平均点の分布　5
四　教育条件と学力との関係　7
五　領域別問題別にみた結果　8
調査問題　20
小学校国語　20
中学校国語　26
高等学校国語　32
小学校算数　40
中学校数学　45
高等学校数学　50
三月のできごと
あとがき

六七号

一九六〇年六月一〇日印刷
一九六〇年六月一一日発行

特集　教育指導委員の指導成果
巻頭言　教育指導委員の残した業績
文教局次長　阿波根朝次

招へい教育指導委員について　辺土名地区教育長　宮城　定蔵　1
アンケート　招へい教育指導委員について―
効果・反響・評価
糸満連合区教育長　宜保　徳助
八重山連合区教育長　糸数　用著
名護連合区教育長　大城　知善　2
沖縄派遣指導委員増員要請の件
沖縄ＰＴＡ連合会長　徳元　八一
第六回全沖縄ＰＴＡ大会議長　又吉　康林　3
[教科指導員はどのような研修ができたか]
小学校数学　辺土名小学校教諭　平良　長康　4
中学校数学　南風原中学校教諭　喜名　盛範　4
算数・数学　金武中学校　奥間　松蔵　5
小学校理科　登野城小学校教諭　与儀　兼六　6
小学校理科　城前小学校教諭　宮城　邦男　7
中学校理科　真和志中学校教諭　平良　良信　7
小学校音楽　名護小学校教諭　富名腰義幸　8
小学校図工　佐敷小学校教諭　知念　正健　8
へん地の学校へ図書を送ろう　Ｋ・Ｔ　生　8
電気課程　工業高等学校教諭　嘉数　二郎　9
野菜園芸　南部農林高等学校教諭　運道　武三　9
漁業　沖縄水産高等学校教諭　外間　正八
糸数　鉄夫
教育指導委員の継続派遣、並びに増員につい
運天　政一　10
て（陳情）　沖縄教育委員協会会長　西平　守由
沖縄教育長協会会長　阿波根朝松　10
アンケート　招へい教育指導委員について―
効果・反響・評価
登野城小学校長　桃原　用永
普天間小学校長　大里　朝宏
那覇中学校長　真栄城朝教
嘉手納中学校長　宮城伝三郎
沖縄水産高等学校長　山口　寛三
南部農林高等学校長　仲田　豊順
工業高等学校長　桃原　良謙　11
一九六〇年の教育界に望む
宮前校　具志　清繁　14
一九五九年度教育指導委員日程表　14

アンケート　招へい教育指導委員について―
効果・反響・評価
石垣小学校PTA会長　宮良　高司
中の町小学校PTA会長　玉山　憲栄
羽地中学校PTA会長　宮城　源通
具志川中学校PTA会長　宮城　桃俊　15
指導委員制度の実現に対する感謝と要望　16
現指導委員について
沖縄教職員会第一回校長部大会 議長　伊敷　喜蔵
東恩納徳友
出砂　隆功
校長部長　外間　昭宏
会長　屋良　朝苗　16
座談会　任おえて帰郷のときをまつ教育指導
委員にきく〃沖縄教育について〃　17
一九五九年度前後期　招へい教育指導委員の
配置計画(文教局)　20
新しく教壇に立つ諸君へ　岸本　喜順　21
初めて教壇に立つ方々へ
中城小学校長　新里　章　23
新しく教壇へ立たれる諸君へ
瀬喜田中校長　比嘉　良芳　24
国語問答「十周年」と「十週年」　25
[随筆]
教師雑感
安富祖中学校長　平田　啓　26
教育効果をあげるには父兄の協力から
本部中学校　崎浜　秀教　27
忙しさの中の喜び　坂田小学校　安村　律子　28
報告書「普通課程選考の反省」から
首里高等学校　村田　実保　29
対外競技について―その弊害をもたらすもの
商業高等学校　平良　健　31
対外競技雑感
前原高校　翁長　維行　33
対外競技について
名護高校　屋部　和則　35
学校応援団とその指導について
コザ高校生徒会指導部　36
学校応援団について
中村　義永　37
ひらかなで書いていただきたい　39
[文部広報より]
日本学校安全会の事業　40

減少する長欠児―三十三年度の調査結果から
父兄はどのくらい教育費を負担するか―
三三年度調査報告書から 42
全国学力調査の実施について 44
行年二十七才 47
喜瀬武原小学校長 玉木 清仁 47
標準読書力診断テストの結果とその考察
那覇市上山中学校教諭 本村 恵昭 48
[研究教員だより]
「農業に関する課程」の教育課程の改訂について―農業教育研究大会から
(神奈川県立平塚農業高校) 大屋 一弘 52
私の初旅雑感
(埼玉県大宮市立南中学校) 宮城 秀一 55
派遣初期における私の歩み
宮古下地小学校(横浜市立齋藤分小学校) 奥平 玄位 56
配属校生活一か月
宜野湾教育区立普天間小学校(神奈川県中郡伊勢原町立伊勢原小学校) 安谷 安徳 59
視聴覚教具教材利用の態度
(愛知県額田郡赤田中学校) 喜屋武清昭 61
配属校の概況について
(東京都北区立神谷中学校) 幸喜 伝善 64
四月のできごと

六八号

一九六〇年八月一〇日印刷
一九六〇年八月一一日発行

巻頭言 教育諸問題をたずさえて
文教局長 小波蔵政光
[全琉小中学校長研修会のまとめ]
全琉小中校長研修会の実施経過 1
学力向上 児童生徒の学力を向上させるために学校長としてどうすればよいか
学校教育課長 大城真太郎
小学校第一分科 3
漢字書き(一) 4
学校運営 校長の勤務のあり方はどうあるべきか 学校運営の能率化をはかるため

に学校の一日のプログラムはどうあるべきか　小学校第二分科　5
漢字書き(二)　6
指導　学校長はどのようにして教員を指導したらよいか　小学校第三分科　7
学校行事　年間学校行事のもち方はどのようにすればよいか　小学校第五分科　8
漢字書き(三)　8
中学校の移行措置と留意点(一)—文部広報より　10
基本的行動様式　学校生活における児童生徒の基本的行動様式をどのようにして確立するか　小学校第六分科　11
教育税　教育税に対する認識を深めるために学校はどのように努力すればよいか
学校教育予算の効果的運営をはかるにはどうすればよいか　小学校第七分科　13
安全教育　安全教育を徹底させるためにはどのようにすればよいか　小学校第九分科　14
漢字書き(四)　15
不良化防止　児童生徒の不良化を防ぐためにに学校はどのようにすればよいか　中学校第一分科　16
進路指導　進路指導はどのようにしたらよいか　中学校第二分科　17
漢字書き(五)　18
P・T・A　P・T・Aの健全な育成をはかるにはどうしたらよいか　中学校第三分科　19
健康教育　学校経営上健康教育を徹底させるにはどのようにしたらよいか　中学校第四分科　20
教師と児童生徒　教師と児童生徒の人間関係を深めるためにはどうすればよいか　中学校第六分科　21
中学校の移行措置と留意点(二)—文部広報より　23
帰任報告　日本生物教育会第十四回全国大会に参加して
石川高校教諭(沖縄生物教育研究会監事)　伊波　秀雄　24
雑詠(その一)　喜瀬原小学校　玉木　清仁　28

〔随筆〕
寸思―ヒイチルということ 与那城小学校教頭 森根 賢徳 29
中学校の技術・家庭科 設備充実の参考例―文部広報より 30
中学校の移行措置と留意点(三)―文部広報より 32
三四年度学校衛生統計 身長前年比 戦後最高の伸び―文部広報より 33
教育課程審議会答申全文 高校教育課程の改善―文部広報より 34
昭和三五年度体育局行事予定表 42
薩摩入りの歴史的意義―沖縄の封建社会 饒平名浩太郎 43
原稿募集 文教局研究調査課 48
〔研究教員だより〕
札掛を訪ねて (東京都新宿区立四谷第四小学校) 伊波 英子 49
配属校展望 (中野区立第四中学校) 川崎 治雄 50
配属校寸描 (山口県立水産高等学校) 東江 幸蔵 52
研究通信(一) (東京教育大学付属小学校) 嘉味元絜仁 53
全国一を誇る生産額 東京都立農芸高等学校 北部農林高等学校 新垣 善秀 57
一九六〇年夏季認定講習会招へい講師名 59
五月のできごと 60
雑詠(その二) 喜瀬原小学校 玉木 清仁 60
六月のできごと

号外二号

一九六〇年八月一八日発行
連合教育区の統合試案 1
現行教育関係法の一部改正と新立法について 2
六一会計年度教育予算の概要 3
資料に見る 4
じほう 4

六九号

一九六〇年九月九日印刷
一九六〇年九月一〇日発行

巻頭言　社会教育指導の心構え　社会教育課長　山川　宗英
〈写真〉第七回社会教育総合研修大会
[特集　社会教育]
社会教育における学級講座の諸問題　社会教育課　照屋　善一　1
新生活運動　社会教育課　嶺井百合子　2
活動するP・T・A　城西小学校　知念　正光　3
あいさつ　行政主席　大田　政作　5
職業教育を中心にした青年学級の運営について　具志川村青年学級主事　照屋　寛吉　6
教養の向上をめざす公民館活動　佐敷村馬天公民館　瀬底　正俊　7
嘉手納村における婦人会活動　玉城　信子　8
祝辞　立法院議員　安里積千代　9
農村における新生活運動のすすめ方　金武村伊芸公民館　仲間　茂夫　10
栄町婦人学級の歩み　大道小学校区婦人学級　我那覇ハツ　12
漢字書き(一)　12
私達の青年会運営から見た会運営のあり方　本部町青年会　石原　昌佐　13
原稿募集　文教局研究調査課　13
みんなこぞって新正月に　新生活運動推進協議会　14
青年学級紹介　沢岻青年学級　15
[教育研究]
夏休みの成績物の処理と活用　北谷中学校　末吉　英徳　16
夏休みの成績物の処理と活用について　石川市石川中学校　知念　仁幸　17
夏休み後の生活指導の一端　糸満地区兼城小学校　金城　実　19
学力向上策　私はこう考える—とくに中学校国語科の場合　那覇中校　上間　正恒　20
新生活運動　21

指導委員の足跡
糸満地区理科研修会長 真壁小校　福里　広徳　22
ある校長先生の話　23
［文部広報より］
現場における教育課程の編成　上野初等教育課長説明要旨　24
地方教育費の実態を見る　27
昭和三五年度社会教育局行事予定一覧　30
〈写真と版画〉第六回全国版画教育研究大会に出席して
［研究教員だより］
静岡からの便り（焼津市立小川中学校）　上原　政勝　31
良い品を多く生産する技術教育
宮古農林高等学校勤務（東京都立農芸高等学校第一回派遣技術研究教員）　与那覇　健　34
配置校紹介
宮古水産高等学校（静岡県立焼津水産高校）　与座　住安　36
新指導要領における小学校図工科の「役に立つもの」（東京教育大学付属小学校）　嘉味元絜仁　37
私の研修生活　（上野忍岡高校）　知念　トシ　39
小学校の教科時間外の体育管理について（東京都中央区立日本橋城東小学校）　大城　朝正　40
道徳教育について共通の理解をもつにはどうしたらよいか（東京都北区立神谷中学校）　幸喜　伝善　44
《ローマオリンピック》　T・M　44
薩摩入りの歴史的意義（二）―沖縄の封建社会　饒平名浩太郎　45
校長十戒　49
著書紹介　49
七月のできごと

七〇号

一九六〇年一〇月一二日印刷
一九六〇年一〇月一五日発行

巻頭言　最近の職業教育

職業教育課長 比嘉 信光

［職業教育］

工業高校のカリキュラムの改善 琉球大学教育学部 崎浜 秀栄 1

工業職業教育における機械課程 工業高校 豊岡 静致 4

本土の農業教育をみて （千葉県立安房農業高等学校） 長浜 真盛 6

〈写真〉本土の農業教育—安房農業高校

まえがき 文教局職業教育課 城間 正勝 9

職業教育原論 台湾省立師範大学工業教育学系 顧 柏岩 9

機械課程における問題点 沖縄工業高等学校機械課程 具志堅政芳 17

一九六〇年度教科指導委員配置きまる 19

漁業労働の特殊性に関する実態調査にもとづく一考察—練習船「海邦丸」実習随行レポート 沖縄水産高等学校教諭 運天 政一 20

寄宿舎運営のむずかしさ 沖縄盲ろう学校長 与那城朝惇 25

話しことば雑考 大城 立裕 28

道徳性診断テスト結果の概要 研究調査課 31

［研究］

読解指導を中心とした教材研究とその指導案 豊見城中学校 上原 政勝 39

縦笛の指導 名護小学校 富名腰義幸 43

高等学校学習指導要領改訂草案の要点—文部広報より 46

薩摩入りの歴史的意義（三）—沖縄の封建社会 饒平名浩太郎 58

［研究教員だより］

配属校の姿あれこれ （東京都千代田区立永田町小学校） 山里 芳子 62

施設備品の活用について思う （神奈川県中郡伊勢原小学校） 安谷 安徳 64

雨天体育指導 （東京都中央区立日本橋城東小学校） 大城 朝正 66

運動会のメモから （東京都新宿区立四谷第四小学校） 伊波 英子 67

こうほう 69

あとがき 70
八月のできごと 70
九月のできごと

七一号

一九六〇年一二月五日印刷
一九六〇年一二月七日発行

巻頭言 非行青年と学校教育 研究調査課長 喜久山添采
道徳教育の底辺は何か 学校教育課指導主事 松田州弘 1
[特集 少年非行防止]
実務学園をたずねて 編集部 2
おとなに望む子どもの声 5
補導主事 学園内の刺傷事件を契機として 那覇地区訪問教師 当間賀助 6
補導主事 問題家庭を訪ねて コザ連合教育委員会事務局 大城肇 9
補導主事 非行化の原因 読谷嘉手納連合教育区教育委員会事務局 喜友名正謹 11
補導主事 非行児の補導事例 普天間連合教育区 比嘉貞雄 12
成人大学講座開催要項 14
ある訪問教師の補導月報より 一九六〇年九月 15
青少年問題への提言―私の五つの願い コザ小学校 山城清輝 16
提唱 教育隣り組みと母性の結びつき 那覇地区訪問教師 嘉数芳子 18
提唱 教育隣り組みの発展を望んで 社会教育課主事 山元芙美子 19
提唱 あなたの家庭診断 那覇連合区教育委員会 社会教育主事 謝花寛じょう 21
特別寄稿 少年非行と児童相談所 沖縄中央児童相談所相談指導課長 幸地努 24
特別寄稿 児童福祉施設の立場から教育界に要望する 沖縄実務学園長 知名定亮 29

［教育指導委員］
沖縄に来て―思い出と前進と　沖縄派遣国語教育指導委員　野田　弘　31
国語教育についてのひとつの印象　教育指導委員　田中　久直　35
本土の教育状況紹介　小学校算数・中学校数学―千葉県においては学力向上をこのように推進している　沖縄派遣教育指導委員　白石　三郎　36
学校保健・序説　学校保健指導委員　杉浦　正輝　40
中学校理科実験観察を効果的に進めるために　学校教育課指導主事　松田　正精　45
本校における学力振興策　大山中学校　島　庄久　49
［随筆］
経験のない養護係になって　嘉手納小学校　仲村　史子　50
一言　今年こそ新正一本　日々の学習にもとり入れて　S・S　生　50
適確な表現を―週番教師の週訓反省　伊波　政仁　51
雑記帳　那覇教育研究所　石川　盛亀　52
理想の国字　越来中学校　安里　武泰　53
［文部広報より］
高校学習指導要領を告示　54
高校学習指導要領改正草案の修正点　54
解説　公務災害保障に改正政令　56
［研究教員だより］
中学校訪問記　静岡のかおり　国語教育の姿　上原　政勝　57
長欠児童の実態　文教局研究調査課　62
十月のできごと　64
あとがき　64
十一月のできごと

七二号
一九六一年一月九日印刷
一九六一年一月一一日発行

巻頭言　定時制教育の振興を期待して　職業教育課主事　笠井　善徳
年頭の辞　文教局長　小波蔵政光　1
［特集　定時制教育］
勤労青年教育の現状と問題点　職業教育課指導主事　宮里　勝之　2
定時制教育の特異点と問題点　全沖縄高等学校校長主事協会幹事　小嶺幸五郎　3
本校における定時制教育　糸満高校定時制課程主事　新垣　博　4
八重高定時制のいきさつ　八重山高校定時制主事　喜友名英文　7
昭和三五年文教十大ニュース―文部広報より　10
宮古高等学校定時制課程　主事　比嘉　三郎　11
定時制教育の問題点　首里高等学校定時制主事　伊計　雅夫　15
定時制教育の問題点　石川高等学校定時制主事　手登根維新　18
定時制教育の問題点　知念高等学校定時制主事　上江洲安則　19
定時制教育の問題点　糸満高等学校定時制主事　新垣　博　21
教研集会と授業参観―その一―　S・T　生　23
定時制課程　本校八年の足跡を顧みる　首里高校生徒会報道部　24
全国一の教研集会　T・O　生　26
定時制生徒の手記　あすへの希望　石川高校定時二年　我那覇八重子　27
定時制生徒の手記　入学からきょうまで　糸満高校定時制四年　比嘉美智子　28
うしによせる　石川　盛亀　30
一九六一年にのぞむ　久高小中学校長　与那嶺義孝　32
一九六一年に望む　粟国中学校　伊良皆啓次　33
［随筆］
新春随想　玉城中学校　垣花　実　34
幼い頃の正月に憶う　佐敷小学校　玉木　春雄　34
幼い頃の正月を語る　宜保　キミ　36
こんな先生になりたい　具志頭中学校　上江洲トシ　37

教え子とともにいて　百名小学校　喜名　和子　38
らくがき　石川　盛亀　40
本校の教育研修の現況　若狭小学校　仲村　善雄　41
沖縄文教関係十大ニュース　42
昭和三五年度全国学力調査全琉平均得点　研究調査課　42
教育指導委員の横顔　今帰仁小学校　渡久地　繁　43
[研究教員だより]
配属校の概況と十月中の研修概要
（教育大学付属駒場高校）　運道　武三　45
学校内でできる楽焼き―簡易焼成について
久米島仲里小学校（東京教育大学付属小学校）　嘉味元絜仁　46
原稿募集　文教局研究調査課　50
祖国の秋
（埼玉県大宮市立南中学校）　宮城　秀一　52
配属校の音楽環境
那覇市開南小学校（豊島区立千川小学校）　玻名城長要　53
教研集会と授業参観―その二―　S・T生　54
教鍵大会　Mヤマグ　54
文教時報総目録―一九六〇年一月（六三号）より一九六〇年一二月（七一号）まで　55
学校における保健教育
学校保健指導委員　杉浦　正輝　62
一二月のできごと

一九六一年二月四日印刷
一九六一年二月七日発行

七三号

巻頭言　科学教育における教師の任務
学校教育課長　大城真太郎
[特集　理科施設設備]
理振法とその解説　学校教育課　松田　正精　1
理科教育を推進させる観点　学校教育課　松田　正精　3
科学教育センターの機構と構想
科学教育センター（上山中校内）　金城　順一　4
紹介　糸満地区理科同好会　6

紹介　那覇地区理科教育研究会　7
紹介　久米島地区理科同好会　7
紹介　石川地区理科同好会　8
紹介　宮古地区理科同好会　8
青少年問題へ寄せる　大道小学校　大浜　安平　9
紹介　卵膜による浸透　真和志中学校　浦添　貞子　11
進みゆく社会の青少年教育―文部広報より　12
五八―六〇年度各小・中校の研究テーマ　研究調査課　19
高校日本史指導上　沖縄史の取扱い　島　まさる　24
浄水装置の製作　名護地区羽地中学校　糸数　新治　25
雑記帳　石川　盛亀　26
紹介　人絹をつくる　那覇中学校　仲松　邦雄　27
理科実験器具の製作とその活用の研究　糸満地区理科同好会　大城　善栄
長嶺　栄一　32
理科教育施設設備の現状とその対策　コザ中学校教諭　玉城　吉雄　41
自動式蒸留水製造装置の試作と困難性　平良中学校　野原　正徳　43
紹介　葉にできたでんぷんの検出　真和志中学校　屋良　朝惟　44
職業の研究と工業職業教育　台湾省立師範大学講師　鄭　孟之　50
［研究教員だより］
理科の指導計画と研究計画　（神奈川県中郡伊勢原小学校）　安谷　安徳　54
紹介　石川地区理科同好会会則　55
作問指導　（神奈川県渡久井郡藤野町吉野小学校）　仲本　興真　59
一月のできごと　60

七四号

一九六一年三月一三日印刷
一九六一年三月一五日発行

はしがき　研究調査課長　喜久山添采

全国学力調査報告　社会科・理科―昭和三五年一〇月五日実施　文教局研究調査課 1
A　調査の概要 1
B　調査結果 2
一　調査結果の概観 2
社会科―小学校 2
社会科―中学校 3
社会科―高等学校日本史 4
社会科―高等学校人文地理 5
理科―小学校 6
理科―中学校 7
理科―高等学校化学 9
二　児童生徒の得点分布 10
三　学校間の学力のひらき 15
四　課程別にみた高等学校の平均点 16
五　地域類型別にみた学力 17
小学校社会科調査問題―昭和三五年度全国学力調査 23
小学校理科調査問題―昭和三五年度全国学力調査 34
中学校社会科調査問題 43
中学校理科調査問題 54
高等学校日本史調査問題 65
高等学校人文地理調査問題 76
高等学校化学調査問題 86
昭和三五年度全国学力調査採点基準 93
文部省学習指導要領と琉球の学習指導要領の相違点（中学校） 100
二月のできごと

七五号

一九六一年六月一三日印刷
一九六一年六月一五日発行
巻頭言　職業教育課長　比嘉　信光 1
一九六一学年度高校長・教頭研修会　全体会議記録
「全琉高校長、教頭研修会各分科会のまとめ」
第一分科　適性に応ずる進学就職の望ましいありかたについて 5

高校長・教頭研修会日程　5
第二分科　学校運営における教育財政や関連法規について　6
第三分科　高校生の望ましい生活指導について　11
全琉高校長、教頭研修会　12
第四分科　教育課程と学習指導について　14
昭和三六年度全国中学校一せい学力調査実施要綱　15
第五分科
一　校地、校舎、施設、設備、備品の計画について　16
二　事務能率の増進について　16
研修方法　19
無から有を生む努力　沖縄盲学校長　与那城朝惇　20
教育指導委員K先生　今帰仁小学校　渡久地　繁　21
かなづかい談義　伊波小学校教論　伊波　政仁　24
〃沖縄文化〃の愛読をすすめる　登　川　24
尚敬王の時代―十八世紀の社会経済史　饒平名浩太郎　25
図書紹介　講座教育診断法（全七巻）　32
［研究教員だより］
雪国　（東京都新宿区立四谷第四小学校）　伊波　英子　33
魚肉ソーセージ　宮古水産高等学校（千葉県立安房水産高等学校）　田場　安寿　36
日本の国語教育をどうするか―石森延男先生の講演とその感想　（焼津市立小川中学校）　上原　政勝　39
昭和三六年度学力調査実施要綱　44
［高等学校生物研究会］
高校生の寄生虫検査について　コザ高等学校一年　南　庸雄　45
蝶の幼虫から成虫への外部形態の変化　那覇高等学校二年　伊波　敏男　47
教育相談に役立つ参考図書及び用具紹介　51
学力向上への道　八重山高等学校　53
連合区別長期欠席児童生徒調査（一九六〇学年度）　54

一九五九年度児童生徒の年令別発育統計表 54
改訂指導要録の記入要領
研究調査課主事 徳山 清長 64
紹介 低学年の製作活動についての諸問題—文部省教材等調査委員会理科小委員会議事録より 78
三月のできごと

七六号

一九六一年八月二日印刷
一九六一年八月二一日発行

はしがき
本土就職青少年職場視察団
文教局学校教育課指導主事 松田 州弘
名護中学校進路指導主事 仲村 秀雄
コザ中学校進路指導主事 幸地 清祐
寄宮中学校進路指導主事 大浜 安平
南風原中学校進路指導主事 花城 清弘
平良中学校進路指導主事 池村 恵祐
石垣中学校進路指導主事 本盛 茂
第一編 本土における新規学校卒業者の職場決定及び補導に関する機能的体制 1
一 労働者通達に示された基本方針 1
二 新規中学校卒業者需給調整要領 8
三 公共職業安定所と学校との連繋 15
四 公共職業安定所年間計画例 25
第二編 本土に於ける青少年職場の現況 32
一 アンケートの上から 32
二 雇用主の声 33
三 職場一般の事情 34
第三編 本土就職に関する今後の対策 36
一 本土就職に関する送り出し体制についての改善策 36
二 補導(定着指導)についての対策 39
第四編 中学校における進路指導の一考察 44
一 進路指導関係の学年別月別計画例(草案)(労働省試案) 44
二 大阪府教育委員会指導課案 47
日程表 63

第二回日本青年海外派遣報告書 67
東南アジヤ報告書　東村川田青年会　吉本　勲 72
対外競技の基準を改訂―文部広報より 75
高等専門学校について―文部広報より 76
尚敬王の時代(二)―十八世紀の社会経済史　饒平名浩太郎 79

七七号

一九六一年一一月一八日印刷
一九六一年一一月二〇日発行

巻頭言　中学校技術・家庭科担当教員の現職教育の必要性から　文教局職業教育課長　比嘉　信光
〈写真〉第二回中学校技術科担当教員の会　現職訓練、第二回中学校技術担当教員の作品展示会、真和志中学校設備紹介・実習状況 1
[中学校技術科教員の技術研修]
中学校技術科のセンター校設置及びその教員訓練　職業教育課主事　城間　正勝 7
沖縄での職業教育技術研修会報告書　那覇中学校教諭　佐久本　哲 13
第二回中学校技術研修会　宜野座中学校　仲間　清 15
台湾省立師範大学講師団による第二回の技術研修　西原中学校教諭　与那嶺　浩 17
台湾沖縄での職業教育技術研修会の状況　コザ中学校職業科教諭　前原　信男 18
中学校における職業教育の回顧と展望　職業教育課 21
[随筆]
学校経営雑感　越来小学校校長　山城　宗雄 23
おわび 24
中部離島見聞記　中央教育委員　石垣　喜興 25
初の田研支部による研究発表会 27
人間形成からみた音楽の機能性(曲り角に来た音楽教育)　石川高等学校　崎山　任 28
教育心理技術講習会並に講演会開催のお知らせ 32
尚寧王の時代(一)　饒平名浩太郎 33
[研究教員だより]

千葉県習志野市立津田沼小学校　嘉陽田朝吉　39
全国大会に参加して
(神奈川県川崎小学校)　本村　朝祥　40
全国中学校一せい学力調査と指導要録
中等教育課長　安達　健二　44
昭和三六年度全国中学校一せい学力調査　調査問題の作成方針とねらい　48
理科学習指導における科学的思考
学校教育課指導主事　松田　正精　52

号外四号

一九六二年一月二二日発行

教公二法の立法はなぜ必要か―教員の身分保障と教育を通じ全住民への奉仕　1
中教委会議録からみた教公二法案の問題　12
地方教育区公務員法案　21
教育公務員特例法案　31

七八号

一九六二年一月二七日印刷
一九六二年一月二九日発行

校内研修にひとこと　研究調査課長　浜比嘉宗正
四十五分間の主軸をたてよう
指導主事　松田　州弘　1
校内研修の動向―那覇地区の現状を考えて
那覇連合区教育委員会指導主事　平良　良信　2
校内研修の動向―南部連合区
指導主事　与那嶺仁助　4
研修の動向
宮古連合区　譜久村寛仁　8
校内研修の組織と運営
仲西小学校長　平良　利雄　12
小学校　本校の校内研修概要
宮森小学校長　仲嶺　盛文　14
小中併置校　本校の校内研修概要
本部町瀬底小中学校長　玉木　健助　15
校内研修のあい路とその打開策
豊見城中学校　当銘　武夫　16

中学校としての研修のあり方　仲西中学校長　親富祖永吉　17
校内研修時間を生み出すためのくふう　普天間小学校長　大里　朝宏　18
[私の研究]
私がこころみた入門初期の文字板学習　瀬喜田小学校　比嘉八重子　20
青森市における第十一回全国学校保健大会に参加して　東江小学校長　安井　忠松　22
全国一健康優良学校紹介　26
《研修　特別教育活動》　宮前小学校教頭　奥間　信一　26
標準読書力診断テスト結果の概要　研究調査課　27
尚寧王の時代(二)　饒平名浩太郎　35
《校内研修　道徳指導単元》　真喜屋小学校長　知念　文平　38
[随筆]
秋田国体参観記　中教委員　石垣　喜興　40
教師と服装　中央教育員　石垣　喜興　41
科学技術教育　学校教育課指導主事　松田　正精　50
これも教具のひとつか　泊小学校　多嘉良行雄　56

七九号

一九六二年六月二五日印刷
一九六二年六月二七日発行

特集　小学校・中学校・高等学校　昭和三六年度学力調査のまとめ
はしがき　教育研究課長　親泊　輝昌
[昭和三十六年全国学力調査報告　小学校高等学校の部]
A　調査の概要　1
調査の目的　1
問題作成の方針　1
調査した教科と時間　1
調査対象　1
B　調査結果の解説　2
小学校国語　2
小学校算数　5
高等学校英語　11

C　学力調査問題および正答率　16
小学校国語調査問題　16
小学校算数調査問題　23
高等学校英語調査問題　29
[昭和三十六年全国学力調査報告　中学校の部]
I　調査の概要　33
調査の趣旨　33
調査の方法　33
調査問題の作成　33
II　調査結果の解説　34
平均点　34
問題別、分野、領域等別に見た結果　34
国語　34
社会　41
数学　47
理科　54
英語　60
生徒の得点分布　65
学力と個人的条件との関係　65
地域類型別にみた学力　67
都道府県間の学力のひらき　70
III　学力調査問題および正答率　73
第二学年国語　73
中学校第三学年国語　79
中学校第二学年社会　85
中学校第三学年社会　91
中学校第二学年数学　96
中学校第三学年数学　101
中学校第二学年理科　108
中学校第三学年理科　114
中学校第二学年英語　120
中学校第三学年英語　125
あとがき

八〇号

一九六二年九月三日印刷
一九六二年九月五日発行

はしがき　文教局長　阿波根朝次
教育予算の内容はどうなっているか　一九六三

年度予算編成方針 1
一九六三年度文教局重点施策 2
一九六三年度日米援助額 11
一九六三年度文教局各課重点目標 12
一九六三会計年度文教局予算中の地方教育区への各種補助金及び直接支出金 30
法律上の義務経費と人員調（事業費のみ） 35
一九六三年度文教局才出予算 36
校長・教育委員研修会　質疑ならびに要望事項 39
［随筆］
委員会「こぼれ話」 中央教育委員　石垣　喜興 44

号外五号

一九六二年九月一八日発行
高校生の急増対策の鍵 1
高校教員養成計画と優秀教員の完全採用 1
高等学校教育課程の改訂と進学指導 1
政府立高等学校生徒急増対策の概要 2
教育備品充実に教育関係者の関心を 2

八一号

一九六二年九月二七日印刷
一九六二年九月二九日発行
特集　教育関係法令
学校教育法の一部改正 1
学校教育法の改正されたか所 1
教育職員免許法等の一部改正 3
教育職員免許法の改正されたか所 3
教育職員免許法施行規則等の一部を改正する規則 7
教育職員免許法の一部を改正する立法及び教育職員免許法施行規則等の一部を改正する規則の施行 22
琉球学校給食会法 28
琉球学校給食会法施行規則 35
学校保健法 37
学校保健法施行規則 42

号外七号
一九六三年二月二日発行
教育区財政調整補助金の構想 1
各教育区間における教育費の不均衡　抜本策が急務 2
高等弁務官、大幅な無料教科書配布計画を提案 3
教育区財政調整補助金算出のための資料―基準需要額の算定 4

号外八号
一九六三年二月一五日発行
地方教育区公務員法の構造
教育公務員特例法の構造

八二号
一九六三年一一月二三日印刷
一九六三年一一月二五日発行
はしがき　文教局調査広報課長　安谷屋玄信 1
一九六四年度教育予算はどうなっているか
予算編成方針 2
一九六四年文教局重点施策(要項) 26
一九六四年度文教局各課目標 27
一九六四会計年度文教局予算中の地方教育区への各種補助金・直接支出金と政府立学校費 36
教育関係日米援助の状況 40
他局に組まれた文教予算 41
一九六四年予算説明会　質疑と要望事項―久米島地区 41
一九六四年度文教局才出予算 42
沖縄の教職員の皆さんへ　東京教育大学付属小学校　長谷喜久一 44
校長指導主事等研修講座に出席して　山田小中学校長　玉木　清仁 45
一九六四年予算説明会　質疑と要望事項―旧辺土名地区、那覇連合区 49
昭和三八年七月教育課程審議会　学校における道徳教育の充実方策について―答申全文

紹介　文教局指導課　50
一九六四年予算説明会　質疑と要望事項—中部連合区、南部連合区　54
あとがき　55

八三号

一九六四年一月二三日印刷
一九六四年一月二五日発行

特集　全琉教育作品展
〈写真〉第三回教具作品展、初の本土政府経済援助による練習船（翔南丸）　1
全琉教育作品展総括　文教局指導主事　松田　正精　7
教育作品展の概況　南部連合区指導主事　吉川　嘉進　10
（資料Ⅰ）教育展出品作品名と関係学年　11
教育作品展の反省と次期への対策　北部連合区　12
教具製作をこころみて　百名小学校　喜舎場米子　13
（資料Ⅱ）教具作品展作品名と関係学年　算数・理科　11
三位数の書き方指導板—スチール板　東江小学校二年担任　17
天体星座板　大城　文子　金城　秀樹　砂川ちよの　宮里　政順　宮城小夜子　桜川雅浩（父兄）　18
グラフ指導板　大城　文子　金城　秀樹　砂川ちよの　宮里　政順　宮城小夜子　桜川雅浩（父兄）　18
日本の鉄道　渡具知美代子　仲村　栄光　島袋チエ子　金城　民定　20
校舎模型　宮里　政順　20

音階早見板の作成　百名小学校教諭　大嶺　礼子　22
「簡単なプラネタリウム」製作
百名小校　小松　澄子　22
本部半島地形模型　屋部中校　久高　将清　24
分数図解説明器　東江小学校四年担任　26
(資料Ⅲ)教具作品展作品名と関係学年　理科・
体育・音楽　27
香川研修を終えて
久米島具志川中学校長　上江洲仁清　28
(資料Ⅳ)教具作品展作品名と関係学年　音楽・
国語・共通　33
国語審議会報告全文　国語改善の考え方につ
いて―文部広報第三六七号より　34
文教局四階へひっこす　40
基準坪数を改訂　昭和四三年度を基礎数値と
して―文部広報第三六六号より　41
(資料Ⅴ)教具作品展作品名と関係学年　家庭・
数学・美術・体育　43
公立文教施設整備費第二次五か年計画　坪数
および昭和三九年度概算要求額　44

八四号

一九六四年四月四日印刷
一九六四年四月四日発行

特集　道義高揚週間
学校における道徳教育　松田　州弘　1
座談会　道徳教育を支えるもの　あい路とそ
の打開のために
(学校側)　城岳小学校教諭　糸洲　守英
首里中学校教諭　幸喜　伝善
那覇高等学校長　仲田　豊順
(父兄側)　前島小学校ＰＴＡ　屋嘉　勇
那覇中学校ＰＴＡ　下里　信子
大道小学校ＰＴＡ　武村　朝良
寄宮中学校ＰＴＡ　嘉手納タケ
(文教局)　司会・指導課長　比嘉　信光
教育研究課長　親泊　輝昌
指導課指導主事　松田　州弘　3
第一一九回定例中央教育委員会　13

小学校低・中学年における道徳指導　とくに
基本的な考え方　神原小学校　新崎　侑子　14
道徳の時間における指導法の追求
真和志中学校　浦本　茂則　18
第一二〇回臨時中央教育委員会　24
自主性を高める学級活動
久松小学校　池城　恵正　25
第一二一回定例中央教育委員会会議　27
[資料]
明るく住みよいまちや村をつくるために
那覇市民憲章・各地の市民憲章　28
[親子二〇分読書実践の作文]
おやこどくしょ
高良小学校二年　ぐしじゅんこ　33
[行事計画　青少年健全育成強調月間運動　文
教局実施計画案]
道義高揚週間　四・六～四・一一　34
環境浄化週間　四・一三～四・一八　38
[資料]
よいこのくらし
城前小学校　41
ぜひ全家庭におすすめしたい「親子二〇分読
書」　高良小学校　47
[親子二〇分読書実践の作文]
私の二〇分読書
高良小学校五年　佐久田久美子　51
親子二〇分読書をやって
高良小学校六年　高良留美子　52
[優良図書紹介]
教師のために　教育研究課　53
教師、父兄一般のために　教育研究課　55
小・中校生むきの図書　教育研究課　57
訪問教師の役目　58
あとがき　登　川　59

八五号

一九六四年四月一一日印刷
一九六四年四月一一日発行

特集　環境浄化週間
望ましい環境　文教局指導課長　比嘉　信光　1

青少年の非行防止に直接あたる政府内の諸機関 2
座談会　環境浄化のために何をなすべきか
（PTA関係）　壺屋小学校PTA　松田　政治
（学校関係）
首里中学校進路指導主事　長嶺　勝正
那覇連合区訪問教師　大浜　安平
中部連合区訪問教師　大城　肇
（政府関係）
児童相談所長　松井　隆男
警察局刑事課長　町田　宗綱
厚生局公衆衛生課環境衛生係長　新里　芳雄
文教局社会教育課主事　嶺井百合子
司会・文教局調査広報課長　安谷屋玄信
（市役所関係）
那覇市民政課社会教育係長　棚原　憲令
那覇市民政課社会教育担当　名嘉　喜伸
［よせがき］
環境を浄化するためにひとこと 3
琉大助教授　島袋　哲
コザ中学校長　喜友名朝亀
名護町主婦　宮城　ハル
沖縄PTA連合会長　徳元　八一
那覇高等学校長　仲田　豊順
社会教育課主事　当銘　睦三
琉大教育学部研究生　小浜　安祥
那覇市大道　立津　龍二
沖縄タイムス企画局次長　宮城　鷹夫
中部連合区教育長　宮里　信栄 15
子どものために考える母親に接して　山元芙美子 20
教育隣組は子ども会を育てよう
社会教育課　当銘　睦三 23
［教育隣組の成功した例］
東風平村富盛部落の教育環境　知念　善栄 24
教育となりぐみ「ふたば会」のあゆみ
那覇市高良小学校区　赤嶺　貞義 25
私たちの隣組の子ども会　読谷村座喜味区
松田　敬子 26
社会教育主事の全般的指導事例　読谷村読谷区
宮城　元信 27
［訪問教師の記録］

子どもを指導するおとなのみなさんへ
中部連合区訪問教師　兼城　和　29
盗癖のF子（一三才―六年女児）
那覇連合区訪問教師　嘉数　芳子　32
欠席がちなA君（小学校四年―男児満一〇才）
那覇連合区訪問教師　長嶺　哲雄　35
家出癖のH君（一四才―男児）
那覇連合区訪問教師　大浜　安平　37
青少年非行の問題について
教育研究課　徳山　清長　40
父兄の方々に読んできかせたい　反抗期における子どもの心理と取り扱い
田中教育研究所所員　品川　孝子　47
あとがき　登　川　58

八六号

一九六四年五月一五日印刷
一九六四年五月一五日発行

特集　学力向上のための局長対談
特集　教育委員会法一部改正を協議
［学力向上のために文教局長と対談］　答える人　阿波根朝次　1
はじめに
全般的問題　徳山　清長　2
社会科　徳山　清長　3
国語科　黒島　信彦　6
算数（数学）科　喜久里　勇　8
理科　松田　正精　12
英語科　上原　敏夫　15
［シンポジューム　青少年健全育成の対策を語る］
講師　文教局長　阿波根朝次
琉大助教授　赤嶺　利夫
警察局刑事課　東江　清一
沖縄中央児童相談所　幸地　努
司会・文教局指導課　松田　州弘
あいさつ　文教局指導課長　比嘉　信光　17
第一二二回臨時中央教育委員会　31
［中央教育委員会会議のもよう］

一九六五年度文教局出才予算を審議　大幅増額を要請 32
教育委員会法の一部改正　中教委慎重に協議 43
教育委員会法の一部を改正する立法（協議のための試案） 49
［研究報告］
岡山教育を語る　平良第一小学校長　砂川　恵保 55
第五回全琉小中学校長研究協議会 59
あとがき　登　川 60
表紙によせて―作者のことば　神原小学校教諭　富永　信子 60

八七号

一九六四年六月一〇日印刷
一九六四年六月一五日発行

特集　一九六五年度文教局才出予算説明
一九六五年度文教局才出予算案の説明 1
文教局予算要求の経過 7
琉球政府一般会計才出予算各部局別比較表 15
一九六五年度文教局支出予算見積の編成方針 16
一九六五年度文教局予算要求明細書 24
沖縄の特殊教育―（盲・聾を除く）　義務教育課 34
公立小中学校の規模の適正化―小規模学校の解消　義務教育課 44
学校を統合してみて　伊原間中学校長　黒島　廉智 45
寮設置による学校統合　大原中学校 48
要望事項　教育委員　君島　茂 50
［文部広報より］
道徳の指導資料の使い方　人間尊重を基調に　学校の実情に適した指導を―文部広報第三七六号より 51
補助教材の取り扱い　入手の手続き・方法は公正に―文部広報第三七六号より 58
「補助教材の取り扱い」をめぐって　前向きの解釈を―文部広報第三七七号より 59
中校教育課程研究集会　全国共通問題 62

高校教育課程研究集会　全国共通問題　65
あとがき　登　川　68

八八号

一九六四年六月二〇日印刷
一九六四年六月二五日発行

特集　教育財政のあらまし
教育財政のあらまし―一九六二会計年度教育財政調査結果より　調査広報課　1
公立小・中学校教員に関して―学校基本調査の結果より　調査広報課　12
［研究発表］
親子関係からみた家庭学習―東京の親子との比較を中心に　教育研究課　黒島　信彦　20
第一二三回臨時中央教育委員会会議　29
［広報］
新しく教育区におかれた体育指導委員とは　保健体育課　30
［全琉小中学校長研究協議会］
ひとこと　編　集　子　32
栃木の教育に学ぶもの　山内中学校長　当真　嗣永　32
校内の態勢づくり　百名小学校　中村　直雄　35
［資料］
学校設備調査結果まとまる　38
［全琉社会教育研究総合大会］
私たちの青ばと教育隣組の活動　上地　信子　39
［広報］
第一二四回定例中央教育委員会会議　41
［研究発表］
健全なる国民の育成をめざして―『教育』は悩み　『教師』は苦しむ　久米島小学校長　仲間　智秀　42
まず算数と数学―精薄児用教科書を作成　文　部広報三八一号より　45
［研究教員だより］
科学的思考育成の必要性　宮古久松中学校教諭（富山県富山市五福理科教育センター）　田場　重雄　46

［資料］
自営者の養成と確保　高校の農業教育改善策―文部広報第三七九号より　48
伸びるテレビの利用　ラジオの普及率九四％以上―文部広報No.三七八より　54
あとがき

八九号

一九六四年九月一日印刷
一九六四年九月三日発行

特集　一九六五年度文教局予算解説
まえがき　文教局調査広報課長　安谷屋玄信　1
文教局予算のあらまし　3
文教施設及び設備備品の充実　4
教職員の待遇改善と資質の向上　6
地方教育財政の強化と指導援助の拡充　8
教育の機会均等　10
特殊教育の振興　12
高等学校生徒の急増対策　12
産業科学技術教育の振興　13
学力向上と生活指導の強化　14
育英事業の拡充　16
保健体育の振興　18
社会教育の振興　21
文化財保護事業の振興　23
琉球歴史資料編集と県史編さん　24
琉球大学の充実　25
一九六五会計年度文教局予算中の地方教育区への各種補助金、直接支出金と政府立学校費　27
教育関係日米援助の状況　32
補助金の執行は慎重に　手続上守ることがら　33

九〇号

一九六四年一〇月三〇日印刷
一九六四年一〇月三一日発行

〈写真〉東京オリンピックの聖火　遂に本島一周を果す　1
人材養成計画立案のための初の〝職場学歴構成

調査〟を実施　調査広報課　9
学校基本調査中間報告　調査広報課　13
オリンピック東京大会聖火沖縄リレー　保健体育課　17
一一月九日より三日間　第一七回沖縄体育大会行なわる　19
教育財政校長教育委員研修会　主なる質問事項とその解答　調査広報課　20
中学校卒業認定試験実施について　琉球政府文教局　29
[研修報告]
研修講座に参加して　宮古鏡原小学校教頭　砂川　禎男　30
全日本書道教育研究会大分大会に参加して　南風原小学校教諭　前泊　福一　31
図書紹介　現代の書写・書教育　33
一般職の職員の給与に関する立法の一部を改正する立法　34
「健康の日」実施要項　35
[資料　文部広報三八三号より]
四分の一はへき地校　望まれる諸条件の改善　42
義務教育諸学校施設費国庫負担法施行令等の一部改正　教室不足の範囲を明示　48

九一号

一九六四年一一月一五日印刷
一九六四年一一月一六日発行

特集　学校給食十周年
〈写真〉調理から整理まで　完全給食の実際
学校給食実施十周年にあたって　保健体育課長　中村　義永　1
座談会　学校給食十周年にちなんで　教育効果の大きい完全競争をすすめる　7
前島小学校長　喜久山添采
開南小学校教頭　津波古充吉
那覇区教育委員会栄養士　金城　里子
座安小学校栄養士　饒平名佐夜子
開南小学校PTA婦人部副部長　本部紀久子
司会・文教局保健体育課主事　謝花　喜俊

学校給食に対する日英米の国庫補助額の比較　文教局保健体育課主事　赤嶺　潤子　8
学校給食十年の歩み　16
学校給食用パンの製造過程　保健体育課主事　謝花　喜俊　17
学校給食の現況　20
完全給食校をたずねて―東江小学校　保健体育課　21
　登　川　25
完全給食を実施してみて　城前小学校長　仲嶺　盛文　26
わが校の学校給食　座安小学校栄養士　饒平名佐夜子　29
給食準備室の計画を始める学校のために　保健体育課　照屋　善一　31
図書紹介　33
学校給食用物資　34
学校給食関係予算　35
学校給食と体位　36
リバック委員会　38
図書紹介　38
琉球学校給食会　39
学校給食会の機能をあげて完全給食の促進を図る　琉球学校給食会理事長　喜村　清繁　40
《残菜の取扱いについて》　40
学校給食用製パン委託加工工場　41
［講話］
学校給食と人間形成―天野貞祐先生講演　給食広報より　42
文部省主催第二九期校長指導主事等研修講座のもよう　湧川中学校長　新城　力　44
偏食はなおせるか　45
世界各国の学校給食に対する国庫補助実施状況　46

九二号

一九六五年一月二二日印刷
一九六五年一月二五日発行

特集　教育財政の現場とその推移
序　文教局調査広報課長　安谷屋玄信　1

はじめに 3
A 教育費の推移 4
一 小学校教育費の推移 10
二 中学校教育費の推移 13
三 幼稚園教育費 17
四 教育行政費の推移 17
五 社会教育費の推移 19
六 地方における教育費の財源について 21
七 教育税の推移と問題点 23
B 公立小・中学校の生徒一人当り教育費の本土比較（一九六三会計年度―昭和三七年度）
一 小学校 32
(一) 教員の給与 32
(二) 建築費 33
(三) その他の教育費 37
(四) 所定支払金 38
(五) 債務償還費 39
(六) まとめ 40
二 中学校 41
(一) 教員の給与 42
(二) 建築費 43
(三) その他の教育費 49
(四) 所定支払金 49
(五) まとめ 50
三 私費による教育費 50
C 問題点と結び 51
一 総人口に対する義務教育人口の重圧 53
二 生徒一人当り教育費の格差の増大 53
三 教育費の日琉格差の問題点 54
四 国民所得と政府財政及び教育費 55
教育委員会法の一部を改正する立法（案） 58

九三号

一九六五年一月二九日印刷
一九六五年二月一日発行

特集 中・高校卒業者の卒業後の状況
[特別寄稿]
〃根性〃について 61

スタンホード大学　高瀬　保　1
一九六三学年度中・高校卒業者の卒業後の状況　調査広報課　3
中校卒業者の県外就職先をたずねて
石垣中学校教頭　大田　正吉
越来中学校進路指導主事　泉川　寛清
佐敷中学校進路指導主事　玉木　春雄
平良中学校進路指導主事　仲間　一　8
[対談]
沖縄の職業教育振興を願って
スタンホード大学　高瀬　保
沖縄経営者協会　新里　次男　15
職場学歴構成調査中間報告　21
[資料]
一九六四学年度高校入学志願者と入学者　調査広報課　22
精神的空白に新たな理想―「期待される人間像」中間草案　文部広報第三九三号　24
小・中・高校の校舎概況　調査広報課　40
[研修報告]
東日本学校給食栄養管理講習会に参加して
南風原中学校　金城　光子　49
全国幼稚園研修会に参加して
石川市伊波幼稚園　玉城　勝子　52
わが国の教育水準　昭和三九年度　文部広報第三九〇号より　54
南極観測船船名募集要項　文部省内南極地域観測統合推進本部　文部広報第三九三号より　66

号外一〇号

一九六五年五月一〇日発行

沖縄の教育費―みんなで考えよう　1
国民経済と教育予算　1
教育費はどのように伸びてきたか　1
児童生徒数の推移はどうなっているか　2
生徒一人当りの教育費を本土と比較したら　2
どのような経費が本土との格差を生じさせたか
沖縄の教育費の財源はどうなっているか、　3

本土ではどうか 4
沖縄の教育財政の将来はどうか 4

九四号

一九六五年五月一〇日印刷
一九六五年五月一五日発行

特集　高等学校教育費の推移と現状
〈写真〉高校生徒急増対策の一環として新設された高等学校
高等学校教育費の推移と現状　調査広報課 1
はじめに 1
A　高等学校教育費の推移 1
一　高等学校（全日制）教育費の推移 1
二　高等学校（定時制）教育費の推移 7
三　高等学校教育の質的な面の推移 13
B　高等学校生徒一人当り教育費の本土比較（一九六三会計年度—昭和三七年度） 20
一　高等学校（全日制） 20
二　高等学校（定時制） 30
三　私費教育費 34
C　後期中等教育一つの課題 36
沖縄学生調査完了す—育英会報第四二号より 39
家庭教育研修概況　文部省社会教育官　藤原　英夫　社会教育課 41
［研究教員だより］
白泡の感　沖研員（大阪市立難波養護学校）　芝　千雲 56
特殊学級の実態と指導法　那覇市上山中学校（栃木県下都賀郡大平町立大平中学校）　久高　将宣 58

九五号

一九六五年六月五日印刷
一九六五年六月一〇日発行

特集　一九六五学年度学校教育指導指針及び学校運営における指導指針の生かし方
I　一九六五学年度　学校教育指導方針 1

Ⅱ　学校運営における指導方針の生かしかた　5
一　学校経営　譜久村寛仁　5
二　教育課程　与那嶺　進　8
三　学級経営　幸喜　伝善　9
四　教科経営　12
（一）国語　島元　巌　12
（二）社会　松田　州弘　13
（三）算数・数学　与那嶺　進　18
（四）理科　栄野元康昌　20
（五）音楽　与那覇　修　22
（六）図画・工作・美術　国吉　邦男　24
（七の一）家庭　吉田　トミ　24
（七の二）技術・家庭　仲宗根忠八
吉田　トミ　26
（七の三）農業（高校）　和宇慶朝隆　27
（七の四）工業　城間　正勝　27
（七の五）商業　与世田兼弘　28
（七の六）水産　伊是名甚徳　29
（八）体育・保健体育　玉城　幸男
比嘉　敏雄　30
（九）外国語（英語）　平良　善一　35
五　道徳　幸喜　伝善　38
六　特別教育活動　徳森　久和　41
七　学校行事等　与那覇　修　43
八　幼稚園教育　与那覇　修　45
九　学校図書館　花城　有英　47
一〇　視聴覚教育　嘉数　正一　47
一一　学校保健・学校安全　玉城　幸男
比嘉　敏雄　48
一二　生活指導　徳森　久和　52
Ⅲ　指導主事の学校訪問の要領　55
Ⅳ　一九六五年度行事計画　58
Ⅴ　一九六五年度実験学校、研究学校指定校
一覧　60
Ⅵ　指導課研究事務分担表　63
［速報］
一九六四年度教育財政調査まとまる
調査広報課　66
［解説］
教育職員免許法及び同法施行法の一部を改

正する立法について　義務教育課　安村　昌享　67

九六号

一九六五年九月二五日印刷
一九六五年九月二七日発行
特集　一九六六年度文教局予算解説
はしがき　1
第一章　一九六六年度文教予算の全容　2
第二章　文教施設（校舎等）および設備・備品の充実　8
第三章　教職員定数の確保と資質の向上　14
第四章　地方教育区の財政強化と指導援助の拡充　17
第五章　教育の機会均等　20
第六章　高等学校生徒の急増対策　24
第七章　産業科学技術教育の振興　26
第八章　学力向上と生活指導の強化　28
第九章　育英事業の拡充　31
第一〇章　保健体育の振興　33
第一一章　社会教育の振興と青少年の健全育成　36
第一二章　文化財保護事業の振興　40
第一三章　琉球歴史資料編集と県史編さん　41
第一四章　琉球大学の充実　42
第一五章　日米援助の拡大に伴う予算の執行について　43
［附］
一九六六年度文教局予算中の地方教育区への各種補助金、直接支出金および政府立学校費　45
教育関係日米援助　昭和四〇年度（一九六六年度）

九七号

一九六五年一〇月二日印刷
一九六五年一〇月四日発行
特集　第二八議会において成立した文教関係立法の解説

〈写真〉中村文部大臣　上山中学校訪問
はしがき　1
教育委員会法の一部を改正する立法　2
市町村税法の一部を改正する立法　9
市町村交付税法の一部を改正する立法　9
学校図書館法　11
沖縄学校安全会法　15
一九四五年四月一日以前に教育職員の経歴を有する女子教育職員の給与の調整に関する特別措置法　30
琉球大学設置法及び同管理法　33

九八号

一九六五年一二月二五日印刷
一九六五年一二月三〇日発行
特集　生活指導と非行児問題
[沖縄文化財散歩（一）]
重要文化財　ヒジ川橋　文化財保護委員会
巻頭言　大量消費社会と青少年問題　安谷屋玄信
局長就任のことば　文教局長　赤嶺義信　1
[特集　生活指導と非行児問題]
非行と家庭　琉球大学教育学部助教授　名城嗣明　2
座談会　生活指導をとおしてみた今日の非行児問題
前原高校長　新屋敷文太郎
水産高校教諭　比嘉光三郎
首里高校教諭　与座富雄
工業高校教諭　島袋勝夫
文教局指導課長　下門竜栄
警本防犯少年課　東江清一
与那原中校教諭　津嘉山清
司会・那覇連合区　大浜安平　5
参考資料一　最近の非行傾向―警本防犯少年課より　13
参考資料二　青少年保護育成法（一九六五年六月一五日立法第二一号）　14
参考資料三　新刊紹介　教育研究課　上原敏夫　17

青少年健全育成について―児童生徒を中心として　指導課　19
青少年健全育成モデル地区の活動　社会教育課　大城徳次郎　20
青少年の非行対策について　教育研究課　我那覇貞信　21
教育資料　教育研究課　22
[高校教育課]
産業技術学校について　高校教育課長　伊是名甚徳　23
一九六五年度財政、法規研修会における主なる質疑・応答事項　27
[義務教育課]
教育懇談会実施要項　29
文教局新機構紹介　調査計画課　30
[各種研究団体紹介(二)]
沖縄農業教育研究会の活動について　沖縄農業教育研究会長　友利　恵盛　33
一番大きい学校と小さい学校　36
[指導主事ノート(一)]
雑感　指導主事　花城　有英　37
[教育費講座(一)]
開講のことば　調査計画課長　安谷屋玄信　38
第一話　教育財政のしくみ(一)　調査計画課主事　前田　功　39
[調査計画課]
学校基本調査結果の中間報告　44
中教委だより　総務課
小学校児童数の推移(連合区別)

九九号

一九六六年二月一〇日印刷
一九六六年二月二〇日発行

特集　学校教育放送
[沖縄文化財散歩(二)]
天然記念物　タナガーグムイ　植物群叢　文化財保護委員会
巻頭言　教育放送の果す役割を正しくとらえ

よう　下門　龍栄
〈写真〉学校教育放送、協力放送機関、鹿児島市八幡小学校　3
［特集　学校教育放送］
学校教育放送の現状と今後の指導計画　指導主事　嘉数　正一　7
ＮＨＫラジオテレビ学校放送番組と利用体制及び実践記録　宜野湾教育区立普天間小学校　22
参考資料　第二学年音楽科学習指導案　普天間小学校　新城　孝子　29
参考資料　第二学年国語科学習指導案　井上　道世　30
参考資料　第四学年国語科学習指導案　普天間小学校　仲本　初子　31
参考資料　第五学年理科学習指導案　中野　哲夫　32
参考資料　第六学年社会科学習指導案　下地　昭栄　33
参考資料　視聴覚教材使用による道徳指導案　真和志中学校教諭　真栄城朝幸　34
昭和四一年度　日本政府の沖縄教育援助の内容―総額にして昭和四〇年度の約六倍に　37
島を豊かに　昭和四〇年度文部省派遣教育指導委員団長　島田喜知治　41
奥武山総合競技場における水泳競技場建設の構想　保健体育課　屋良　朝晴　43
若人の森建設について　社会教育課　嶺井百合子　45
〈写真〉若人の森　沖縄大会写真だより　47
商業実務専門学校について　高校教育課　与世田兼弘　53
教育資料　学校放送関係図書　55
教育区予算の様式の解説　調査計画課主事　賀数徳一郎　56
アメリカ・ペン・スナップ　高校教育課主事　城間　正勝　66
こんな学校ご存知?　69
［各種研究団体紹介（二）］
沖縄算数・数学教育研究会活動について

沖縄算数・数学教育研究会長 大城真太郎 70
[指導主事ノート(一二)]
ママはパパであった 指導課主事 島元 巌 73
[教育費講座(一二)]
第一話 教育財政のしくみ(一二) 調査計画課主事 前田 功 74
中教委だより
中学校卒業者の教育区別進学率 総務課

一〇〇号

一九六六年四月二五日印刷
一九六六年四月三〇日発行

一〇〇号記念特集
[沖縄文化財散歩(三一)]
重要文化財 自了筆「白沢之図」 文化財保護委員会
巻頭言 広報活動に思う 前田 功
[特集]
座談会 文教局とともに歩んで—その草創期を思う 司会・調査計画課長 安谷屋玄信
総務部長 小嶺 憲達
経理課長 富山 正憲
仲西小学校長・前教育研究課長 親泊 輝昌
理科教育センター所長 金城 順一
社会教育課主事 嶺井百合子
総務課主事 新城 政信 1
思い出の記 ハークネス氏を思う—人事の広域交流について 第二代文教局長 真栄田義見 9
思い出の記 大任を終えて 第四代文教局長 阿波根朝次 12
特別寄稿 指導主事ひとむかし 那覇中学校長 大城真太郎 18
小学校児童数+中学校生徒数=人口の四分の一 19
[講演要旨]
学校給食の役割・運営・指導について 文部省体育局学校給食課課長補佐 河村 寛 20

[報告]
産業技術研修視察報告　産業技術学校長　大庭　正一　23
〈写真〉ハワイの産業教育施設　29
[随想]
教育生活を顧みて　前糸満高校長　田港　朝明　31
[各種研究団体紹介(三)]
沖縄教育音楽協会の活動について　沖縄教育音楽協会長　仲本　朝教　35
一九六六学年度家庭教育・教師研修番組時刻表　40
[指導主事ノート(三)]
人物と器物　指導課主事　松田　州弘　41
[教育財政]
教育費にかかる基準財政需要額算定に用いる単位費用の積算基礎(一九六七年度)　調査計画課　42
総目次(一号—一〇〇号)　52
中教委だより　総務課
勤務年数別、性別教員比率(連合区別小学校)

一〇一号

一九六六年五月二五日印刷
一九六六年五月三〇日発行
特集　学力調査結果の分析と活用

[沖縄文化財散歩(四)]
重要文化財・史跡　知念城跡　文化財保護委員会
巻頭言　全国学力調査を学習指導の改善に役たてよう　安里　盛市
[特集]
学力調査結果の分析と活用　教育研究課　喜久里　勇　1
活用事例　私は学力調査結果をこのように利用した　若狭小学校教諭　宮良　翠子　20
青年の家建設　社会教育課主事　当山　正男　24
少年科学の日について　高校教育課主事　城間　正勝　29
[教育財政]
教育区の予算編成について

理科を中心にみた台湾の学校教育視察　調査計画課主事　嘉数徳一郎　35
すべての青少年に組織的な教育の機会を―「後期中等教育のあり方について」中間報告発表　民政府教育局　石島　英　40
教育職員免許法施行規則、教育職員免許法施行法施行規則及び教育職員免許に関する細則の一部改正について　義務教育課主事　安村　昌享　49
表紙によせて　農連市場風景　前島小学校　大見謝　文　57
［指導主事ノート（四）］
しつけと規則　指導課主事　徳森　久和　78
［教育費講座（三）］
第二話　政府の教育予算　調査計画課主事　前田　功　79
中教委だより　総　務　課　80
勤務年数別、性別教員比率（連合区別中学校）

号外一一号

一九六六年七月一〇日発行
教公二法の立法はなぜ必要か―この立法の正しい理解のために　1
地方教育区公務員法案　18
教育公務員特例法案　30

一〇二号

一九六六年八月二五日印刷
一九六六年八月三〇日発行
特集　一九六七年度教育予算解説
巻頭言　一九六七年度は沖縄教育の将来への飛躍の第一歩たらしめたい　総務部長　小嶺　憲達
［特集　一九六七年度教育予算解説］
第一章　一九六七年度予算の全容　1
第二章　文教施設（校舎等）及び設備備品の充実　7

第三章　学級規模の改善と教職員の資質並びに福祉の向上　12
第四章　地方教育区の財政強化と指導援助の充実　18
第五章　教育の機会均等の推進　21
第六章　高等学校生徒の急増対策及び後期中等教育の拡充　24
第七章　理科教育及び産業教育の振興　26
第八章　学力向上と生徒指導の強化　28
第九章　育成事業の拡充　32
第一〇章　保健体育の振興　33
第一一章　社会教育の振興　36
第一二章　文化財保護事業の振興　42
第一三章　県史編さん　43
第一四章　琉球大学の充実　44
第一五章　教育補助金の円滑な執行について　47
参考資料

一〇三号

一九六六年一〇月二五日印刷
一九六六年一〇月三一日発行

特集　補助金交付規則の整理統合
［沖縄文化財散歩（五）］
安慶名城跡　文化財保護委員会　新城　徳祐
〈写真〉第二宮古島台風による被害状況　平一公立幼稚園、城辺中、福嶺中、水産高校、上野中、久松中
地方教育区に対する補助金交付規則の整理統合について　調査計画課　前田　功　1
［特報］
台風一六号、台風一八号による被害状況と復旧対策　災害対策本部内文教部　15
日本の公立学校における制服と校章　民政府教育局長　ゴードン・ワーナー　18
青い目の片足剣士―ゴードン・ワーナー―　23
［指導資料］
歌う歴史年表―リズムにのせて

琉球育英会理事長　阿波根朝次　24
安谷屋調査計画課長　参事官へ昇任　37
〔各種研究団体紹介（四）〕
沖縄生物教育研究会　会長　仲宗根　寛　38
〔指導主事ノート（五）〕
コミニケエイション　指導課主事　大城　盛三　42
〔教育費講座（四）〕
第三話　地方の教育予算　調査計画課　嘉数徳一郎　43
〔統計資料〕
教育区別学校数、学級数、生徒数　調査計画課　49
中教委だより　総務課　51
本務教員の中に占める助教諭の比率（校長、養護教諭を除く）

一〇四号

一九六六年一二月二〇日印刷
一九六六年一二月二五日発行

特集　TC反応表示器を生かした学習指導
〔沖縄文化財散歩（六）〕
今帰仁城跡　新城　徳祐
巻頭言　学習指導の近代化とは　安里　盛市
TC反応表示器を生かした学習指導―研修会報告　教育研究課　黒島　信彦　1
〔講演要旨〕
学校教育と放送教育　東京大学教授　細谷　俊夫　8
「期待される人間像」―中央教育審議会第一九特別委員会が報告　14
一九六八年度文教局予算概算見積　24
〔各種研究団体紹介（五）〕
沖縄県高等学校数学教育会　会長　山里　政勝　25
〔指導主事ノート（六）〕
主体性の確立　指導課主事　比嘉　敏雄　29
一九六六年度教育関係十大ニュース―調査計画課選定　30
〔教育費講座（五）〕

第四話　市町村交付税　調査計画課主事　前田　功　32
[教育行財政資料]
一九六七年度普通交付税の算定資料　調査計画課　48
学校設備調査の基準金額　調査計画課　50
中教委だより　総　務　課
進路別卒業者数(中学校、高等学校)

一〇五号

一九六七年二月二五日印刷
一九六七年三月一日発行

特集　高校入学者選抜方法の改善
[沖縄文化財散歩(七)]
天然記念物　米原のノヤシ　多和田真淳
巻頭言　よりよい高等学校入学者選抜方法を見い出すために　福里　文夫　1
〈写真〉日本古美術誌上展
高等学校入学者選抜方法の改善　指導課指導主事　又吉　慶次　5
沖縄における農業と農業教育に思う　文部省農業教育指導員　庄山　一夫　24
教員給料の改善要請　文　教　局　29
全沖縄高等学校　家庭クラブ連盟十周年記念大会から　全沖縄高等学校家庭クラブ連盟顧問教師　沖縄女子短大　国吉　静子
小禄高校　亀谷　末子　36
[研修報告]
本土における教頭実務研修報告　豊見城高等学校教頭　新垣　博　40
本土の学校給食を訪ねて―栃木の学校給食　保健体育課主事　照屋　善一　45
[指導主事ノート(七)]
体育実技研修会　保健体育課主事　玉城　幸男　44
[随想]
正月雑感―新生活運動推進ノートから　社会教育課主事　嶺井百合子　51
教育懇談会実施要項　54

〔理科教育センターコーナー〕
望ましい理科学習環境をつくろう―施設・
設備の活用　理科教育センター　松田　正精　55
中教委だより　58
公教育費生徒一人当り額推移の本土比較

一〇六号

一九六七年三月三一日印刷
一九六七年四月一日発行

特集　第一回理科教育地区モデル校中央研修
発表大会
〔沖縄文化財散歩(八)〕
天然記念物　奥武島の畳石
文化財保護委員会　多和田真淳
巻頭言　理科教育地区モデル校に期待するもの
〈写真〉中央研修発表大会スナップ　1
第一回全琉理科教育地区モデル校中央研修発
表大会　理科教育センター所長　金城　順一　3
農林高等学校におけるパイロットファーム教育
高校教育課主事　和宇慶朝隆　26
〔教育施設拝見〕
中部農林高校　パイロットファームを見る　29
政府立博物館の新設にあたり　外間　正幸　31
〔各種研究団体紹介(六)〕
琉球商業教育研究会　会長　金城　英一　36
〔教育関係法令用語シリーズ(一)〕
休暇　総務課法規係長　祖慶　良得　40
〔教育行財政資料〕
学校基本調査結果表(一九六六学年度)　42
一九六七年度地方教育予算における市町村
の負担状況(当初予算による)　46
〔随想〕
婦人会活動を通して得たもの
社会教育課主事　山元芙美子　48
過去一〇カ年間の学校概況

一〇七号

一九六七年六月二〇日印刷
一九六七年六月二五日発行

[沖縄文化財散歩(九)]
名勝 城山(タッチュウ) 多和田真淳
巻頭言 校長の本土研修 与那覇 修
学習指導の構造化 教育研究課主事 嘉陽 正幸 1
[研究指導主事記録]
本土における教育研修所と教員研修のすがた(一)
文教局指導課指導主事(静岡県立教育研修所) 栄野元康昌 9
日本生物教育会第二一回全国大会(福井大会)から
沖縄生物教育研究会会長(久米島高等学校長) 仲宗根 寛 15
校長本土実務研修報告
南風原小学校(長野県諏訪市立高島小学校) 翁長 朝義 21
一九六八年度日本政府の沖縄教育援助の内容(予定) 37
[教育関係法令用語シリーズ(一二)]
教育職員免許状の取得
総務課法規係長 祖慶 良得 41
[各種研究団体紹介(七)]
沖縄高等学校理科教育研究会
会長 理科教育センター所長 金城 順一 43
[教育行財政資料]
学校基本調査結果表(一九六六学年度)その二
就職進学者及び就職者のうち沖縄外就職者の占める比率(一九六六年三月卒業者―中学校) 49

号外一二号

一九六七年八月一五日発行

本土と沖縄の教育の一体化について 沖縄問題懇談会答申書(全文)
はじめに 文教局長 赤嶺 義信
Ⅰ 序 1
Ⅱ 本土と沖縄の教育一体化の諸方式 2
Ⅲ 結語 17

号外一三号

一九六七年九月一〇日印刷
一九六七年九月二〇日発行

一九六八年度　教育関係予算の解説
はじめに　文教局長　赤嶺　義信　1
第一章　一九六八年度教育予算の全容　7
第二章　文教施設（校舎等）及び設備備品の充実　16
第三章　学級規模の改善と教職員の資質並びに福祉の向上　29
第四章　地方教育区の財政強化と指導援助の拡充　36
第五章　教育の機会均等　41
第六章　後期中等教育の拡充整備　44
第七章　学力向上と生活指導の強化　52
第八章　保健体育の振興　57
第九章　社会教育の振興と青少年の健全育成　65
第一〇章　育英事業の拡充　67
第一一章　文化財保護事業の振興　69
第一二章　県史編さん　71
第一三章　琉球大学の充実　76
第一四章　私立学校教育の振興　79
参考資料

一〇八号

一九六七年一〇月五日印刷
一九六七年一〇月一〇日発行

［沖縄文化財散歩（一〇）］
玉城城跡　文化財保護委員会　新城　徳祐
私立学校振興法と私立学校振興会　高校教育課主事　古城　源徳　1
沖縄の育英事業―学生生徒生活費調査に基く推論　琉球育英会理事長　阿波根朝次　5
校長本土実務研修報告（一）
平良中学校（静岡県浜松市立西部中学校）　与那覇寛長　17
［随想］
カントリメンのアメリカ旅行

［研究指導主事記録］
本土における教育研修所と教員研修のすがた（二）
総務課主事　東江　優　25
文教局指導課指導主事（静岡県立教育研究所）　栄野元康昌　29
［学校めぐり（一一）］
茅打バンタの景勝地にたつ―北国小中学校
北国小中学校長　古堅　宗徳　34
九州各県対抗高校陸上競技大会から
指導主事　比嘉　敏夫　37
［指導主事ノート（八）］
質問事項
文教局指導主事　徳山　三雄　41
［教育関係法令用語シリーズ（三）］
児童生徒に対する懲戒
総務課法規係長　祖慶　良得　42
［教育行財政資料］
学校基本調査結果表（一九六六学年度）その三
調査計画課　44
日本政府教育援助額の推移

一〇九号

一九六七年一二月一日印刷
一九六七年一二月一〇日発行

［沖縄文化財散歩（一一）］
伊祖城跡
文化財保護委員会　新城　徳祐
巻頭言　教育研修センターの建設意義
指導部長　知念　繁
教育研修センター設立にあたって
文教局指導部教育研究課　1
校長本土実務研修報告（三）
普天間高等学校（愛知県千種高等学校）　佐久本興吉　7
［学校めぐり（一二）］
水を求めて―来間小中学校
宮古・来間小中学校長　下地　朝祥　27
今年の教育懇談会の日程
義務教育課　29
［教育関係法令用語シリーズ（四）］
職務命令
総務課法規係長　祖慶　良得　30
［指導主事ノート（九）］

へき地の学校を訪ねて
文教局指導主事　上原　源松　32
[教育行財政資料]
教育費　調査計画課　33
学校基本調査結果表　調査計画課　39
〈写真〉育つ　豊島　貞夫
年度別教育予算及び財源別内訳の推移

一一〇号

一九六七年一二月二〇日印刷
一九六七年一二月三〇日発行

巻頭言　一九六七年を省みて　前田　功
〈写真〉一九六七年度教育関係十大ニュース
教公二法問題で教育界　大いに荒れる、教育一本化策で大浜座長　中教委に説明、沖大スト長びく、生存者叙勲　教育関係者初の叙勲、幼稚園教育振興法公布される、高校入試改善策うち出される、九州高校陸上競技大会、高松宮杯受賞、琉大夜間部開設、
全国高校弁論沖縄大会
次期立法勧告予定の教育関係法案の解説
高校教育課・保健体育課　1
一九六七年度高等学校入学者選抜方法の改善
指導主事課　又吉　慶次　8
[教育ニュース]
宮古水産・農林両高校表彰さる—宮古火災の救援活動に対して　45
校舎建築の進捗状況
管理部施設課主事　上間　正恒　47
一九六七年度教育関係十大ニュース
調査計画課　50
本土との教育一体化推進のため一九六九年度文教局予算概算見積　六二九〇万ドルを提出　52
[随想]
女教頭　このよきもの
高嶺小学校教頭　吉川　文子　53
〈写真〉さる年への思い

号外一四号

一九六八年二月二一日発行

本土と沖縄の教育一体化をめざして 1
文教審議会初会合開く 1
文審開催までの経過 2
一体化とは 2
これまでに開かれた文教審議会の動き 2
紹介　沖縄問題懇談会の答申「本土と沖縄の教育の一体化について」 2

一一一号

一九六八年二月二五日印刷
一九六八年三月一日発行

[沖縄文化財散歩(一二)]
勝連城跡　新城　徳祐
沖縄の文教行政　文教局長　赤嶺　義信 1
大衆行動への中高校生の参加について　義務教育課長　仲宗根　繁 9
高等学校通信制教育の新設　高校教育課主事　宮里　毅 11
中教委・正副委員長決まる―委員長に大城英昇委員・副委員長に中山興真委員 13
高等学校通信制教育の本土実務研修から　小禄高校通信制主事　照屋　林一 14
「父兄支出の教育費調査」の実施について―その概要と協力お願い　調査研究課長　前田　功 18
教育研修センター第一期建設工事始まる 19
沖縄に寄せる気流―全国へき地教育研大会参加報告　宮古連合教育区大神小中学校長　仲元銀太郎 20
[学校めぐり(三)]
陸の孤島に生きる―真栄里山分校　石垣教育区立川原小学校真栄里山分校主事　大浜　用幸 26
[教育関係法令用語シリーズ(五)]
教育に関連した目的のための募金　総務課法規係長　祖慶　良得 28

［各種研究団体紹介（八）］
沖縄県社会科教育研究会高校部会
高校部会長　西銘　活蔵　31
教育長協会からの教育委員会法疑義照会に対する回答
文　教　局　33
［教育行財政資料］
一九六八年度普通交付税の算定資料　48
〈写真〉一人だけの世界
豊　　島

一一二号

一九六八年六月一二日印刷
一九六八年六月一五日発行

［沖縄文化財散歩（一三）］
諸志御嶽の植物群叢
文化財調査官　多和田真淳
地方教育財政制度改革による成果の評価
調査計画課長　前田　功　1
全国教育研究連盟共同研究　学習指導の近代化に関する研究
沖縄教育研修センター主事　嘉陽　正幸　17
〃家庭と子ども〃に関する研究　全教連共同研究　20
［随想］
本土のラッシュアワーに思うこと―研究教員のつぶやき
第一三回内地派遣研究教員（横浜市立星川小学校）
金城　勝代　21
［教育関係法令用語シリーズ（六）］
教頭職
総務課法規係長　祖慶　良得　23
［進路指導講座（一）］
観察指導の強化とその背景
教育研修センター主事　上原　敏夫　25
〈写真〉夕暮れの名護湾
豊　　島

号外一五号

一九六八年

一九六九年度　教育関係予算の解説
はじめに
第一章　一九六九年度教育関係予算の全容　1

第二章　文教施設（校舎等）及び設備備品の充実　8
第三章　教職員の資質並びに福祉の向上　20
第四章　地方教育区の行財政の充実と教育現場との連絡提携　36
第五章　教育の機会均等　47
第六章　後期中等教育の拡充整備　53
第七章　教育内容の改善充実と生徒指導の強化　56
第八章　保健体育の振興　67
第九章　社会教育の振興と青少年の健全育成　73
第一〇章　育英事業の拡充　65
第一一章　文化財保護事業の振興　82
第一二章　沖縄県史編集　84
第一三章　琉球大学の充実　86
第一四章　私立学校教育の拡充　91
参考資料

号外一六号

一九六八年一一月一日発行

一一三号

一九六八年一一月五日印刷

一九六八年一一月八日発行

［職員の待遇改善をめざして］
共済組合法公布さる　1
共済組合法立法について　文教局長　小嶺　憲達　1
退職年金は約二・五倍に　1
公立学校職員共済組合法及び同法施行法の概要　2
共済組合の組織　福利厚生課新設予定　4
質問コーナー　4
［沖縄文化財散歩（一四）］
中の神島の海鳥生息地　文化財保護委員会
小学校の教育課程の改訂について―新しい小学校学習指導要領案　文部省初等教育課長　須賀　淳　1

視察報告　アメリカの学校施設（第一回）―沖縄のそれと対比しつつ　施設課長　武村　朝伸　11
一九六八学年度・政府立高等学校入学者選抜学力検査結果の分析　文教局指導課　20
［社教主事ノート（一）］
冠婚葬祭と新生活運動　社会教育課主事　下地　恵一　34
［教育関係法令用語シリーズ（七）］
政府立各種学校　総務課法規係長　祖慶　良得　36
［進路指導講座（二）］
観察指導課程について　教育研修センター主事　上原　敏夫　39
〈写真〉基地街

一一四号

一九六八年一二月一〇日印刷
一九六八年一二月一七日発行

〈写真〉一九六八年度教育関係十大ニュース
主席就任式で行政府職員に挨拶をする屋良新主席、共済組合法に署名する松岡主席、興南高校の街頭パレード、鏡が丘養護学校で児童生徒の歓迎を受ける灘尾文部大臣、琉大保健学部の建設が予定されている那覇市内与儀の用地、原因不明の皮フ炎症で臨海学校の楽しみを奪われたが明るさを取りもどした開南小学校のこどもたち、文教審議会の開会であいさつする赤嶺文教局長、龍潭湖畔に偉容を誇る沖縄教育研修センター、教員人事問題や学校分離で紛争をひきおこした八重山の小中学校、すし詰めから解放されるのも近い高等学校の授業風景
［写真特集　農業祭］
北部農林高校　秋晴れの農業祭、近郷近在からつめかけた参観者、盆栽の入賞作品、果樹栽培への意欲、農業自営者をいかに育てるか
中部農林高校　五〇〇〇ドル農家をめざして、畜産およびその加工は中農の特色になっている、純情そうなトン公

南部農林高校　黄金丸のけん崖、「非売品」の札に作品への愛着と自信が、観葉植物も多種多様、農産加工のドーナツあげ、農産物の即売風景
［随想］
変革―一九六八年に寄せて　上間　政恒　1
教育振興総合計画について　文　教　局　20
農業祭について
視察報告　アメリカの学校施設（第二回）―沖縄のそれと対比しつつ　施設課長　武村　朝伸　21
［進路指導講座（三）］
能力・適性のはあくとカウンセリング　教育研修センター主事　上原　敏夫　29
一九六八年度教育関係十大ニュース　34
［社教主事ノート（二）］
社会学級指導者研修大会に参加して　社会教育課主事　半嶺　当吉　36
［教育関係法令用語シリーズ（八）］
教育の中立　総務課法規係長　祖慶　良得　38
［教育行政資料］
一九六八年度学校基本調査　小中学校の学校数、学級数、児童生徒数　41
［学校めぐり（四）］
高離の子どもたち―宮城小中学校　43

一一五号
一九六九年三月一五日印刷
一九六九年三月一八日発行
〈写真〉中山興真・新文教局長の辞令交付式、教育研修センター落成式、初会合を開く中教委、教職員の福祉にはげむ新設福利課の職員、首里高校そめおり展、西表の学校をたづねて
［随想］
ユダヤ人気風　東江　優
沖縄の義務・後期中等・高等教育について（一）　義務教育課長　前田　功　1
沖縄教育研修センターの落成に際して　5
沖縄教育研修センターの落成にあたって

沖縄教育研修センター所長　知念　繁　5
行政主席あいさつ
琉球政府行政主席　屋良　朝苗　7
文部大臣の祝辞
文部大臣　坂田　道太　12
立法院議長祝辞
立法院議長　星　克　13
[進路指導講座(四)]
能力・適性のはあくの方法としての検査
教育研修センター主事　上原　敏夫　14
一九七〇年度文教局予算概算要求額　18
[社教主事ノート(三)]
社教主事雑感
義務教育課主事　照屋　寛吉　19
[教育関係法令用語シリーズ(九)]
学習指導要領の拘束力
総務課法規係長　祖慶　良得　22
[学校めぐり(五)]
西表西部地区　24
箱にはいった名教師—シンクロ・ファクス
白浜小学校　西江　重勝　27
[沖縄文化財散歩]
天然記念物「佐敷村富祖崎海岸のハマジンチョウ群落」
文化財保護委員会調査官　多和田真淳

一一六号

一九六九年一〇月一三日印刷
一九六九年一〇月一五日発行

〈写真〉第二〇回全国高等学校定通制教育振興会総会・大会より、第二二回全国造形教育研究大会、風疹聴覚障害児聴能訓練、インターハイ　ボクシングの優勝杯　海を渡って沖縄へ—中央高校優勝
沖縄の義務・後期中等・高等教育について(二)
高校教育課長　世嘉良　栄　1
公立学校職員共済組合法の施行にあたって(一)
公立学校職員共済組合事務局長　安村　昌享　5
風疹障害児の教育対策について
義務教育課　平良　正久　11
一九七〇年度教育研修センター研修事業計画

沖縄教育研修センター　19
一九七〇年文教予算成立の経過について　24
放送教育の展望　指導課　嘉数　正一　25
沖縄一健康優良学校に選ばれて
豊見城教育区立長嶺小学校長　謝花　喜俊　29
[社教主事ノート(四)]
社教主事あれこれ
社会教育課主事　平良　親徳　34
[教育財政資料]
一九六九年度普通交付税の算定資料　36
教育区の財政力指数及び段階区分(一九六九年度)　38
学校放送番組時刻表(OHKテレビ)一九六九年四月以降　40

号外一七号

一九六九年一〇月二〇日印刷
一九六九年一〇月三〇日発行

一九七〇年度　教育関係予算の解説
はじめに　文教局長
第一章　一九七〇年度教育関係予算の全容　1
第二章　文教施設(校舎等)及び設備備品の充実　9
第三章　教職員の資質並びに福祉の向上　18
第四章　地方教育区の行財政の充実と指導の強化　30
第五章　教育の機会均等　38
第六章　後期中等教育の拡充整備　44
第七章　教育内容の改善充実と生徒指導の強化　46
第八章　保健体育の振興　58
第九章　社会教育の振興と青少年の健全育成　63
第一〇章　育英事業の拡充　69
第一一章　文化財保護事業の振興　72
第一二章　沖縄県史編集　74
第一三章　琉球大学の充実　75
第一四章　私立学校教育の拡充　78
参考資料

一一七号
一九六九年一二月五日印刷
一九六九年一二月七日発行

〈写真〉沖縄公立学校教頭会第三回研究会、公立学校職員共済組合給付第一号、第九回全琉教育作品展、第四回放送教育研究会沖縄大会、復帰対策研究委員会の発足
沖縄の義務・後期中等・高等教育について(三)　大学連絡調整官　伊是名甚徳　1
公立学校職員共済組合法の施行にあたって(二)　公立学校職員共済組合事務局長　安村　昌享　5
肢体不自由児の教育と問題点(一)　政府立鏡が丘養護学校教頭　小嶺幸五郎　8
沖縄の学校給食　文教局保健体育課主事　照屋　善一　15
一九七〇年度交付税教育費の改正点について(二)　調査計画課　新城　久雄　20
教育委員会法の疑義について　文教局義務教育課主事　安里　原二　24
父兄支出の教育費調査　中間報告　小学校の部　調査計画課　28
[社教主事ノート(五)]
みんなのPTAにするために　社会教育課主事　大城　藤六　33
[教育関係法令用語シリーズ(一〇)]
充て職員　総務課法規係長　祖慶　良得　36
第四〇回立法院定例議会における文教局関係立法の解説　総務課法規係長　祖慶　良得　38

一一八号
一九七〇年一月二三日印刷
一九七〇年一月二五日発行

〈写真〉一九六九年度教育関係十大ニュース
七二年返還の日米共同声明発表後共同記者会見する屋良主席、風疹聴覚障害児指導のため来沖した指導団、ヘルメット覆面姿の

学生デモ、定通制教育振興会大会、公立学校職員共済組合理事の任命、工業高校への移行が決った産業技術学校、指導要領の改訂について審議中の中教委、集団赤痢の発生で検診を受ける人たち、那覇埠頭における歓迎式であいさつを述べる中央高校ボクシングチームの仲本監督、海技試験優秀な成績をおさめた沖水専攻科

フォトニュース

高松宮杯中学校英語弁論大会で優勝・準優勝した百名君、宮里さん、引率の金城教諭、北農パイロットファームの落成式であいさつを述べる仲宗根寛北農校長、局内人事異動の辞令交付式

教材費補助の改正について(解説) 義務教育課 川平 道夫 1

公立学校職員共済組合法の施行にあたって
(三)―組合員となるための手続
公立学校職員共済組合事務局長 安村 昌享
年金課長 富村 盛輝 7

肢体不自由児の教育と問題点(二)
政府立鏡が丘養護学校教頭 小嶺幸五郎 11

一九七〇年度交付税教育費の改正点について
(二) 文教局調査計画課 新城 久雄 17

本土研修雑感
那覇教育区立安岡中学校長(静岡県富士市立富士中学校) 照屋 寛功 25

校長実務研修雑感
那覇教育区立神森小学校長(神奈川県横浜市立稲荷台小学校) 石川 盛栄 28

地域農業の方向を示唆する―北農のパイロットファーム 30

弁論沖縄 中学校英語弁論大会でも全国を制覇す 指導課主事 中村 洋一 33

HOW TO MEET THE PRESENT PROBLEM IN OKINAWA 首里中学校 百名 克文 34

OSESS 松島中学校 宮里 玲子 36

[教育関係法令用語シリーズ(一一)]
連合教育区 総務課法規係長 祖慶 良得 38

八八〇〇万ドルを概算要求 一九七一年度文

教局予算　41
一九六九年教育関係十大ニュース　42

一一九号

一九七〇年六月八日印刷
一九七〇年六月一〇日発行

〈写真〉二つの卒業式、入学式
教育職員免許法の一部改正について
義務教育課長　前田　功　1
沖縄のへき地教育　編集部　13
第二回へき地教育研究大会に参加して
高江中学校　玉城　勝郎　21
へき地教育研究大会に参加して
網取小中学校長　川平　永賢　24
公立学校職員共済組合法の施行にあたって
(四)―所属所長の任務
公立学校職員共済組合事務局長　安村　昌享　27
本土復帰と地方教育行財政　30
本土交付税を適用した場合沖縄の地方教育委員会の行政費はどうなるか
調査計画課　新城　久雄　31
文部省・NHK日本放送協会主催第五回学校放送教育賞・受賞論文　学校教材センターの構想―二一世紀に生きるこどもをめざして
指導課　嘉数　正一　41
父兄が支出した教育費の調査結果
調査計画課　49
教育委員会の職務権限
総務課法規係長　祖慶　良得　58
［教育財政参考資料］
文部省所管国庫補助金一覧　昭和四十五年四月　61
出版物案内
卒業後の進路状況推移

一二〇号

一九七〇年一〇月二四日印刷
一九七〇年一〇月二六日発行

〈写真〉女子高校生刺傷事件抗議県民大会、全沖縄小中学校長研修大会、糸満青年の家起工式、学童検診終る、高校生刺殺事件、第七回沖縄県高校定通制陸上競技大会、沖縄海員学校を訪ねて
既製品への警戒　文教局長　中山　興真　1
本土復帰と地方教育行財政(二)―本土と沖縄の教育委員会制度の相違点　復帰対策室　安里　原二　7
小・中学校における学校規模の適正化について　義務教育課　新垣　盛俊　15
[研究報告]
葉の細胞―郷土に適した素材の研究　豊見城教育区立上田小学校　石原　末子　28
一九七一年度教育研修センターの運営方針及び事業実施計画　琉球政府立沖縄教育研修センター　31
[学校紹介]
琉球政府立沖縄海員学校を訪ねて　33
慶良間は見えるが　糸満青年の家の起工式によせて　調査計画課長　松田　州弘　34
[教育財政資料]
一九七〇年度　普通交付税の算定資料　36
教育区の財政力指数及び段階区分(一九七〇年度)　38
[政府立博物館名品紹介]
首里城正殿の鐘　博物館長　外間　正幸
沖縄外就職者の産業別就職状況(中・高校卒)

号外一八号

一九七〇年一一月一日発行

一九七一年度　教育関係予算の解説　文教局長　中山　興真
はじめに　1
第一章　一九七一年度教育関係予算の概要　9
第二章　教育施設及び設備・備品の充実　18
第三章　教職員の資質並びに福祉の向上
第四章　地方教育区の行財政の充実と指導強化　32
第五章　教育の機会均等　43

第六章　後期中等教育の拡充整備　52
第七章　教育指導の近代化　55
第八章　保健体育の振興　69
第九章　社会教育の振興　76
第一〇章　育英事業の拡充　85
第一一章　文化財保護事業の振興　88
第一二章　沖縄県史の発行　91
第一三章　琉球大学の充実　93
第一四章　私立学校教育の振興　97
参考資料　99

一二一号

一九七一年二月三日印刷
一九七一年二月四日発行

〈写真〉坂田文部大臣来島、全島エイサー大会、第一回風疹聴覚障害児教育研究大会、第一八回全沖縄高校陸上競技大会、第四回小中学校教頭研究大会、農業祭―南部農林

終りの年　中山　興真
本土復帰と地方教育行財政(三)―本土と沖縄の教育委員会制度の相違点(二)　復帰対策室　安里　原二　1
生徒指導担当教諭の役割行動―教育研修センター長期研修生レポート
平良中　友利　玄次
兼城中　金城　誠祐
那覇中　長嶺　哲雄
真和志中　宇垣　用康
普天間中　平安　恒政
越来中　幸地　清祐
神原中　浦本　茂則
石二中　仲盛　治
コザ中　瑞慶覧　進
首里中　浦添　昭弍
仲西中　伊智　修
与勝中　田場　典和
上山中　仲本　朝徳
寄宮中　吉本　幸助　11
私の海外視察研修

南部農林高等学校　我部　政照　22
給食準備室の中から　東風平給食センター　国吉ヨシ子　26
［学校紹介］
独立校への希望にもえる　宮島分校を訪ねて　調査計画課　豊島　貞夫　30
「苦労をなめてきたないね」―子どもとの対話の中から　調査計画課課長　松田　州弘　33
第一三回全沖縄定通制生活体験発表会最優秀賞　放浪の中から　首里高等学校定時制四年　大城　政子　35
昭和四六学年度琉球政府立沖縄海員学校生徒募集要項　39
一九七一年度の教育関係予算説明会を終えて　文教局調査計画課　43
一九七〇年教育関係十大ニュース　47
［政府立博物館名品紹介］
色三島栗絵菊花型中皿　伝仲村渠致元作
一八世紀初期　博物館主事　宮城　篤正　52
教員の性別構成（小・中校）

一二二号

一九七一年三月二五日印刷
一九七一年三月三〇日発行

〈写真〉第七回沖縄学校保健大会、中教委選挙、長期研修生修了式、毒ガス移送、全国高校選抜駅伝、第三回へき地教育研究大会
中教委だより
［講演］
九州地区におけるへき地教育の現状と今後の課題　大分県竹田市立祖峰中学校長・九州地区へき地教育研究連盟委員長　大塚　主　1
第三回へき地教育研究大会報告　編集係　7
財団法人沖縄県育英会の創設―本土復帰に伴う琉球育英会の措置についての試案　高校教育課主事　親泊　安徳　10
一九七〇年度教育指導員反省会抄録　15
中央教育委員会委員長、副委員長プロフィール　16

〔教育研究センター長期研修報告〕
物質の基礎的性質及びその変化をどう指導するか―中学校の化学領域で原子論的物質観をどのように育てるか
教育研修センター昭和四五年度長期研修生　伊波　久弥　17
〔第七回沖縄学校保健大会研究発表〕
児童、生徒の貧血の実態について
金武小学校養護教諭　幸喜　政子　26
〔学校紹介〕
豊かな人間性を目ざして―座間味教育区立座間味小中学校
教頭　比嘉　秀雄　34
〔研究団体紹介〕
沖縄県高校数学教育会　37
沖縄県算数数学研究会　37
調査計画の将来に備えて
調査計画課長　松田　州弘　38
〔講座〕
会計の観念と用語の解説
経理課指導係長　宮良　当祐　47
中教委だより　50
日本古美術展開催の案内　51
原稿募集　51
一九七一年度交付税教育費基準財政需要額（教育区債起債のための基礎資料）　52
〔政府立博物館名品紹介〕
黒塗遊雁螺鈿文庫　重要文化財　貝摺奉行所製作
博物館主事　玉城　盛勝　54
児童・生徒数別学校数

一二三号

一九七一年五月六日印刷
一九七一年五月八日発行

〈写真〉文部省柳川給食課長を講師に給食研修会、区教育委員の選挙、日本古美術展の開催、玉城村青年会の研究発表、南部商業高校開校、糸満青年の家落成開所、佐敷幼稚園の開園式
中教委だより

座談会　海外の教育事情を視察して
文教局管理部長　仲宗根　繁
大宮小学校長　岸本　喜順
久松小学校長　花城　朝勇
(前)中の町小学校教諭　糸嶺　一雄
司会・調査計画課長　松田　州弘
記録・調査計画課広報担当　豊島　貞夫
平田　与進　1
教職員の海外教育事情視察実施計画のあらまし
編　集　係　15
[研修報告]
小学校における生徒指導
教育研修センター教育相談室　城間　期一　17
事例研究
沖縄盲学校　運天　恒子　17
授業の場で生徒指導をどうすすめるか
小禄小学校　松岡　登代　19
児童の立場からみた授業の流れ
諸見小学校　崎原　盛康　20
復帰と教育行政　その一―校舎建築をめぐる問題
元文教局長　阿波根朝次　22
調査計画課で社会教育調査を実施　34
改訂指導要領における音楽の基礎をどのように考えるか―改訂の主旨が正しく理解されかつ指導に反映されるための考察
琉大講師　伊志嶺朝次　35
図書紹介　40
[講座]
会計の観念と用語の解説(二)
経理課指導係長　宮良　当祐　41
学校基本調査にみる卒業後の状況　編　集　係　45
[政府立博物館名品紹介]
世持橋欄干羽目　特別重要文化財
博物館主事　大城　精徳　48
一九七〇年度児童生徒一人当り公教育費

一二四号
一九七一年六月二七日印刷
一九七一年六月三〇日発行

〈写真〉全国教育芸術祭―沖縄展―開催、九州

高校野球大会、沖縄盲学校創立五〇週年記念式典、第一八回社会教育総合研修大会、五・一九ゼネスト、沖縄小中学校校長研究大会
中教委だより
[特集 第一八回社会教育総合研修大会]
シンポジウム 地域における社会教育の振興方策
沖縄大学講師 平良 研一
那覇連合区教育次長 赤嶺 貞義
諸見小学校教頭 玉盛 俊一 1
分科会討議 4
実践発表
青年会活動を活発にするための部活動の強化について
玉城村青年連合会副会長 当山美知子 11
婦人会活動について
北谷村婦人会長 稲嶺 芳 13
公民館における部活動について
金武村字中川公民館社会厚生部長 我謝 憲勇 14
小中高校における交通遺児の実態 15
[教職を去るにあたって]
教職回顧
元今帰仁中学校長 島袋 喜厚 16
四〇数年の教職を去るに当って
元開南小学校長 阿波連宗正 17
足跡 比嘉 みち 18
小学校教材にあらわれた音楽教育、指導へのアプローチの相違について—日本とアメリカの場合
琉大講師 伊志嶺朝次 19
一九七一年度学校基本調査速報 24
罪と罰
文教部指導課 中村 洋一 25
[研修報告]
統計調査の事務系列について
調査計画課 金城 克則 27
[学校紹介]
樹海の中に浮ぶ高江小中学校
調査計画課長 松田 州弘 32
過疎化の中で力強く生きる—楚州小中学校訪問記
調査計画課広報担当 豊島 貞夫 35
一九七一年度新設校(公立)の横顔 39
幼児教育に関する実態調査の結果 調査計画課 40
学校設備調査結果—特殊教育諸学校教材・理

科備品保有状況 49
[政府立博物館名品紹介]
鄭嘉訓の書 博物館主事 上江洲 均 56
地方教育区教育委員の年令別職業別構成(一九七〇・七・一 地方教育行政調査より)

一二五号

一九七一年一〇月二八日印刷
一九七一年一〇月三〇日発行

〈写真〉夏の高校野球、教育センター二期工事竣工、第三回九州沖縄芸術祭、九州地区沖縄学校図書館研究大会、全日本教員バレー大会
中教委だより
巻頭言 児童生徒の指導について考えよう 文教局長 中山 興真 1
教室環境に関する調査の結果 施設課 3
社会教育主事講習実施さる 9
沖縄におけるへき地教育の現況(一) 義務教育課 新垣 盛俊 10
教育研修センター第二期工事の竣工に寄せて 沖縄教育研修センター所長 知念 繁 18
変声期についての実態調査報告―小学校六年及び中学校全学年について 琉球大学講師 伊志嶺朝次 21
[学校紹介]
波にポッカリ浮く与那国の与那国小学校 校長 本成 善康 30
[視察報告]
本土の高等学校を視察して(一) 首里高等学校教頭 新垣 博 本部高等学校教頭 村田 実保 北山高等学校教頭 古城 源徳 33
昭和四七年度国庫支出金等の要請内容 37
[政府立博物館名品紹介]
殷元良筆「花鳥図」 政府立博物館主事 大城 精徳 40
昭和四六年社会教育調査結果

号外一九号

一九七一年一〇月三〇日発行

一九七二年度　教育関係予算の解説
はじめに　文教局長　中山　興真
第一章　一九七二年度教育関係予算の概要　1
第二章　教育施設及び設備・備品の充実　9
第三章　教職員の定数改善と資質並びに福祉の向上　20
第四章　地方教育区の行財政の充実と指導の強化　34
第五章　教育の機会均等の推進　48
第六章　後期中等教育の拡充　59
第七章　教育指導の近代化　61
第八章　保健体育の振興　75
第九章　社会教育の振興　82
第一〇章　育英事業　91
第一一章　文化財保護事業　64
第一二章　沖縄県史の発行　97
第一三章　私立学校教育の振興　99
第一四章　復帰記念沖縄特別国民体育大会（仮称）の開催準備　100
第一五章　国立移管に備えての琉球大学の充実　103
参考資料　109

一二六号

一九七二年一月一〇日印刷

一九七二年一月一五日発行

〈写真〉全沖縄定通制球技大会、研究教員帰任報告会、全沖縄小中学校教頭研究大会、健康優良児表彰式、全沖縄高校陸上競技大会、第八回沖縄学校保健大会
中教委だより
巻頭言　海外教育事情視察に参加して　沖縄教育研修センター所長　知念　繁　1
沖縄におけるへき地教育の現況（二）
本土の高等学校を視察して（二）　義務教育課　新垣　盛俊　3

首里高等学校教頭　新垣　博
本部高等学校教頭　村田　実保
北山高等学校教頭　古城　源徳　11
［研究報告］
日本史の授業における歴史的ものの見方、考え方の育成について―地方史の扱い方を通して
昭和四六年度前期研究教員　豊見城高校　福原　兼雄　16
昭和四六年度前期　内地派遣研究教員帰任報告会　22
［随想］
学校経営と教育相談　寄宮中教諭　上原　正則　25
高校の数学教育と電卓　首里高校教諭　石垣　博正　27
来年度もきびしい教員希望者の前途―一九七二年度教員候補者選考試験の結果　編　集　係　29
［学校紹介］
〃心〃の触れ合いの時間を特設　名護教育区立東江小学校　33
積極的な研修活動と整備された学習環境　上野教育区立上野中学校　35
［研究団体紹介］
農業教育研究会　37
沖縄県造形教育連盟　37
一九七一年教育関係十大ニュース　39
［政府立博物館名品紹介］
紅型　松竹梅模様風呂敷　一九世紀　琉球政府立博物館主事　宮城　篤正　44

一二七号

一九七二年四月一八日印刷
一九七二年四月二〇日発行

〈写真〉第四一回全日本アマチュアボクシング選手権大会兼ミュンヘンオリンピック第一次選考会、第四回へき地教育研究大会、海邦丸三世泊港に入港
中教委だより
海邦丸三世の竣工によせて　1

沖縄水産高等学校教頭　東江　幸蔵　3

へき地教育の振興を目指し、第四回へき地教育研究大会を開催　10

複式教育を効果的に進めるにはどうすればよいか―ＯＨＰ、ＴＲ、ＡＣを利用した学習指導を通して

竹富教育区立白浜中学校教諭　新崎　和治　12

長年ご苦労さまでした　21

図書館モデル校の研究発表会より　22

復帰初年度の教育予算　30

〔研究団体紹介〕

沖縄中学校生徒指導研究会　38

沖縄高等学校英語教育研究会　38

文教時報最終号の編集を終って

調査計画課長　松田　州弘　39

〔政府立博物館名品紹介〕

貝製竜形垂飾

博物館主事　新田　重清　40

主要指標でみる沖縄教育の推移

別冊一号『沖縄教育の概観』

一九六二年六月八日印刷

一九六二年六月九日発行

はしがき　文教局長　阿波根朝次
凡例　2
［教育行政］　8
［学校教育］　12
［社会教育］　44
［教育施設］　48
［教育財政］　50
［文化財保護］　55
［育英事業］　56
［琉球大学］　60
［幼稚園教育］　66
［附　公立小・中学校一覧］　66

別冊二号『沖縄教育の概観』

印刷日・発行日　不詳

凡例　1
図表　5
［教育行政］　41
［学校教育］　44
［社会教育］　46
［教育施設］　49
［教育財政］　53
［育英事業］　53
［文化財保護事業］
［幼稚園］　54
［附　教育区関係資料、学校一覧、教育行政区画図］

別冊三号『沖縄教育の概観』

印刷日・発行日　不詳

まえがき　文教局長　阿波根朝松
凡例
［教育行政］　1

〔学校教育〕 5
〔社会教育〕 36
〔教育施設〕 39
〔教育財政〕 42
〔育成事業〕 45
〔文化財保護事業〕 49
〔幼稚園〕 49
〔教育区別資料〕 51

別冊四号『沖縄教育の概観』

印刷日・発行日　不詳

まえがき　文教局長　赤嶺　義信
一　教育行政 1
二　教育財政 5
三　学校制度 9
四　学校教育 11
五　児童生徒 25
六　教職員 29
七　教育条件の整備 33
八　育英事業 37
九　社会教育 39
一〇　文化財保護事業 39

別冊五号『沖縄教育の概観』

印刷日・発行日　不詳

まえがき　文教局長　赤嶺　義信
I　沖縄教育の概況
一　教育行政 1
二　教育財政 5
三　学校制度 11
四　学校教育 13
五　児童生徒 27
六　教職員 31
七　教育条件の整備 35
八　育英事業 41
九　社会教育 43
一〇　文化財保護事業 43
II　沖縄教育の課題と将来への展望 45

別冊六号『沖縄教育の概観』

一九六九年一二月二五日印刷
一九六九年一二月三〇日発行

凡例
はじめに　文教局長　中山　興真　1
一　沖縄の概要　4
二　教育行政　6
三　教育財政　10
四　学校制度　18
五　学校教育　20
六　学校保健　36
七　卒業後の状況　38
八　教職員　40
九　学校施設・設備　44
一〇　育英奨学事業　48
一一　社会教育　50
参考資料

別冊七号『沖縄教育の概観』

一九七一年三月一四日印刷
一九七一年三月一五日発行

はじめに　文教局長　中山　興真　1
一　沖縄の概要　4
二　教育行政　6
三　教育財政　10
四　学校制度　18
五　学校教育　20
六　学校保健　36
七　卒業後の状況　38
八　教職員　40
九　学校施設・設備　44
一〇　育英奨学事業　48
一一　社会教育　50
参考資料

別冊八号『沖縄教育の概観』

一九七二年四月二八日印刷
一九七二年四月三〇日発行

はじめに　文教局長　中山　興真
一　沖縄の概要　4
二　教育行政　6
三　教育財政　10
四　学校制度　18
五　学校教育　20
六　学校保健　36
七　卒業後の状況　38
八　教職員　40
九　学校施設・設備　44
一〇　育英奨学事業　48
一一　社会教育　50
参考資料

（作成・近藤健一郎、補助・藤澤健一）

Ⅵ　索引

［索引・凡例］

一、本索引は執筆者索引であり、各記事の執筆者名を五〇音順に並べた。ただし、たまき（玉城、玉木）のように、同一音の姓で異なる表記がある場合、同一表記の姓をまとめた。

二、執筆者の表記は、総目次での表記に従い、本文の各記事に記された氏名およびペンネームをとった。ただし、肩書から同一人物と思われるにもかかわらず別表記となっている場合、他の名簿や書籍等で用いられているもの、あるいは本誌でより多く用いられているものを記し、他の表記を丸カッコ内に記した。なお、文教部、編集部等の機関名等は本索引に掲げなかった。

三、執筆者の読みは、現行の慣例に従った。ただし、現行において同一表記の姓で読みの異なるものがある場合、便宜的に統一した。その主なものは新垣（あらかき）、新城（しんじょう）、玉城（たまき）などである。また、姓、名ともに読みが難しい場合は音読みにより読み下すことを原則とした。

四、掲載されている箇所の表記にあたっては、通常版は「号―ページ」、号外は「号外・号数―ページ」、別冊は「別冊・号数―ページ」によって表記した。たとえば、号外一六号の1ページに小嶺憲達が執筆している場合、「小嶺憲達　号外16-1」と表記した。なおページが振られていない箇所の場合には、一律に0ページとした。

（作成・近藤健一郎、補助・藤澤健一）

[執筆者索引]

氏名　号数-頁

【あ】

赤嶺　亀三　6-41
赤嶺　貞行　65-11
赤嶺　貞義　10-11, 42-5, 85-25, 124-1
赤嶺　茂　42-5
赤嶺　潤子　91-8
赤嶺　利男（赤嶺利夫）　15-2, 86-17
赤嶺　春夫　48-52
赤嶺　康子　7-36, 8-58
赤嶺　義信　98-1, 号外12-0, 号外13-0, 111-1, 別冊4-0, 別冊5-0
東江　慶雄　10-25
東江　幸蔵　20-42, 68-52, 127-3
東江　清一　86-17, 98-5
東江　優　108-25, 115-0
東江　康治　21-1, 28-16, 31-1
秋葉　和夫　62-16
粟国　朝光　35-33
安　里　5-53
安里　永誠　5-3, 42-5
安里　原二　117-24, 120-1, 121-1
安里　源秀　50-5
安里　盛市　1-15, 10-15, 12-26, 15-31, 19-47, 21-29, 34-8, 35-46, 42-5, 42-16, 49-1, 52-6, 52-8, 63-2, 101-0, 104-0
安里　盛吉　48-13
安里　清信　51-20
安里　武泰　71-53
安里　為任　38-25
安里積千代　69-9
安里　哲夫　51-20
安里　彦紀　8-46, 53-12
安里日出光　64-45
あさともり一　6-21
安里　ヨシ　21-31
安里　芳子　8-42
浅野　正二　28-43
浅野　ヒナ　34-38
安達　健二　77-44
安谷屋　勇　10-39
安谷屋玄信　6-38, 33-1, 56-0, 82-1, 85-3, 89-1, 92-1, 98-0, 98-38, 100-1
阿波根朝次　42-1, 47-0, 50-9, 53-1, 67-0, 80-0, 86-0, 86-17, 100-12, 103-24, 108-5, 123-22, 別冊1-0
阿波根朝松　7-12, 9-50, 14-4, 42-47, 45-39, 67-10, 別冊3-0
阿波根直英　51-45
阿波連宗正　49-1, 124-17
安富祖安江　15-6
天川　幸一　45-20
鮎沢信太郎　26-16
荒井美蔦香　23-56

新垣　　清　51-27
新垣　盛俊　120-7, 125-10, 126-3
新垣　善秀　68-57
新垣とみ子　48-54
新垣　初子　34-47
新垣　久子　10-25, 22-27, 35-33, 45-32
新垣　秀雄　51-20
新垣　　博　72-4, 72-21, 105-40, 125-33, 126-11
新垣　真子　28-19, 45-16
新垣　　侑　27-38, 32-26
新垣　庸一　7-4
新垣　良雄　28-25
新崎　和治　127-12
新崎　盛繁　23-51
新崎　善仁　11-4
新崎　侑子　84-14
安保　　宏　64-34
井口　康一　22-33
池　　蓮子　13-20
伊計　雅夫　72-15
伊芸　ヨシ　9-50
池城　恵正　84-25
池原　興祐　28-25
池原　　弘　19-28
池宮城秀意　13-24
池村　恵祐　76-0
伊佐　常英　43-64
伊佐　真昭　47-30
井坂　行男　11-17, 42-5
石　三次郎　15-42
石井　庄司　35-44
石垣　喜興　77-25, 78-40, 78-41, 80-44
石垣　長三　9-91, 11-4
石垣　博正　126-27
石川　栄喜　34-30
石川　盛栄　118-28
石川　盛亀　42-5, 47-32, 48-29, 50-7, 52-4, 60-0, 63-2, 63-13, 71-52, 72-30, 72-40, 73-26
石川　哲子　14-26
石川　敏夫　13-18
石川　逢英　10-25
石川美代子　47-30
伊敷　喜蔵　67-16
石島　　英　101-40
伊地知一昭　48-54
石原　末子　120-15
石原　昌佐　69-13
石原　佑哲　10-25
石原　ヨシ　5-3
伊志嶺安進（石嶺安進）　52-10, 53-54, 56-14,59-14, 61-15
伊志嶺朝次　56-50, 123-35, 124-19, 125-21
石嶺　伝郎　50-33, 57-62
石森　延男　7-25
泉　　朝興　38-29

泉川　寛清　51-20, 93-8
伊是名甚徳　95-29, 98-23, 117-1
伊智　　修　121-11
出砂　隆功　67-16
糸数　昌吉　60-7
糸数　昌丈　52-43, 53-52
糸数　新治　73-25
糸数　鉄夫　67-10
糸数　用著　67-2
糸洲　守英　61-40, 63-44, 84-3
糸満Ｓ・Ｓ　62-13
糸嶺　一雄　123-1
稲嶺　　芳　124-13
稲村　賢敷　35-5, 44-27, 45-49
井上　道世　99-30
伊波　英子　64-13, 68-49, 70-67, 75-33
伊波　邦子　10-25
伊波　政仁　53-48, 63-38, 71-51, 75-24
伊波　忠子　59-24
伊波　敏男　75-47
伊波　久弥　122-17
伊波　秀雄　34-14, 68-24
今村　武雄　59-53
伊良皆啓次　72-33
伊良皆高成　57-10
入伊泊清光　38-64
入江　明美　48-52
伊礼　　茂　7-16, 19-38
上江洲仁清　83-28
上江洲トシ　72-37
上江洲　均　124-56
上江洲安雄　15-6
上江洲安則　72-19
上勢頭　勇　5-3
上田　敏見　11-20
上地　安宣　15-25
上地　安呈　11-4
上地　信子　88-39
上野芳太郎　11-15
上原　亀吉　43-76
上原　源松　109-32
上原　　茂　53-20
上原　信造　65-21
上原　政勝　59-26, 69-31, 70-39, 71-57, 75-39
上原　忠治　26-37
上原　敏夫　86-15, 98-17, 112-25, 113-39, 114-29, 115-14
上原　敏範　45-40
上原　正則　126-25
上原　　実　2-24
上原　良知　61-21
上間　亀政　35-25
上間　正恒　69-20, 110-47
上間　政恒　114-0
上間　隆則　51-26
上間　　昇　28-25
上間　泰夫　50-20

宇垣　用康　121-11
宇座　厚子　62-33
宇座　幸子　34-18
内間　武義　11-27, 20-15
梅根　　悟　6-3
浦崎　康吉　49-1
浦崎　律子　44-10
浦添　貞子　73-11
浦添　昭弐　121-11
浦本　茂則　84-18, 121-11
運天　政一　67-10, 70-20
運天　政宏　11-4
運天　恒子　123-17
運道　武三　67-9, 72-45
江田　君子　28-25
栄野元康昌　95-20, 107-9, 108-29
大宜味朝恒　16-38
大小堀松三　35-48
大里　朝宏　63-6, 67-11, 78-18
大島　文義　21-36
大城　恵次　41-30, 41-31
大城真太郎　1-4, 29-45, 49-1,57-0, 61-0, 68-1, 73-0, 99-70, 100-18
大城　政一　53-21
大城　盛吉　5-3
大城　盛三　103-42
大城　精徳　123-48, 125-40
大城　善栄　73-32
大城　崇仁　29-43
大城　立裕　7-42, 70-28
大城　知善　67-2
大城　朝正　69-40, 70-66
大城　貞賢　49-29
大城徳次郎　5-3, 98-20
大城　　肇　71-9, 85-3
大城　藤六　117-33
大城　文子　83-18
大城　政子　121-35
大しろ正人　47-27
大城　雅俊　52-26, 56-44, 57-54, 58-28, 59-30, 60-31
大城　道吉　18-21, 27-11, 57-26
大田　一夫　10-25
大田　正吉　93-8
大田　政作　69-5
大田　昌秀　33-10
大塚　　圭　122-1
大堂　安清　15-6, 17-28
大西　憲明　11-19
大西　佐一　26-16
大野　量平　48-7
大　　　庭　51-52
大庭　正一　2-3, 6-44, 8-39, 12-15, 37-38, 51-6, 52-6, 100-23
大浜　安平　73-9, 76-0, 85-3, 85-37, 98-5
大浜　英祐　29-47, 34-20
大浜　貞子　48-21
大浜　信泉　13-2
大浜　用幸　111-26

大見謝　文　101-78
大嶺　弘子　43-60, 50-34
大嶺　礼子　83-22
大屋　一弘　67-52
大山　春翠　11-4
大山　　隆　38-56
大山　たかし　49-49, 50-44
おおやまたかし　63-25
大山　　力　63-10
大山　とよ　50-15
大湾　澄子　43-58
大湾　芳子　10-25, 10-37, 48-9, 64-20
岡田　　芳　51-28
岡山　　超　11-23
小河　正介　23-53
奥田　愛正　1-1
奥平　玄位　52-15, 67-56
奥間　信一　23-32, 78-26
奥間　松蔵　8-47, 61-13, 67-5
小栗　　弘　26-16
尾崎馨太郎　61-11
小沢はる子　28-43
小渡　康慶　14-21
翁長　和枝　21-35
翁長　朝義　107-21
翁長　維行　67-33
尾見鐐次郎　34-38
親田　　勇　11-4
親泊　安徳　122-10
親泊　輝昌　28-25, 42-5, 79-0, 84-3, 100-1
親　泊　生　13-36
親富祖永吉　31-29, 78-17

【か】

嘉数　二郎　67-9
嘉数　正一　58-10, 95-47, 99-7, 116-25, 119-41
嘉数　芳子　58-12, 71-18, 85-32
賀数徳一郎（嘉数徳一郎）　99-56, 101-35, 103-43
垣花　　実　72-34
笠井　善徳　72-0
笠井美智子　9-84
我謝　憲勇　124-14
梶山　逸夫　61-9
数田　雨条　7-20, 13-71
勝連シズ子　13-19
嘉手苅喜朝　11-4
嘉手納タケ　84-3
嘉手納良一　15-6
嘉手納良徳　15-6
加藤　橘夫　16-40
金井喜久子　5-54, 5-55
金井　達蔵　11-21
我那覇貞信　98-21
我那覇ハツ　69-12
我那覇八重子　72-27

兼次美和子　53-55, 53-56
兼島朝太郎　5-3
兼城　和　85-29
兼城　賢松　35-33
川平　永賢　119-24
川平　恵正　51-8
川平　朝申　44-9
川平　道夫　118-1
我部　政照　121-22
嘉味田宗栄　7-14
嘉味田　実　22-35
神村　芳子　7-22, 15-28
嘉味元絜仁　68-53, 69-37, 72-46
神谷　諄二　8-35
かみやつとむ　48-51
神谷　直子　48-53
神山　林　52-18
亀川　正東　8-3, 33-30
亀谷　末子　105-36
嘉陽　正幸　107-1, 112-17
嘉陽田朝吉　77-39
川崎　富子　60-9
川崎　治雄　68-50
川崎　ゆき　23-49
川島　茂　62-14
川島　四郎　64-28
川添　孝行　14-43
河野　太郎　48-2
川満　恵元　10-25
河村　寛　100-20
菅野　誠　64-66
喜久里　勇　86-8, 101-1
喜久村　準　54-56
喜久山添采　6-75, 42-5, 44-1, 54-0, 63-0, 66-0, 71-0, 74-0, 91-8
私市　庄一　22-46
岸本　巌　45-36
岸本　喜順　67-21, 123-1
岸本　公子　39-36
岸本　幸二　8-47
岸本　貞清　15-22
喜舎場米子　83-13
北岡　健二　39-49, 53-1
北村　伸治　57-49
喜名　和子　72-38
喜名　盛範　67-4
喜名　盛敏　9-50, 43-45
喜納　文子　63-37
喜納　政明　15-21
宜野座道男　34-38
木　宮　1-2
木場　一夫　26-16
宜保　キミ　35-13, 72-36
宜保　徳助　30-22, 67-2
儀間　節子　27-37
君島　茂　87-50
喜村　清繁　91-40
木村　俊夫　48-0, 48-6
木本　喜一　23-55
喜屋武真栄　10-6, 13-38, 42-2,

42-5, 43-1, 45-1, 48-15, 50-27, 62-39, 64-0, 64-3
喜屋武清昭 62-27, 67-61
喜屋武みつ 8-40
喜友名英文 72-7
喜友名正輝 64-46
喜友名正謹 71-11
喜友名盛範 52-22
喜友名朝亀 85-15
清村 英診（慶世村英診） 3-51, 13-30, 15-55, 49-22, 62-17, 63-41
金城 秋夫 32-37
金城 英一 106-36
金城 英浩 3-31, 6-24, 13-26, 16-12, 27-1, 35-1, 50-0
金城 和夫 33-27
金城 克則 124-27
金城 勝代 112-21
金城 里子 91-8
金城 順一 1-4, 6-12, 12-51, 13-68, 14-55, 42-5, 47-21, 53-39, 59-1, 73-4, 100-1, 106-3, 107-43
金城 祥栄 11-4
金城 信光 21-17
金城 誠祐 121-11
金城 節 51-20
金城 孝子 13-51
金城 健夫 47-29
金城 民定 83-20
金城 哲雄 57-21
金城 秀樹 83-18
金城 フミ 5-3
金城 文子 8-55
金城 光子 28-25, 93-49
金城 光則 35-9
金城 実 69-19
金城 唯勝 44-32
具志 幸孝 51-39
具志 幸善 57-15
ぐしじゅんこ 84-33
具志 清繁 67-14
具志堅以徳 53-24
具志堅興喜 32-23
具志堅松一 22-1
具志堅政芳 62-1, 70-17
具志堅三重 9-50
楠 道隆 32-43
久田 友明 47-36
久高 将清 83-24
久高 将宣 94-58
久高 利男 44-14
国仲 恵彦 3-25
国吉 克正 47-28
国吉 清子 51-12
国吉 邦男 95-24
国吉 静子 105-36
国吉 順質 5-24
国吉ヨシ子 121-26
久場 里亀 48-22
玖村 敏雄 14-42

倉石　一精　20-38
栗谷　弘子　34-38
黒島　直太　15-6
黒島　信彦　86-6, 88-20, 104-1
黒島　廉智　15-40, 57-22, 60-9, 87-45
黒田嘉一郎　43-4
黒田　　麗　32-52
桑江　良善（桑江良喜）　13-53, 17-34, 52-7
桑　江　生　17-36
慶田盛正光　42-29
ケネス・エム・ハークネス　28-2
顧　　柏岩　70-9
幸喜　伝善　67-64, 69-44, 84-3, 95-9, 95-38
幸喜　政子　122-26
高智　四郎　65-27
幸地　清祐　76-0, 121-11
幸地　長弘　5-3, 12-13, 23-8
幸地　　努　71-24, 86-17
ゴードン・ワーナー　103-18
国場　幸喜　35-31, 41-3
小島喜久寿　26-16
古城　源徳　108-1, 125-33, 126-11
小波蔵政光　1-12, 4-3, 5-3, 5-24, 6-49, 15-1, 24-1, 41-1, 42-5, 45-38, 50-1, 56-1, 63-1, 68-0, 72-1
古波蔵正昭　35-9
小橋川カナ　44-9
小橋川松明　53-25
小橋川　寛　10-25, 35-33
小浜　安祥　85-15
小松　澄子　83-22
小嶺　憲達　100-1, 102-0, 号外16-1
小嶺幸五郎　72-3, 117-8, 118-11
小見山栄一　5-24, 6-49, 14-46
権野　開蔵　59-53

【さ】

才所　敏男　62-12
栄　　忠哉　6-3, 6-49, 6-74
榊原　　清　26-16
坂田　道太　115-12
坂元彦太郎　8-0
佐川　正二　10-25, 64-60
崎浜　秀栄　70-1
崎浜　秀教　67-27
崎浜　秀主　45-41
崎浜たか子　62-60
崎原　盛康　123-20
崎間　義郷　9-50
崎山　　任　49-35, 50-37, 51-48, 57-37, 58-18, 77-28
佐久川洋子　48-55
佐久田久美子　84-51
佐久本興吉　109-7
佐久本嗣善　15-63, 36-1, 53-0

佐久本　哲　77-13
桜川　雅浩　83-18
佐藤　正夫　26-16
真田　正洋　60-14
佐野　金作　28-43
座間味良勇　49-48
沢　英久　26-16
沢口　美穂　26-16
四方　実一　26-16
重松　敬一　28-43
下程　勇吉　5-31, 17-38
品川　孝子　85-47
篠崎　謙次　48-3
篠原　優　26-16
芝　千雲　94-56
島　庄久　71-49
島　まさる　43-53, 48-32, 73-24
島田　尚子　62-24
島田喜知治　99-41
島袋　栄徳　3-3, 5-3
島袋　勝夫　98-5
島袋　喜厚　15-19, 53-10, 124-16
島袋　邦尚　38-44
島袋　晃一　59-36
島袋　候栄　60-15
島袋　俊一　8-12
島袋　盛慎　60-9
島袋　全幸　5-30, 13-25, 17-55
島袋チエ子　83-20
島袋　哲　85-15
島袋ハル子　11-4
島袋　文雄　50-28
島袋　由博　51-26
島元　巌　95-12, 99-73
島本　英夫　51-40, 57-47
下里　信子　84-3
下地　明　48-53
下地　恵一　39-42, 113-34
下地　純　65-19
下地　昭栄　99-33
下地　清吉　52-13, 56-46
下地　朝祥　109-27
下島　節　26-33
下門　陽子　38-60
下門　龍栄（下門竜栄）　98-5, 99-0
謝花寛じょう　71-21
謝花　喜俊　10-41, 16-24, 43-11, 50-25, 56-9, 64-6, 91-8, 91-17, 116-29
俊 成 江 上　12-0
上代　晃　11-21
庄山　一夫　105-24
白石　三郎　71-36
城間　勲　63-18
城間　期一　123-17
城間　正勝　65-3, 70-9, 77-7, 95-27, 99-66, 101-29
城間　善春　52-24
城間　成美　26-15
新里　章　30-32, 67-23

新里　清　18-33
新里　清正　28-12
新里　孝一（新里孝市）　31-26, 59-5
新里　紹正　10-25, 32-24, 45-2
新里　清篤　5-24
新里　次男　93-15
新里　芳雄　85-3
新城　啓弘　62-5
新城　繁正　56-47, 58-33, 60-39, 63-42, 65-50
新城　政信　100-1
新城　孝子　99-29
新城　朝助　28-25
新城　力　91-44
新城　徳祐　29-37, 103-0, 104-0, 108-0, 109-0, 111-0
新城　久雄　117-20, 118-17, 119-31
新堀　通世　11-25
新屋　広　65-7
新屋敷幸繁　7-9
新屋敷文太郎　98-5
末秋　和　48-52
末吉　英徳　69-16
須賀　淳　113-1
菅沼　謐　32-32
杉浦　正輝　71-40, 72-62
杉江　清　19-1, 19-6
瑞慶覧　進　121-11
鈴木　清　11-16
砂川　恵正　44-33
砂川　恵保　57-12, 86-55
砂川　玄公　59-3
砂川　禎男　90-30
砂川　淳一　56-43
砂川ちよの　83-18
砂川　徳市　41-13
砂川　宏　50-18
砂川　米　53-8
砂辺　正孝　5-24
正　64-0
瀬底　正俊　69-7
瀬底　勝　38-10
瀬底美佐子　45-44
祖慶　良賢　35-28
祖慶　良得　106-40, 107-41, 108-42, 109-30, 111-28, 112-23, 113-36, 114-38, 115-22, 117-36, 117-38, 118-38, 119-58

【た】

平良　研一　124-1
平良　仁永　5-36, 6-65, 8-47
平良　親徳　116-34
平良　盛市　38-9
平良　正久　116-11
平良　善一　95-35
平良　泉幸　53-8
平良　健　53-55, 56-49, 67-31
平良　長康　62-18, 67-4

平良　利雄　78-12
平良　信良　27-23
平良　良信　5-3, 48-22, 67-7, 78-2
高瀬　　保　93-1, 93-15
高橋　通仁　48-16
高山　政雄　35-16
高良　勝美　53-8
高良　弘英　11-4
高良　甚徳　15-6
高良留美子　84-52
多嘉良行雄　5-3, 78-56
沢岻　安喜　38-54
武村　朝伸　113-11, 114-21
武村　朝良　84-3
田里　松吉　53-50
多田　鉄雄　26-16
立津　龍二　85-15
田中　市助　53-44
田中　久夫　50-12
田中　久直　71-35
棚原　憲令　85-3
棚原　良雄　44-44
種橋　正徳　11-22
田場　安寿　75-36
田場　重雄　88-46
田場　盛徳　11-4, 60-42
田場　典和　121-11
玉城　勝子　93-52
玉城　勝郎　119-21
玉城　幸徳　50-23
玉城　幸男　10-25, 35-33, 53-41, 95-30, 95-48, 105-44
玉城深次郎（玉城深二郎）　5-3, 62-0
玉城　盛義　13-51
玉城　盛勝　122-54
玉城　盛正　17-1, 41-40
玉城　達夫　48-53
玉城　時枝　41-31
玉城　信子　69-8
玉城　吉雄　49-46, 52-46, 73-41
玉木　健助　78-15
玉木　　繁　63-30
玉木　清仁　67-47, 68-28, 68-60, 82-45
玉木　春雄　72-34, 93-8
玉木　芳雄　14-30, 17-30
玉那覇正孝　44-31
玉元　武一　38-32
玉盛　俊一　124-1
玉山　憲栄　67-15
玉代勢孝雄　38-1
田港　朝明　15-18, 100-31
多和田真淳　105-0, 106-0, 107-0, 112-0, 115-0
知名　定善　5-3
知名　定亮　71-29
知　　　念　11-40
知念　　清　10-30, 64-57
知念　　繁　9-49, 37-2, 60-1, 109-0, 115-5, 125-18, 126-1

知念　仁幸　69-17
知念　正健　67-8
知念　正光　69-3
知念　善栄　85-24
知念　たま　64-49
知念　トシ　69-39
知念　豊子　47-23
知念　文保　8-37
知念　文平　78-38
知花　俊吉　59-15
知花　高信　15-18
知花　包徳　38-39
津守　　真　26-16
津嘉山　清　98-5
辻　　洲二　32-35
津波　和子　41-31
津波古孝了　50-18
津波古充吉　91-8
都留　　宏　11-23
鄭　　孟之　73-50
手塚　幸由　16-43
手塚　六郎　28-31
手登根維新　72-18
照屋　寛吉　69-6, 115-19
照屋　寛功　9-50, 48-14, 118-25
照屋　善一　69-1, 91-31, 105-45, 117-15
照屋　忠英　20-30
照屋　　秀　6-1
照屋　正雄　58-5
照屋　林一　111-14
当原　しげ　14-24
桃原　理子　28-25
桃原　用永　67-11
桃原　良謙　67-11
当真　嗣永　88-32
当真　正典　15-6
当間　賀助　71-6
当間　　富　45-45
当銘　武夫　78-16
当銘　睦三　52-7, 63-2, 65-37, 85-15, 85-23
当銘　利光　49-1
東門　松永　15-57
当山　賀助　58-2
当山　正男　20-26, 101-24
当山美知子　124-11
渡口　章子　48-54
渡口　盛男　34-28
渡久地　繁（渡口繁）　9-50, 13-49, 72-43, 75-21
渡久地政功　44-8
渡久地政子　38-60
渡具知美代子　83-20
徳永　　至　26-16
徳元　八一　45-38, 45-43, 67-3, 85-15
徳本　行雄　22-37
徳森　久和　95-41, 95-52, 101-79
徳山　清志　50-24

徳山　清長　28-25, 42-5, 50-13, 50-49, 53-5, 75-64, 85-40, 86-2, 86-3
徳山　三雄　57-60, 108-41
渡慶次貞子　51-20
渡慶次ハル　57-25
渡名喜元尊　15-23, 63-8
渡名喜光子　35-10
富川はる子　8-47
富永　忠男　61-8
富永　信子　86-60
富原加代子　10-25
富村　盛輝　118-7
富山　正憲　100-1
富山　米子　47-28
友寄　景勝　5-54, 56-50
友寄　隆徳　8-47
友利　完一　59-19
友利　恵盛　98-33
友利　玄次　121-11
豊岡　静致　70-4
豊　　島　111-0, 112-0
豊島　貞夫　109-0, 121-30, 123-1, 124-35
豊平　良顕　1-3, 7-1
鳥巣　通明　37-37

【な】

名嘉　喜信　24-2
名嘉　喜伸　85-3
名嘉　正哲　21-12
中今　　信　13-23
仲井間八重子　10-11
中里　勝也　53-26, 61-19
中里　喜俊　10-11
中里　正次　38-63
仲里マサエ　10-25
長里　静子　59-53
中島　彬文　61-7, 61-10
長島　貞夫　6-49
なかそねかず子　61-32
仲宗根敬子　47-27
仲宗根　繁　111-9, 123-1
仲宗根盛栄　51-20
仲宗根忠八　95-26
仲曽根　寛　28-13, 103-38, 107-15
仲宗根房子　38-60
中田豊太郎　15-45
仲田　豊順　8-32, 67-11, 84-3, 85-15
中地　弘英　5-55
仲地　清徳　48-20
仲地　清雄　11-4
中根　正治　8-47
中野　佐三　26-16
中野　哲夫　99-32
長浜　真盛　70-6
中原美智子　31-18
仲原　善秀　30-33
仲原　善忠　6-59

仲真　良盛　5-3
仲間　　功　35-29
仲間　　清　77-15
仲間　茂夫　69-10
仲間　智秀　15-41, 18-49, 19-45, 21-33, 22-11, 22-49, 32-40, 39-46, 49-1, 49-6, 50-41, 88-42
仲間　哲雄　11-4
仲間　　一　93-8
仲松　邦雄　53-28, 73-27
仲松　源光　5-3, 57-23
仲嶺　盛文　78-14, 91-26
長嶺　栄一　56-42, 73-32
長嶺　勝正　85-3
長嶺　哲雄　85-35, 121-11
長嶺　ハル　5-3
中村　栄助　11-4
中村　義永　53-10, 67-37, 91-7
中村　直雄　88-35
中村　秀雄（仲村秀雄）19-35, 44-19, 51-10, 76-0
中村　文子　48-19
中村　正己（中村正巳）　8-47, 60-9
中村　洋一　118-33, 124-25
中村　麟子　28-43
仲村　栄光　83-20
仲村　史子　71-50
仲村　守男　51-33
仲村　善雄　72-41
仲元銀太郎　111-20
仲本　賢弘　32-10
仲本　興真　73-59
仲本　朝教　59-0, 63-2, 100-35
仲本　朝徳　121-11
仲本　とみ　63-40
仲本　初子　99-31
仲本　正貴　60-9
仲盛　　治　121-11
仲盛　清一　60-14
中山　桂一　22-41
中山　興健　42-17, 59-7
中山　興信　52-9
中山　興真　3-1, 5-3, 5-24, 6-3, 6-49, 8-1, 8-47, 9-50, 10-11, 10-34, 11-2, 12-46, 15-6, 20-2, 26-1, 30-1, 39-1, 42-5, 52-0, 52-10, 120-0, 号外18-0, 121-0, 125-1, 号外19-0, 別冊6-1, 別冊7-1, 別冊8-0
中山　重信　9-50, 22-54, 35-49
中山　俊彦　31-19, 57-59, 59-31, 60-33, 62-52
中山　　一　52-19
永山　清幸　34-42, 44-39, 51-15
永山政三郎　6-34, 9-55, 11-10
仲村渠三郎　56-23
名城　嗣明　26-36, 29-42, 35-24, 52-1, 98-2
名城　久男　11-4
名城　弘子　32-29

那覇　政一　45-23
波平　　広　43-62
成田　義光　32-22
新島　俊夫　14-20
西江　重勝　115-27
西島本信昇　18-13
西平　守由　67-10
西平　秀毅　6-54, 15-35, 18-8
西銘　活蔵　111-31
新田　重清　127-40
野田　　弘　71-31
野原　正徳　73-43
登　　　川　63-12, 75-24, 84-59, 85-58, 86-60, 87-68, 91-25
登川　正雄　11-4, 15-6, 42-5, 48-30

【は】

橋本　重治　11-18
長谷喜久一　65-29, 82-44
花城　清功　10-25
花城　清弘　76-0
花城　朝勇　123-1
花城　とし　60-9
花城　有英　64-53, 95-47, 98-37
玻名城長要　72-53
浜田　正矩　22-39
浜比嘉宗正　78-0
林　　雅子　26-16
端山　敏輝　12-23, 50-6
原　　俊之　26-21
原田　彦一　61-5
半嶺　当吉　114-36
比嘉　　勇　64-19
比嘉　栄吉　15-6, 19-43, 33-22
比嘉　英俊　8-33
比嘉光三郎　98-5
比嘉　貞雄　71-12
比嘉　三郎　72-11
比嘉繁三郎　51-7, 51-11
比嘉　　静　8-47
比嘉　静子　47-30
比嘉　秀平　13-1
比嘉　俊成　14-59, 16-51, 20-3, 26-5, 27-34, 50-21, 56-36, 57-46, 58-16
比嘉　昇一　11-4
比嘉　信光　1-14, 12-2, 13-8, 14-5, 18-1, 29-1, 35-33, 38-1, 51-0, 70-0, 75-0, 77-0, 84-3, 85-1, 86-17
比嘉　政章　53-8
比嘉　次夫　49-46
比嘉　恒夫　63-22
比嘉　篤仁　11-4
比嘉　徳政　2-23
比嘉徳太郎　51-34
比嘉　敏雄（比嘉敏夫）　95-30, 95-48, 104-29, 108-37
比嘉　敏子　11-4, 13-21, 50-22

比嘉　初子　57-57, 61-22
比嘉　秀雄　122-34
比嘉　　博　1-13, 3-54, 5-3
比嘉　正子　48-53
比嘉松五郎　9-50, 53-8
比嘉　みち　124-18
比嘉美智子　72-28
比嘉八重子　78-20
ひがよしひろ　48-51
比嘉　良子　11-4
比嘉　良芳　67-24
東　俊三郎　42-51
東恩納徳友　15-21, 27-31, 67-16
東恩納美代　63-39
日越　博信　38-33
百名　克文　118-34
日好由美子　47-29
平田　　啓　67-26
平田　善吉　15-16
平田　義弘　38-20
平田　与進　123-1
平仲　孝栄　10-25
平安　恒政　121-11
平山　信子　28-25
福里　広徳（譜久里広徳）　26-13, 69-22
福里　秀雄　11-4
福里　文夫　20-35, 105-0
福治　友清　43-57
福島　吉郎　2-14
福田　恭三　7-29
福田　正次　28-34
福田　義有　35-12
福原　兼雄　126-16
福原麟太郎　7-24
譜久村寛仁　78-8, 95-5
福元　栄次　56-11
福山　　功　3-6
富里　良一　50-17
藤田　長信　44-42
藤原　英夫　94-41
普天間朝英　19-31, 22-12
富名腰義幸　9-89, 11-4, 44-10, 61-17, 67-8, 70-43
文沢　義永　27-21, 28-21,57-5, 58-1, 65-43
古堅　英子　65-51
古堅　宗徳　108-34
古簾　安好　39-52
平敷　静雄　5-3
平敷　静男　44-4
辺土名邦子　26-4
外間　宏栄　14-2
外間　昭宏　67-16
外間　正八　67-10
外間　正幸　106-31, 120-38
外間　ゆき（外間ユキ）　32-27, 43-8
保久村昌伸　5-3
星　　　克　115-13
細谷　俊夫　104-8

ボナー・クロフォード 50-2
本田　富男 51-44

【ま】

前新加太郎 60-4
前新　　透 11-4
前川　守皎 42-5, 53-22
前川　峰雄 56-7
前城　仁幹 11-4
真栄城朝教 5-24, 10-11, 67-11
真栄城朝幸 99-34
真栄城正子 28-25
前田　　功 98-39, 99-74, 100-0, 101-80, 103-1, 104-32, 110-0, 111-18, 112-1, 115-1, 119-1
前田　真一 21-19, 45-26
前田　政敏 51-20
前田　博之 51-25
真栄田義見 2-1, 4-1, 5-3, 6-0, 6-3, 6-49, 7-0, 12-1, 14-1, 20-1, 25-0, 28-1, 37-1, 41-2, 56-39, 100-9
真栄田啓史 22-31
前津　栄位 65-13
前泊　朝雄 33-19, 35-33
前泊　福一 90-31
前原　武彦 33-40
前原　信男 77-18
真栄平房敬 44-43
真喜屋実蔵 47-31
政井　平進 26-8
又吉　嘉栄 10-11
又吉　慶次 105-5, 110-8
又吉　康福 13-15, 13-17
又吉　康林 67-3
又吉　光夫 57-53
町田　　実 56-26
町田　宗吉 57-17
町田　宗綱 85-3
松井　恵子 60-16
松井　隆男 85-3
松岡　登代 123-19
松岡　みね 63-36
松川　和子 38-38
松川　恵伝 61-16
松川　順子 13-51
松田　州弘 5-3, 45-22, 71-1, 76-0, 78-1, 84-1, 84-3, 86-17, 95-13, 100-41, 120-33, 121-33, 122-38, 123-1, 124-32, 127-39
松田　敬子 85-26
松田　盛康 5-3, 51-44
松田　政治 85-3
松田　正精 11-4, 15-6, 53-32, 65-12, 65-14, 71-45, 73-1, 73-3, 77-52, 78-50, 83-7, 86-12, 105-55
松田竹千代 59-53
松田美代子 65-48
松田　義哲 48-1, 51-29
松原　　聡 62-50

三島　　勤	52-38, 56-42	宮城　良三	49-1
水口　統夫	26-16	宮崎　幸子	26-30
南　　庸雄	75-45	宮里　栄一	42-5
嶺井　政子	16-33, 33-42, 34-38	宮里　勝之	72-2
嶺井百合子	14-33, 69-2, 85-3, 99-45, 100-1, 105-51	宮里　静子	28-48, 29-51, 30-35, 31-34, 34-26, 35-41, 47-34, 48-40, 51-46, 52-32
美原　秋穂	6-20	宮里　信栄	15-24, 58-9, 85-15
宮城　栄昌	26-16	宮里　政順	83-18, 83-20
宮城喜代子	48-55	宮里清四郎	5-3
宮城　邦男	62-21, 67-7	宮里　朝吉	9-50
宮城　敬子	39-22	宮里　朝光	8-47
宮城　元信	85-27	宮里　　毅	111-11
宮城　源通	67-15	宮里　正光	16-36
宮城　康輝	53-42	宮里　玲子	118-36
宮城　幸三	38-9	宮沢優美子	16-32
宮城小夜子	83-18	宮地　誠哉	29-38
宮城　秀一	67-55, 72-52	宮田　俊彦	60-41, 60-42
宮城　真英	57-53	宮平　清徳	34-44
宮城　仁吉	12-12	宮平　初枝	39-40
宮城　園子	39-21	宮平　正春	11-4
宮城　鷹夫	31-30, 85-15	宮本　三郎	12-33
宮城　定蔵	67-1	宮良　翠子	101-20
宮城伝三郎	67-11	宮良　高司	67-15
宮城　桃俊	67-15	宮良　当祐	122-47, 123-41
宮城　篤正	121-52, 126-44	宮良　　芳	11-4
宮城　ハル	85-15	宮良　ルリ	32-41
宮城　治男	10-25	三好　　稔	26-24
宮城　久勝	53-10	無着　成恭	5-22
宮城　弘光	38-17	村瀬　隆二	11-24
宮城　松一	39-26		

村田　実保　67-29, 125-33, 126-11
望月　　稔　26-28
本成　善康　56-46, 125-30
本部紀久子　91-8
本村　恵昭　30-25, 53-49, 67-48
本村　朝祥　77-40
本盛　　茂　76-0
本若　　静　56-15
森下　　巌　7-31
森田　清子　64-54
森田　　清　48-5
森田長一郎　21-46
盛長　絜文　52-17
森根　賢徳　68-29
守屋　徳良　2-24, 3-23, 5-18, 6-19

【や】

屋嘉　　勇　84-3
屋我　嗣幸　11-4
安井　忠松　78-22
安谷　安徳　67-59, 70-64, 73-54
安丸　一郎　11-20
安村　昌享　95-67, 101-57, 116-5, 117-5, 118-7, 119-27
安村　昌雄　11-4
安村　律子　67-28
安村　良旦　23-27, 35-33
屋比久　浩　33-29
屋部　和則　10-1, 29-24, 35-33, 43-22, 43-29, 45-9, 52-8, 67-35
屋部　洋子　33-39
山内　繁茂　8-16
山内　常幸　48-52
山内　茂月　63-16
山川岩五郎　61-3
山川　宗英　49-0, 69-0
山川　武正　13-4, 13-6, 28-38, 28-43
山口　寛三　16-1, 67-11
山口　沢正　5-3
山里　将秀　53-56
山里　政勝　104-25
山里　洋子　62-31
山里　芳子　70-62
山城　　修　48-18
山城　亀延　5-3
山城　幸吉　57-14
山城　清輝　71-16
山城　正助　8-47
山城　　弘　34-32
山城　房子　13-51
山城富美子　63-19
山城　　実　61-42
山城　宗雄　77-23
山城ヨシ子　64-20
山田　　栄　27-27
山田　朝良　12-9, 53-40, 58-7
山田　　弘　48-13
山田　有幹　56-32
山元芙美子　13-31, 18-47,

35-33, 44-12, 56-31, 71-19, 85-20, 106-48
屋良　朝惟　8-47, 73-44
屋良　朝晴（屋良朝清）14-41, 43-49, 50-48, 99-43
屋良　朝苗　50-6, 67-16, 115-7
世嘉良　栄　11-4, 32-42, 116-1
与儀　兼六　67-6
よぎとおる　47-27
与儀　利夫　19-33, 42-5
与久田幸吉　49-30
横田　裕之　27-17, 43-67, 47-38, 50-46
与座　住安　69-36
与座　富雄　98-5
吉川　嘉進　60-9, 83-10
吉川　文子　110-53
善国　幸子　38-38
吉田　安哲　15-24
吉田　トミ　95-24, 95-26
吉田　友治　7-34
吉浜　朝幸　51-39
吉浜　甫　45-8, 47-26, 49-43, 52-11, 56-38
吉本　勲　76-72
吉本　幸助　121-11
吉元　仙永　15-22
与世田兼弘（与世田兼光）　51-26, 95-28, 99-53
与那城　茂　45-47, 47-39, 48-49, 50-47
与那城朝惇　56-21, 63-17, 70-25, 75-20
与那覇　修　95-22, 95-43, 95-45, 107-0
与那覇寛長　108-17
与那覇　健　69-34
与那覇光男　61-43, 63-43
与那嶺仁助　5-3, 10-21, 10-25, 10-47, 13-41, 13-42, 14-37, 43-27, 44-2, 45-17, 63-2, 64-10, 78-4
与那嶺　進　9-88, 11-31, 42-5, 48-24, 95-8, 95-18
与那嶺善一　9-50
与那嶺典全　15-6
与那嶺　浩　77-17
与那嶺松助　21-1, 34-16
与那嶺義孝　60-9, 72-32
米田　精仁　44-38
米盛　富　50-14, 62-19
饒平名浩太郎　23-30, 24-21, 27-3, 29-26, 31-14, 32-1, 33-16, 34-1, 38-2, 44-21, 48-35, 49-39, 50-8, 52-34, 53-15, 57-41, 58-20, 68-43, 69-45, 70-58, 75-25, 76-79, 77-33, 78-35
饒平名佐夜子　91-8, 91-29
饒平名知高　52-31

【ら・わ】

ロイド・エル・エバンス　28-24
和宇慶朝隆　95-27, 106-26
わたり宗公　29-44

【アルファベット】

K　9-0, 10-47, 51-52
K・I　生　62-49
K　・　N　53-8
K　・　T　12-55, 15-64, 16-0, 17-59
K・T　生　13-22, 13-74, 14-64, 20-52, 21-48, 63-16, 67-8
M　・　N　42-54, 43-80, 45-54, 48-55, 49-5, 50-43, 50-50, 51-52, 60-41, 61-23
M　ヤマグ　72-54
N　・　M　5-29
S　・　A　5-34
S・A　生　6-78
S　・　I　49-28
S・I　生　41-30
S　・　N　30-60, 32-0
S・N　生　26-0, 27-0, 28-0, 29-0, 31-0, 31-31, 33-0, 34-0, 34-11
S・S　生　71-50
S・T　生　50-16, 72-23, 72-54
T・H　生　17-35
T・K　生　21-0
T　・　M　69-44
T・O　生　72-26
T　・　S　50-5
X・Y・Z　63-47

編集委員代表

藤澤 健一（ふじさわ　けんいち）

現在　福岡県立大学教員

著作　単著『近代沖縄教育史の視角―問題史的再構成の試み』社会評論社、2000年、『沖縄／教育権力の現代史』同前刊、2005年、編著『沖縄の教師像―数量・組織・個体の近代史』榕樹書林、2014年、同『移行する沖縄の教員世界―戦時体制から米軍占領下へ』不二出版、2016年

編集委員

近藤 健一郎（こんどう　けんいちろう）

現在　北海道大学教員

著作　単著『近代沖縄における教育と国民統合』北海道大学出版会、2006年、論稿「アジア太平洋戦争下における府県教育会機関誌の「休刊」と敗戦直後におけるその「復刊」」『地方教育史研究』33号、2012年、同「方言札の広がりととまどい―『普通語ノ励行方法答申書』（一九一五年）を中心に」『沖縄文化研究』44号、2017年

復刻版『文教時報《ぶんきょうじほう》』解説・総目次・索引
第１回配本（第１巻～第３巻＋別冊）

2017年　9月25日　初版第１刷発行
定価（本体　64,000円＋税）
編 著 者　藤澤健一
発 行 者　小林淳子
発 行 所　不二出版株式会社
〒113-0023 東京都文京区向丘 1-2-12
電話 03(3812)4433 振替 00160-2-94084
E-mail:administrator@fujishuppan.co.jp
URL:http://www.fujishuppan.co.jp
編集協力　編集工房 BAKU
印刷製本　でいご印刷

ISBN978-4-8350-8067-3

（全４冊 分売不可　セットコード ISBN978-4-8350-8063-5）